Die internationale Wettbewerbsfähigkeit der deutschen Automobilindustrie

Herausforderungen und Perspektiven

von
Prof. Dr. Willi Diez

Oldenbourg Verlag München

Bibliografische Information der Deutschen Nationalbibliothek

Die Deutsche Nationalbibliothek verzeichnet diese Publikation in der Deutschen Nationalbibliografie; detaillierte bibliografische Daten sind im Internet über http://dnb.d-nb.de abrufbar.

© 2012 Oldenbourg Wissenschaftsverlag GmbH
Rosenheimer Straße 145, D-81671 München
Telefon: (089) 45051-0
www.oldenbourg-verlag.de

Lektorat: Thomas Ammon
Herstellung: Constanze Müller
Titelbild: thinkstockphotos.de
Einbandgestaltung: hauser lacour
Gesamtherstellung: Grafik & Druck GmbH, München

Dieses Papier ist alterungsbeständig nach DIN/ISO 9706.

ISBN   978-3-486-71398-5
eISBN 978-3-486-71616-0

Vorwort

Die Automobilindustrie ist eine der Schlüsselbranchen der deutschen Wirtschaft. Trotz wachsender internationaler Konkurrenz in den letzten Jahrzehnten ist es ihr gelungen, ihre Marktposition im In- wie auch im Ausland zu behaupten. In den nächsten Jahren muss – vor dem Hintergrund einer weiter zunehmenden Globalisierung – mit neuen Wettbewerbern auf dem Weltautomobilmarkt gerechnet werden. Andererseits eröffnet das stürmische Marktwachstum in den Emerging Markets aber auch zusätzliche Chancen. Darüber hinaus werden die steigenden ökologischen Anforderungen an das Automobil der Zukunft zu einer Neuverteilung von Chancen und Risiken im Automobilgeschäft führen. Es ist daher sicher keine Übertreibung zu behaupten, dass die Automobilindustrie weltweit vor einer Zeitenwende in ökonomischer wie auch technischer Hinsicht steht.

Vor diesem Hintergrund stellt die vorliegende Studie eine Standortbestimmung der deutschen Automobilindustrie im internationalen Umfeld dar. Ziel ist es, die Stärken und Schwächen wie auch die Chancen und Risiken für die deutschen Automobilhersteller und den Automobilstandort Deutschland aufzuzeigen. Die vorgenommenen Bewertungen sollten dabei nicht allein auf Expertenbewertungen, sondern soweit wie möglich durch Fakten abgestützt werden. Insofern stellt diese Untersuchung eine Vielzahl von Daten zur längerfristigen Entwicklung der deutschen Automobilindustrie zur Verfügung.

Es ist mir mehr als eine Pflicht, an dieser Stelle all jenen zu danken, die am Zustandekommen dieser Untersuchung mitgewirkt haben. Mein besonderer Dank gilt Herrn Paul Krull, der in teilweise mühseliger Kleinarbeit lange Zeitreihen zur Branchenentwicklung zusammengestellt hat. Zu danken habe ich weiterhin dem Verband der Automobilindustrie (VDA), der uns nicht nur bereitwillig sein umfangreiches Datenmaterial zur Verfügung gestellt hat, sondern dessen Mitarbeiter beim Entstehen dieser Studie kritisch-konstruktive Gesprächspartner waren. Dem Statistischen Bundesamt danke ich für eine Reihe von Sonderauswertungen, die es für uns erstellt hat. Mein Dank gilt ferner der Credit Suisse Group AG sowie der Deutschen Bank AG für die Bereitstellung von Finanzdaten aus der internationalen Automobilindustrie. Meiner Mitarbeiterin, Frau Anita Albrecht, danke ich für die sorgfältige Anfertigung des Manuskriptes und der zahlreichen Abbildungen.

Aus gegebenem Anlass weise ich darauf hin, dass wir für unsere Studie zahlreiche Untersuchungen und Statistiken anderer Autoren nutzen konnten. Um die Lesbarkeit dieser Studie nicht über Gebühr zu erschweren, haben wir den in wissenschaftlichen Untersuchungen üblichen Zitierapparat soweit vertretbar reduziert, die verwendeten Quellen jedoch jeweils im Text sowie bei den entsprechenden Abbildungen angegeben. Weiterhin möchte ich auf unsere umfangreichen Quellenhinweise am Ende der Studie verweisen. Darüber hinaus möchte ich betonen, dass alle möglicherweise noch verbliebenen Unzulänglichkeiten dieser Studie allein zu Lasten des Verfassers gehen.

Inhaltsverzeichnis

1 Einleitung

125 Jahre nach der Erfindung des Automobils präsentiert sich die deutsche Automobilindustrie in einer glänzenden Verfassung. Produktion, Absatz und Ertragskraft bewegen sich auf Spitzenniveau und die Arbeitsplätze in der Branche waren selten so sicher wie heute. Weltweit – so zeigen es die Zulassungsstatistiken in allen Ländern und Regionen – verfügen Automobile aus Deutschland über eine offenkundig große Begehrlichkeit und die Innovationskraft der deutschen Zulieferindustrie im internationalen Umfeld ist unbestritten.

Diese Situation steht in einem auffälligen Gegensatz zu den noch vor wenigen Jahren abgegebenen Prognosen, dass die deutsche Automobilindustrie an Wettbewerbsfähigkeit verloren habe und angesichts des dramatischen Wandels auf den Weltautomobilmärkten weiter verlieren werde. „Zu groß, zu schwer, zu teuer" lautete nicht selten der Vorwurf an die Adresse der deutschen Automobilhersteller. Gefordert wurde daher ein radikaler Wandel in der Modellpolitik hin zu kleineren und billigeren Fahrzeugen, um langfristig im Automobilmarkt überleben zu können.

Handelt es sich um das, was wir gegenwärtig erleben also möglicherweise nur um die Scheinblüte einer Branche, die langfristig keine Zukunftschancen hat? Profitieren die deutschen Automobilhersteller lediglich von einem Konjunkturaufschwung, den in dieser Stärke nur wenige erwartet haben? Und könnte es sein, dass der Automobilstandort Deutschland im Zuge der Globalisierung an Bedeutung verliert, Produktion und Beschäftigung in andere Weltregionen abwandern?

In der vorliegenden Studie soll – jenseits tagesaktueller Meldungen und Bewertungen – auf Basis eines wissenschaftlich abgestützten methodischen Konzeptes die Wettbewerbsfähigkeit der deutschen Automobilindustrie analysiert und bewertet werden. Gleichzeitig wird der Versuch unternommen, faktenbasiert die Chancen- aber auch Risikopotenziale aufzuzeigen. Gegenstand dieser Studie ist dabei sowohl die Position des Automobilstandorts Deutschland im internationalen Wettbewerb wie auch die Stärken und Schwächen der deutschen Automobilhersteller und Automobilzulieferer. Die beiden gewählten Sichtweisen sind im Zeitalter einer zunehmenden Globalisierung nicht identisch und müssen nicht zu den gleichen Schlussfolgerungen kommen.

Dabei sei gleich vorausgeschickt, dass kurzfristige Betrachtungen einzelner Indikatoren im Hinblick auf eine Analyse und Bewertung der Wettbewerbsstärke von Industrien und Unternehmen nicht geeignet sind. Wettbewerbsfähigkeit entsteht nicht innerhalb weniger Quartale und geht auch nicht innerhalb weniger Quartale verloren. Gerade in einer Branche mit langen Produktzyklen wie der Automobilindustrie lässt sich der Verlust oder Gewinn an Wettbewerbsstärke nur über mehrjährige Analysen ermitteln.

Die Untersuchung beschränkt sich auf den PKW-Markt. Aufgrund seiner Besonderheiten sind die Ergebnisse dieser Studie nicht ohne Weiteres auf das Nutzfahrzeuggeschäft, insbesondere im Bereich mittelschwerer und schwerer LKW, übertragbar.

2 Das Konzept der „internationalen Wettbewerbsfähigkeit"

2.1 Überblick

Bei kaum einem anderen wirtschaftswissenschaftlichen Begriff besteht eine so große Differenz zwischen Verbreitung und definitorischer Klarheit wie bei dem der „internationalen Wettbewerbsfähigkeit". Nahezu keine Diskussion um die Auswirkungen wirtschafts- und finanzpolitischer Entscheidungen kommt ohne ihn aus und je nach politischer Couleur werden die gleichen Maßnahmen als Stärkung oder Schwächung der Wettbewerbsfähigkeit eines Standorts und der dort ansässigen Unternehmen interpretiert *(vgl. dazu: Müller/Kornmeier 2000, S. 1 ff.)*. Andererseits gibt es bislang keine allgemeine, wissenschaftlich anerkannte und verwendete Definition des Begriffs. Möglicherweise hängt das eine mit dem anderen zusammen: Die extreme politische Instrumentalisierung der Zielgröße „internationale Wettbewerbsfähigkeit" führt immer wieder zu Neu- und Umdefinitionen, die dann aber nicht von allen Beteiligten in der öffentlichen, wie auch wissenschaftlichen Diskussion geteilt werden.

Teilweise beginnt die babylonische Sprachverwirrung um den Begriff „internationale Wettbewerbsfähigkeit" damit, dass nicht klar festgelegt wird, was denn nun die jeweilige Bezugsebene der Betrachtung sein soll bzw. dass die verschiedenen Betrachtungsweisen ständig miteinander verwechselt und ausgetauscht werden.

Im Wesentlichen lassen sich im Hinblick auf die Reichweite des Begriffes „internationale Wettbewerbsfähigkeit" drei Bezugsebenen voneinander unterscheiden:

- die internationale Wettbewerbsfähigkeit von Volkswirtschaften,
- die internationale Wettbewerbsfähigkeit von Branchen sowie
- die internationale Wettbewerbsfähigkeit von Unternehmen.

Diese drei übergeordneten Bezugsebenen lassen sich nahezu beliebig weiter ausdifferenzieren: die internationale Wettbewerbsfähigkeit von Städten und Regionen, von Hochschulen und Kultureinrichtungen, von Produktionswerken und Produktgattungen usw. Da zwischen diesen Bezugsebenen zahlreiche wechselseitige Beziehungen bestehen und sie dementsprechend von teilweise gleichen, teilweise aber auch wiederum unterschiedlichen Faktoren beeinflusst werden, ist es nicht überraschend, dass sowohl die Messung als auch die Erklärung und Interpretation von internationaler Wettbewerbsfähigkeit zu unterschiedlichen, mitunter sogar zu gegensätzlichen Ergebnissen führt. So kann es in einer nicht wettbewerbsfähigen Volkswirtschaft durchaus Branchen mit einer sehr hohen internationalen Wettbewerbsfähigkeit geben, wobei diese Branchen dann wiederum Unternehmen aufweisen können, die über eine nur geringe Wettbewerbsfähigkeit verfügen.

Es ist daher sinnvoll, eine Darstellung und Diskussion um das Thema „internationale Wettbewerbsfähigkeit" mit einer inhaltlichen Definition und Abgrenzung der Reichweite des

Begriffs zu beginnen. Daran anschließend sollen Theorien und Konzepte dargestellt werden, die das Phänomen erklären und zu den bestimmenden Faktoren für die Wettbewerbsfähigkeit hinführen. Abschließend wird dann das hier gewählte Untersuchungskonzept zur Bewertung der internationalen Wettbewerbsfähigkeit der deutschen Automobilindustrie vorgestellt.

2.2   Definitionen und Abgrenzungen

Wie bereits weiter oben erwähnt, gibt es eine Reihe von Definitionen von „internationaler Wettbewerbsfähigkeit", die sich auf unterschiedlichen Bezugsebenen bewegen und dementsprechend auch unterschiedliche Merkmale zur Abgrenzung des Begriffs heranziehen. Dabei zeigen sich bei den Definitionen, die sich auf die Unternehmensebene beziehen die geringsten, bei denen, die sich auf die Wettbewerbsfähigkeit von Volkswirtschaften beziehen die größten Unterschiede, und zwar insbesondere hinsichtlich des Konkretisierungsgrades und der Operationalisierbarkeit. So spricht beispielsweise der Aldington Report aus dem Jahre 1985 davon, dass die internationale Wettbewerbsfähigkeit einer Volkswirtschaft „must similarly be tied to its ability to generate the resources required to meet its national needs" *(zit. nach Buckley et al. 1988, S. 176)*. Daran schließt der ebenfalls etwas nebulös klingende Definitionsversuch von Scott und Lodge an, die internationale Wettbewerbsfähigkeit als „a country´s ability to create, produce, distribute and/or service products in international trade while earning rising returns on its resources." *(Scott/Lodge 1985, S. 3)*. Beide Definitionen enthalten letztlich keine direkt operationalisierbaren Merkmale anhand derer die internationale Wettbewerbsfähigkeit eines Landes gemessen werden könnte.

Deutlich konkreter ist ein Definitionsvorschlag, den die OECD in ihrem „World Competitiveness Report" von 1997 macht. Wettbewerbsfähig ist nach dieser Definition ein Land, das in der Lage ist, „unter Freihandelsbedingungen und gerechten Marktbedingungen Güter und Dienstleistungen zu produzieren, die auf internationalen Märkten bestehen können, während gleichzeitig die Realeinkommen der Einwohner langfristig steigen" *(zit. nach Kušić/Grupe 2004, S. 805)*. Auf Basis dieser Definition wären Marktanteile in ausländischen Märkten oder Handelsbilanzsalden sowie die Realeinkommensentwicklung geeignete Indikatoren, um die Wettbewerbsfähigkeit einer Volkswirtschaft zu erfassen.

Stärker an den Determinanten der Wettbewerbsfähigkeit setzen die Definitionen von Institutionen an, die auf Basis von Globalindikatoren internationale Rankings zur Wettbewerbsfähigkeit erstellen (siehe dazu Kapitel 2.4). So definiert zum Beispiel das World Economic Forum (WEF) in seinem „Global Competitiveness Report 2010-2011" Wettbewerbsfähigkeit „as the set of institutions, policies and factors that determine the level of productivity of a country" *(WEF 2010, S. 4)*. Auf Basis dieser Definition werden dann zur Bestimmung der Wettbewerbsfähigkeit 12 Indikatoren („pillars") herangezogen und zu einem Gesamtindikator zusammengeführt.

Im Rahmen einer vergleichenden Analyse unterschiedlicher Länderrankings zur Messung der internationalen Wettbewerbsfähigkeit unterscheidet das Institut für Wirtschaftsforschung in Halle (IWH) fünf Konzepte zur Erfassung der internationalen Wettbewerbsfähigkeit, nämlich Wettbewerbsfähigkeit als

- „ability to earn",

- „ability to sell",

- „ability to attract",

- „ability to innovate" sowie

- „ability to adjust".

Angesichts der Heterogenität dieser Faktoren kommen die Autoren zu der Schlussfolgerung, dass eine geschlossene modellmäßige Erklärung der internationalen Wettbewerbsfähigkeit von Volkswirtschaften gegenwärtig nicht zu leisten sei *(vgl. Lehmann 2006, S. 296 f.)*.

Weniger konträr sind – wie bereits weiter erwähnt – die Definitionen internationaler Wettbewerbsfähigkeit von Unternehmen. Sie knüpfen in der Regel an finanzielle Erfolgsgrößen und die bedingenden Faktoren an. So definiert wiederum der Aldington Report aus dem Jahr 1985 die Wettbewerbsfähigkeit von Unternehmen wie folgt: „A firm is competitive if it can produce products and services of superior quality and lower costs than its domestic and international competitors. Competitiveness is synonymous with a firm´s long-run profit performance and its ability to compensate its employees and provide superior returns to its owners" *(zit. nach Buckley et al. 1988, S. 176)*. Weitere Definitionen zur Wettbwerbsfähigkeit von Unternehmen sind in **Tabelle 1** im Überblick dargestellt.

Quelle	Definition
Ambastha/Momaya 2004, S. 46.	„Competitiveness comes through an integrated effort across different functions and hence has close linkage with strategy process."
Arzt 2007, S. 16.	„Wettbewerbsfähigkeit ist ein multidimensionales Konstrukt, welches aus wettbewerbsrelevanten Eigenschaften und Bereichen eines Unternehmens besteht, die es ihm ermöglichen, sich dauerhaft im Markt gegenüber seinen aktuellen und potenziellen Konkurrenten zu behaupten. Wettbewerbsfähigkeit verkörpert damit die relative Leistungsfähigkeit eines Unternehmens im Wettbewerb bezogen auf branchenrelevante Merkmale."
Baerlocher et al. 1982, S. 13.	„Nimmt man den Begriff der Wettbewerbsfähigkeit beim Wort, geht es um die Fähigkeit, im Wettbewerb zu bestehen, also eine Position zu wahren und Konkurrenz auszustechen. Wer oder was nicht wettbewerbsfähig ist, kommt auf dem Markt nicht zum Zuge, verliert an Position und wird in der Existenz gefährdet. So gesehen entscheidet Wettbewerbsfähigkeit über Bestehenbleiben oder Untergang im Konkurrenzkampf einer marktmäßig organisierten Wirtschaft."
Brockhoff 1987, S. 59.	„Ein Unternehmen ist wettbewerbsfähig, wenn es unter Aufrechthaltung des finanziellen Gleichgewichts einen positiven Barwert erwirtschaftet. Die mit einer zukunftsbezogenen Betrachtung unvermeidliche Berücksichtigung der Ungewissheit sei durch die Bildung geeigneter Risikoäquivalente möglich, in die auch die Risikoneigung des jeweils an der Feststellung der Wettbewerbsfähigkeit Interessierten eingehen kann."
D`Cruz/Rugman 1992, o. S.	„Firm level competitiveness can be defined as the ability of firms to design, produce and / or market products superior to those offered by competitors considering the price and non-price qualities."

Feurer/Chaharbaghi 1994, S. 58.	„Competitiveness is relative not absolute. It depends on shareholder and customer values, financial strength which determines the ability to act and react within the competitive environment and the potential of people and technology in implementing the necessary strategic changes. Competitiveness can only be sustained if an appropriate balance is maintained between these factors which can be of a conflicting nature".
Hitt et al. 1999, S. 4 f.	„Strategic competitiveness is achieved when a firm successfully formulates and implements a value creating strategy. When a firm implements a value creating strategy of which other companies are unable to duplicate the benefits or find it too costly to imitate this firm has a sustained or sustainable competitive advantage…"
Liebe 1982, S. 141.	„Wettbewerbsfähigkeit ist die zukunftsgerichtete Fähigkeit eines Unternehmens, seine Produkte im Markt gegen Mitanbieter erfolgreich, d. h. gewinnbringend zu verkaufen. Wettbewerbsfähigkeit ist nicht ein Zustand, sondern ein Prozess."
Nachum 1999, S. 95.	„Competitiveness refers to a dynamic process of acquiring assets and resources, transforming them into ownership advantages and managing them by the means of strategy to achieve superior competitive position."
Reckenfelderbäumer 2001, S. 197.	„…Wettbewerbsfähigkeit äußert sich letzten Endes darin, dass es gelingt, Wettbewerbsvorteile zu erzielen, die es der Unternehmung ermöglichen, sich gegenüber ihren Konkurrenten durchzusetzen."
Zahra 1999, S. 36.	„Competitiveness is viewed as a marathon to achieve and sustain excellence." „Successful competitiveness in the 21st century will demand the use of visionary and dedicated leadership, a balanced scorecard that enhances corporate accountability, and sustained investment in creating dynamic capabilities."

Tabelle 1:   Definitionen unternehmensbezogener Wettbewerbsfähigkeit - Übersicht
               (Quelle: Erweiterte Darstellung in Anlehnung an Arzt 2007, S. 12)

Definitionen zur internationalen Wettbewerbsfähigkeit von Branchen werden in der Regel aus der Definition der Wettbewerbsfähigkeit von Unternehmen abgeleitet. Dies ist insoweit berechtigt, als es sich bei einer Branche um eine Zusammenfassung von Unternehmen handelt, die aufgrund der Eigenheiten eines Produktes oder einer Dienstleistung ähnliche Geschäftsmodelle aufweisen. Als international wettbewerbsfähig ist eine Branche dann zu beurteilen, wenn die ihr zugehörigen Unternehmen in der Summe in der Lage sind „ihre Produkte auf den Weltmärkten mit einem als angemessen erachteten Gewinn zu verkaufen" *(Diez 2001a, S. 101)*. Oder noch konkreter: „We define a competitive industry as one that possesses the sustained ability to profitability gain and maintain market share in domestic and/or foreign markets" *(Martin et al. 1991, S. 1456; analog auch: Weindlmaier 1999, S. 2 und Friedli 2002, S. 12)*. Dieser Definitionsansatz liegt auch der vorliegenden Studie zugrunde. Die deutsche Automobilindustrie wird also dann als wettbewerbsfähig angesehen, wenn es den ihr zugehörigen Unternehmen in der Summe nachhaltig gelingt, ihre Produkte auf dem Weltmarkt mit einem als angemessen erachteten Gewinn zu verkaufen.

2.3   Theorien und Konzepte der internationalen Wettbewerbsfähigkeit

2.3.1   Klassische und neoklassische Theorieansätze

2.3.1.1   Ricardos Theorie der komparativen Kosten

Hat Adam Smith in seinem epochemachenden Werk über den „Wohlstand der Nationen" gezeigt, dass durch Arbeitsteilung innerhalb einer Wirtschaft Wohlstandsgewinne in einer Volkswirtschaft möglich sind, so weist Ricardo mit seiner Theorie der komparativen Kosten nach, dass dies auch über eine sinnvolle internationale Arbeitsteilung möglich ist. Seine Theorie ist daher vorrangig ein Plädoyer für den Außenhandel und freie Märkte und keine Theorie der Wettbewerbsfähigkeit von Nationen. Dennoch enthält seine Argumentation Elemente, die für eine Erklärung von Wettbewerbsfähigkeit herangezogen werden können.

Ricardo macht mit seiner Theorie deutlich, dass ein Land vom Außenhandel nicht nur dann profitieren kann, wenn es in allen Bereichen über absolute Kostenvorteile gegenüber anderen Ländern verfügt, sondern auch dann, wenn es Güter importiert, bei denen es einen komparativen Kostennachteil hat. Er zeigt dies am Beispiel seines berühmten Zwei-Länder-Zwei-Güter-Modells *(vgl. Hansmeyer 1972, S. 483)*. Dabei nimmt er an, dass England und Portugal mit Tuch und Wein handeln. Weiterhin nimmt er an, dass um eine Einheit Tuch herzustellen in England 100, in Portugal aber nur 90 Arbeitsstunden aufgewendet werden müssen. Gleichzeitig verfüge Portugal auch bei der Weinherstellung über eine höhere Produktivität: Für die gleiche Weinproduktion würden in Portugal 80 Arbeitsstunden, in England aber 120 Stunden benötigt.

Portugal verfügt also bei identischen Faktorpreisen sowohl bei Wein wie auch bei Tuch über einen absoluten Kostenvorteil. Dennoch ist es für Portugal vorteilhaft Tuch aus England zu importieren, denn Portugal muss zur Produktion von einer Einheit heimischem Tuch 90 Arbeitsstunden aufwenden. Tauscht es dagegen Wein gegen englisches Tuch, so muss es – um eine Einheit englisches Tuch zu erwerben – nur 80 Arbeitsstunden aufwenden. Die Konsequenz ist naheliegender Weise, dass sich Portugal auf die Produktion von Wein spezialisiert, da es hier über einen komparativen Kostenvorteil gegenüber der Herstellung von Tuch verfügt, weil die Kostenrelation bei Wein (80 zu 120) günstiger als bei Tuch (90 zu 100) ist. England wird sich dann auf die Tuchproduktion konzentrieren.

Ricardos Theorie der komparativen Kosten weist auf einen wichtigen Faktor hin, der in der Diskussion um die Wettbewerbsfähigkeit von Volkswirtschaften immer wieder genannt wird, nämlich die relative Kostenposition, wobei die gewählten Annahmen zu dem auf den ersten Blick paradoxen Ergebnis führen, dass auch ein Land mit Kostennachteilen Güter exportieren kann, wenn alle Beteiligten das Ziel der Wohlstandsmaximierung im Blick haben.

Auf Basis der Ricardoschen Theorie der komparativen Kosten hat Balassa sein Konzept des Revealed Comparative Advantage (RCA) entwickelt, mit dem die relative Wettbewerbsposition von bestimmten Branchen im internationalen Vergleich ermittelt werden kann *(vgl. Balassa 1965, S. 99 f.)*. Der RCA-Index misst das Verhältnis zwischen dem Anteil der Exporte von bestimmten Gütern eines Landes am Export dieses Gutes insgesamt im Verhältnis zum

Anteil aller Exporte dieses Landes am Gesamtexport der Welt oder einer ausgewählten Vergleichsregion. Er wird wie folgt berechnet:

RCA_{ij} $= (X_{ij}/X_{wj}) / (X_i/X_w)$

    mit

    X_{ij} = Export des Landes i bei der Gütergruppe j
    X_i = Gesamtexport des Landes i
    X_{wj} = Weltexport bei der Gütergruppe j
    X_w = Weltexport insgesamt

Ist der RCA-Wert größer als 1, bedeutet dies, dass eine Branche über einen (im Vergleich zur gesamten Volkswirtschaft) Wettbewerbsvorteil verfügt. Die Aussagekraft das RCA-Index ist allerdings dann eingeschränkt, wenn es tarifäre oder nicht-tarifäre Handelsbeschränkungen gibt, und zwar insbesondere dann, wenn diese nur eine bestimmte Gütergruppe betreffen. In diesem Fall würde der RCA-Wert zu Lasten dieser Gütergruppe verzerrt und eventuell einen Wert von unter 1 annehmen, obwohl das Exportland gerade in dieser Gütergruppe große Wettbewerbsvorteile besitzt.

2.3.1.2   Das Heckscher-Ohlin-Theorem

Das Heckscher-Ohlin-Theorem baut auf der Theorie der komparativen Kosten von Ricardo auf, sieht aber andere Ursachen für das Entstehen und die Vorteilhaftigkeit des modernen Außenhandels. Ricardo führt den Außenhandel auf unterschiedliche Produktionsfunktionen in verschiedenen Ländern zurück, während Heckscher und Ohlin dafür die unterschiedliche Ausstattung der Länder mit Produktionsfaktoren verantwortlich machen *(vgl. Borchert 1975, S. 141)*.

Ausgehend von der real zu beobachtenden unterschiedlichen Verfügbarkeit der Produktionsfaktoren Boden, Arbeit und Kapital in verschiedenen Ländern, zeigen Heckscher und Ohlin, dass die unterschiedliche Verfügbarkeit von Produktionsfaktoren unterschiedliche Faktorpreise zur Folge hat, was wiederum zu komparativen Kostenunterschieden bei der Herstellung verschiedener Güter führt. Diese Unterschiede steuern die Export- und Importströme der verschiedenen Länder, die am internationalen Handel teilnehmen. Die Ausweitung des Außenhandels auf Basis der Faktorpreisunterschiede hält demnach so lange an, „bis das Verhältnis der Grenzprodukte der Faktoren in allen Ländern gleich ist, sich die relative Knappheit (Faktorpreisrelation) also ausgeglichen hat" *(ebenda)*.

So würden Länder, die über eine große Zahl von Arbeitskräften verfügten eher arbeitsintensive Produkte, Länder, die über einen großen Kapitalstock verfügten eher kapitalintensive Produkte exportieren. Unterstellt wird also, dass sich die Exporte proportional zu den verfügbaren Produktionsfaktoren entwickeln *(vgl. Ethier 1994, S. 146 f.; Dixit/Norman 1994, S. 15)*. Aufgrund dieser angenommenen Proportionalität wird das Heckscher-Ohlin-Theorem häufig auch als „Faktorproportionentheorem" bezeichnet *(vgl. Rose 1989, S. 316)*.

Eine empirische Überprüfung dieses Theorems für den US-amerikanischen Außenhandel durch Leontief brachte allerdings ein gegenteiliges Ergebnis: So stellte er fest, dass die US-Exporte stärker arbeits- als kapitalintensiv seien, was im Gegensatz zur Verfügbarkeit der Produktionsfaktoren stünde. Erklärt wurde dies damit, dass nicht nur die Menge, sondern auch die Qualität Einfluss auf die Arbeits- und Kapitalintensität der exportierten Güter hat. So war der Produktionsfaktor Arbeit in den USA zu jener Zeit zwar relativ knapp, die Arbeitskräfte verfügten jedoch über eine vergleichsweise hohe Qualifikation. Das Faktorproportionentheorem wurde daher derart re-formuliert, dass die US-Exporte vergleichsweise viel hoch qualifizierte Arbeit enthielten – ein Faktor der in den USA reichlich vorhanden sei. Das Faktorproportionentheorem behält in dieser modifizierten Form seine Gültigkeit und wird daher von Rose als „Neo-Faktorproportionentheorem" bezeichnet *(vgl. Rose 1989, S. 317)*.

Auch die von Heckscher und Ohlin entwickelte Theorie hatte nicht das Ziel, die Wettbewerbsfähigkeit von Ländern oder Branchen umfassend zu erklären. Ziel war es vielmehr im Anschluss an Ricardo die Gründe für komparative Kostenvorteile aufzuzeigen und den Verlauf von Handelsströmen zu erklären, indem sie die unterschiedliche Faktorausstattung von Ländern in die Betrachtung mit einbezieht. Dieser Gedanke wurde später von Porter in seinem Diamant-Modell wieder aufgegriffen *(siehe Kapitel 2.3.2.2)*.

2.3.2 Industrieökonomische Modelle

2.3.2.1 Das Structure-Conduct-Performance-Paradigma von Mason/Bain

Einer der wichtigsten theoretischen Ansätze der älteren Industrieökonomik („Harvard-Schule") ist das von Mason und Bain begründete Structure-Conduct-Performance-Paradigma *(vgl. Tirole 1999, S. 1)*. Es geht davon aus, dass das Marktergebnis einer Branche („performance") ganz wesentlich vom Marktverhalten („conduct") und dieses wiederum von der Marktstruktur („structure") abhängt. Ziel der Industrieökonomik ist es, jene strukturellen Merkmale zu finden, die zu einer Verhaltensoptimierung und damit zu einer Verbesserung des Marktergebnisses führen. Den Aufbau des Modells zeigt **Abbildung 1**.

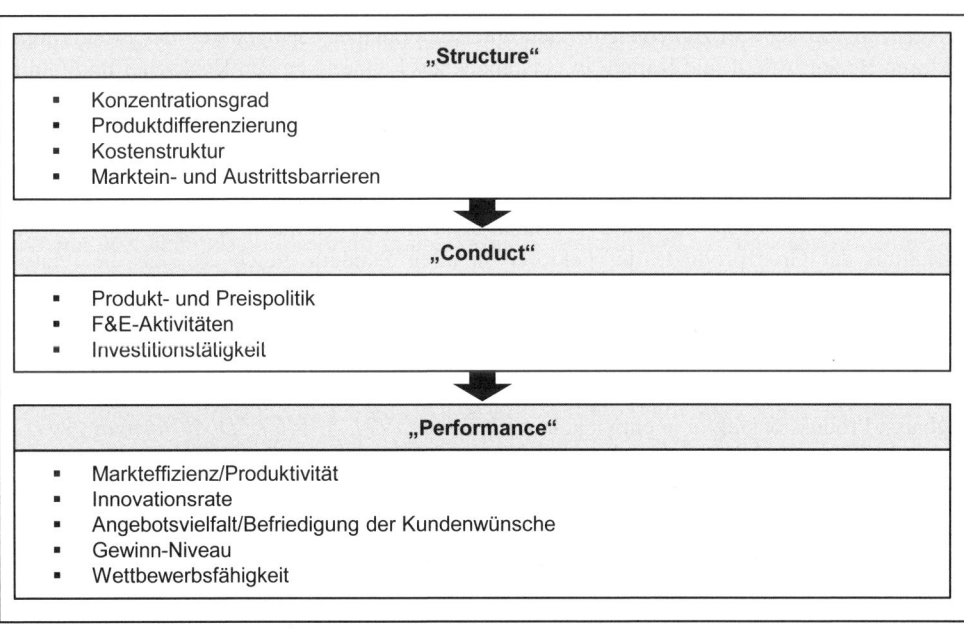

Abbildung 1: Das Structure-Conduct-Performance-Paradigma (nach Mason/Bain)
(Quelle: Eigene Darstellung)

In den Satz der Variablen, mit denen man das Marktergebnis misst, kann auch die internationale Wettbewerbsfähigkeit aufgenommen werden. Man erhält dann ein Kausalmodell zur Erklärung von Wettbewerbsfähigkeit in Abhängigkeit vom Verhalten und von der Marktstruktur. Es ist erstaunlich, dass dieser Ansatz bislang keine Anwendung bei der branchenbezogenen Analyse internationaler Wettbewerbsfähigkeit gefunden hat. Möglicherweise hängt dies damit zusammen, dass die Aussagekraft des zugrunde liegende Paradigmas heute stark umstritten ist.

2.3.2.2   Das Diamant-Modell von Porter

Mit seinem Diamant-Modell hat Porter ein umfassendes und empirisch abgestütztes Modell zum Verständnis der Wettbewerbsfähigkeit von Nationen vorgelegt *(vgl. Porter 1990)*. Dabei geht es ihm – anders als der Titel der Veröffentlichung suggeriert („The Competitive Advantage of Nations") – vorrangig nicht um die Erklärung der Wettbewerbsfähigkeit von Volkswirtschaften insgesamt, sondern um die Frage, warum bestimmte Länder bei einzelnen Branchen über eine besonders hohe, in anderen Branchen aber über eine nur geringe Wettbewerbsfähigkeit verfügen. Letztlich steht also auch hier die Frage nach den komparativen Wettbewerbsvorteilen im Mittelpunkt der Analyse.

Porter unterscheidet vier Bestimmungsfaktoren und zwei ergänzende Faktoren, die nach seiner Auffassung über die Wettbewerbsfähigkeit eines Landes entscheiden. Die vier Bestimmungsfaktoren sind:

- die Faktorausstattung eines Landes, wobei Porter hier zusätzlich zwischen sog. Grundfaktoren (z. B. Vorhandensein von Rohstoffen und Bodenschätzen) und fortschrittlichen Faktoren (z. B. Größe und Qualität des Human- und Sachkapitals) unterscheidet. Nach Auffassung von Porter sind die fortschrittlichen Faktoren für die Wettbewerbsfähigkeit wichtiger als die Grundfaktoren, da deren Vorhandensein die Innovationskraft eines Landes auch lähmen kann.

- die Nachfragebedingungen, wobei Porter hier zwischen quantitativen und qualitativen Aspekten unterscheidet. Die quantitativen Nachfragebedingungen umfassen u. a. die Marktgröße und das Marktwachstum. Qualitativ ist nach Porter vor allem das Anspruchsniveau und die Mobilität der Käufer wichtig für die Herausbildung wettbewerbsfähiger Branchen.

- die Existenz von verwandten und unterstützenden Branchen. Hier geht es um das Vorhandensein einer starken Zulieferindustrie, die in der Lage ist, die in der Wertschöpfungskette nachgelagerten Unternehmen technisch zu unterstützen sowie um verwandte Branchen, die eventuell auf ähnliche Basistechnologien zurückgreifen, so dass Economies-of-Scale und Economies-of Scope-Effekte realisiert werden können.

- die Unternehmensstrategie, die Struktur und der Wettbewerb. Dabei hat Porter vor allem die Führungskultur in Unternehmen, deren Organisationsstrukturen und das Vorhandensein einer starken ausländischen Konkurrenz im Heimatmarkt im Blick.

Die beiden ergänzenden Faktoren sind der Staat, der die Rahmenbedingungen unternehmerischen Handels bestimmt, sowie der Zufall, der außerhalb des Einflusses der politischen und wirtschaftlichen Akteure liegt. **Abbildung 2** zeigt die Gesamtstruktur des Modells mit den Interdependenzen zwischen den verschiedenen Faktoren.

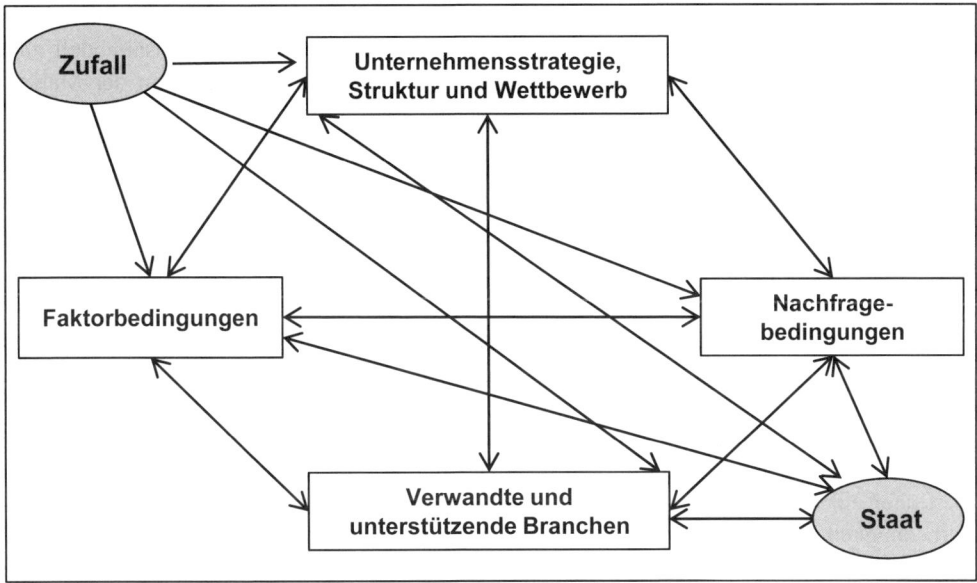

Abbildung 2:   Determinanten der Wettbewerbsfähigkeit
                 (Quelle: Porter 1990)

Porter exemplifiziert die Bedeutung und das Zusammenspiel dieser Faktoren anhand einer
Reihe von Beispielen, wobei deutlich wird, dass Verallgemeinerungen nur schwer möglich
sind. So können bestimmte Faktoren im Kontext mit anderen Faktoren die Wettbewerbsfähig-
keit hemmen oder fördern. Dies ist einerseits eine Stärke seines Modells, da es die spezifischen
Umstände hervorhebt, aus denen heraus wettbewerbsfähige Branchen hervorgehen können.
Andererseits schränkt es die Verallgemeinerungsfähigkeit seines Modells ein. Kritisiert am
Porterschen Modell wird weiterhin die enge nationale Perspektive seines Ansatzes, der der
Globalisierung von Branchen und Unternehmen zu wenig Rechnung trage sowie die mangelnde Prognosefähigkeit des Modells *(vgl. Berg/Holtbrügge 1997, S. 201)*. Trotz dieser Kritik
bildet das Diamant-Modell häufig die Grundlage für eine empirische Branchenanalyse. Es dient
hierbei gewissermaßen als Bezugsrahmen und Checkliste für die Identifikation wettbewerbsre-
levanter Faktoren in ausgewählten Branchen *(vgl. z. B. Friedli 2002; Wendlmaier 1999)*.

2.3.2.3   Das Performance-Potential-Process-Konzept von Buckley et al.

Auf Basis einer umfangreichen Auswertung wissenschaftlicher Literatur zum Thema „Wettbewerbsfähigkeit" entwickeln Buckley et al. im Rahmen ihrer Meta-Studie einen Ansatz zur
Messung und Erklärung der Wettbewerbsfähigkeit von Volkswirtschaften, Branchen, Unternehmen und einzelnen Produktkategorien. Der Schwerpunkt des Ansatzes liegt dabei ganz
eindeutig auf der Darstellung eines ganzheitlichen und umfassenden Messkonzeptes.

Neben den genannten vier Bezugsebenen verwenden sie zur Strukturierung ihres Messkonzeptes zusätzlich noch drei Betrachtungsebenen, nämlich

- die „competitive performance",

- das „competitive potential" sowie

- den „mangement process".

Sie erläutern diesen Strukturierungsvorschlag wie folgt: „By categorising the measure in this way it becomes apparent that the 3 P's describe different stages in the competitive process. Potential measures describe the inputs into the operation, performance measures the outcome of the operation and process measures the management of the operation" *(Buckley et al. 1988, S. 177 f.)*.

Aus diesem zweidimensionalen Messmodell ergibt sich ein umfangreicher Variablensatz zur Bestimmung der Wettbewerbsfähigkeit auf den vier verschiedenen Bezugsebenen (**Tabelle 2**).

Performance measures by level of analysis	Measures of potential by level of analysis	Management process measures by level of analysis
Country • Export market share • % manufacturing in total output • Balance of trade • Export growth • Profitability	*Country* • Comparative advantage • Cost competitiveness • Productivity • Price competitiveness • Technology indicators • Access to resources (may vary by industry)	*Country* • Commitment to international business • Government policies • Education/Training
Industry • Export market share • Balance of trade • Export growth • Profitability	*Industry* • Cost competitiveness • Productivity • Price competitiveness • Technology indicators	*Industry* • Commitment to international business (trade associations, etc.)
Firm • Export market share • Export dependency • Export growth • Profitability	*Firm* • Cost competitiveness • Productivity • Price competitiveness • Technology indicators	*Firm* • Ownership advantages • Commitment to international business • Marketing attitude • Management relations • Closeness to customer • Economies of scale and scope
Product • Export market share • Export growth • Profitability	*Product* • Cost competitiveness • Productivity • Price competitiveness • Quality competitiveness • Technology indicators	*Product* • Product champion

Tabelle 2:   Das Messmodell von Buckley et al.
              (Quelle: Buckley et al. 1988)

Das von Buckley et al. vorgestellte Konzept ist weniger ein Erklärungs- als ein Messmodell, das versucht, Wettbewerbsfähigkeit gleichzeitig ganzheitlich aber auch differenziert, nämlich im Hinblick auf die verschiedenen Bezugsebenen, zu erfassen. Hervorzuheben ist, dass in diesem Modell klar zwischen Indikatoren („performance") und Determinanten der Wettbewerbsfähigkeit („potential", „process") unterschieden wird, so dass es eine für empirische Untersuchungen sinnvolle Analysestruktur vorgibt.

2.4 Globalindikatoren-Konzepte

Eine Reihe von Institutionen erstellt zur vergleichenden Bewertung der Wettbewerbsfähigkeit ganzer Volkswirtschaften Länderrankings, die in der Regel eine große öffentliche Beachtung finden. Da diese Rankings auf einer umfassenden Sammlung und Gewichtung einzelner Messgrößen basieren, werden diese Erhebungen hier summarisch als „Globalindikatoren"-Konzepte bezeichnet. Im Folgenden sollen die beiden wahrscheinlich bekanntesten Erhebungen dieser Art, nämlich das World Competitive Yearbook (WCY) des IMD World Competitive Center sowie der Global Competitive Index (GCI) des World Economic Forum (WEF) dargestellt werden.

Das WCY basiert auf vier Hauptfaktoren mit insgesamt 20 Sub-Faktoren *(vgl. IMD 2011)*. Diese werden in weitere Teilfaktoren untergliedert, sodass das WCY-Konzept mehr als 300 Variablen umfasst. Dabei handelt es sich überwiegend um statistische, teilweise aber auch um Umfragedaten. Die Hauptfaktoren sind:

• Econonomic performance,

• Government efficiency,

• Business efficiency sowie

• Infrastructure.

Einen Überblick über die Faktorstruktur gibt **Abbildung 3**.

Economic Performance	Government Efficiency	Business Efficiency	Infrastructure
Domestic Economy	Public Finance	Productivity	Basic Infrastructure
International Trade	Fiscal Policy	Labor Market	Technological Infrastructure
International Investment	Institutional Framework	Finance	Scientific Infrastructure
Employment	Business Legislation	Management Practices	Health and Environment
Prices	Societal Framework	Attitudes and Values	Education

Abbildung 3:   Struktur des WCY-Modells
                (Quelle: IMD 2011)

Die 20 Sub-Faktoren gehen mit jeweils 5 Prozent in den Gesamtindex mit ein. Berücksichtigt werden im WCY 58 Länder. Das Ergebnis des Länderrankings für die TOP 20 Länder im Jahr 2010 zeigt **Abbildung 4**.

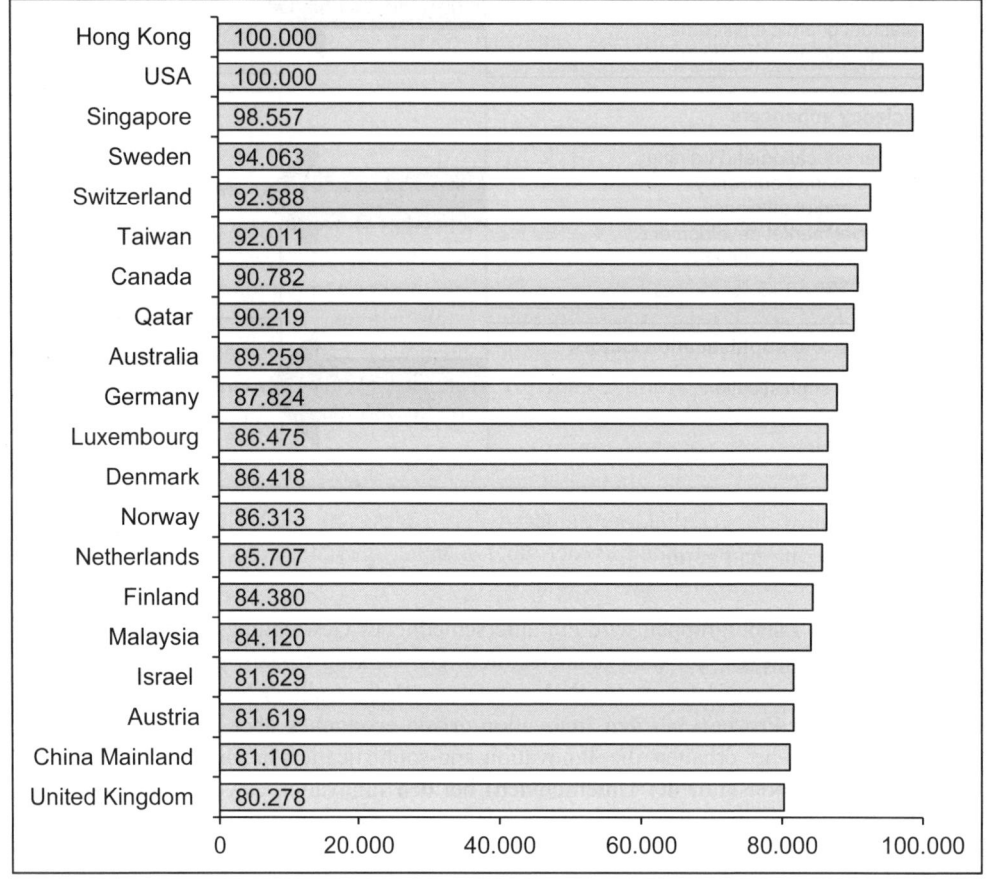

Abbildung 4:   The World Competitiveness Scoreboard 2011
                 (Quelle: IMD 2011)

Der GCI des WEF weist eine ähnliche Grundstruktur wie das WCY auf. Er baut auf drei Hauptfaktoren auf, denen wiederum 12 Sub-Faktoren („pillars") zugeordnet werden. Diese sind mit weiteren Teilfaktoren hinterlegt. Insgesamt berücksichtigt der GCI 111 Variablen. Der Berichtskreis umfasst 139 Länder.

Um der Tatsache Rechnung zu tragen, dass bestimmte Faktoren für die Wettbewerbsfähigkeit von Entwicklungsländern eine andere Bedeutung haben als für hochentwickelte Volkswirtschaften unterscheidet der GCI zwischen drei Entwicklungsstufen: „factor-driven-", „efficiency-driven-" und „innovation-driven-economies". **Abbildung 5** zeigt die Faktorenstruktur des GCI im Überblick.

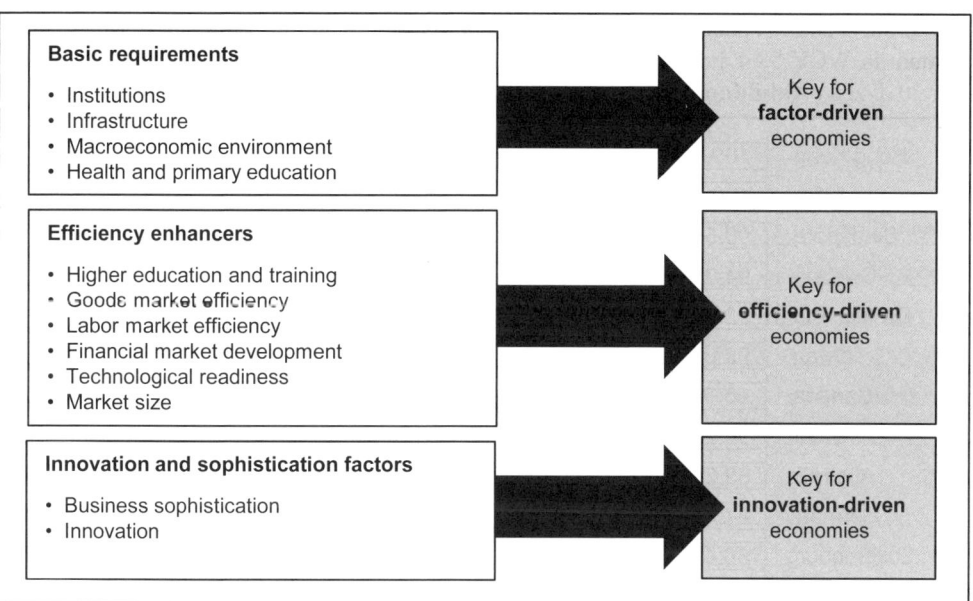

Abbildung 5:   Struktur des GCI-Modells
(Quelle: WEF 2010)

Für jede der drei Ländergruppen wird ein unterschiedliches Gewichtungsschema zur Ermittlung des Gesamtindexes, auf dem dann letztlich das Ranking basiert, gewählt. So werden Faktoren der Basic requirements (z. B. Institutionen, Infrastruktur) bei den Factor-driven-economies mit 60 Prozent, bei den Innovation-driven-economies aber nur mit 20 Prozent gewichtet. Umgekehrt erhalten die Innovation-and-sophistication-factors (z. B. Professionalität und Innovationskraft der Unternehmen) bei den Innovation-driven-economies einen Gewichtungsfaktor von 30 Prozent, während er bei den Factor-driven-economies nur bei 5 Prozent liegt (**Tabelle 3**).

Subindex	Factor-driven stage (%)	Efficiency-driven stage (%)	Innovation-driven stage (%)
Basic requirements	60	40	20
Efficiency enhancers	35	50	50
Innovation and sophistication factors	5	10	30

Tabelle 3:   Gewichtungsfaktoren im GCI-Modell
(Quelle: WEF 2010)

Das Ergebnis des Länderrankings des WEF – wiederum nur für die TOP 20 Länder - zeigt **Tabelle 4**.

Country/Economy	Overall Index		Basic requirements		Efficiency enhancers		Innovation and sophistication factors	
	Rank	Score	Rank	Score	Rank	Score	Rank	Score
Switzerland	1	5,63	2	6,05	4	5,41	2	5,71
Sweden	2	5,56	4	5,98	5	5,32	3	5,67
Singapore	3	5,48	3	6,05	1	5,49	10	5,07
United States	4	5,43	32	5,21	3	5,46	4	5,53
Germany	5	5,39	6	5,89	13	5,11	5	5,51
Japan	6	5,37	26	5,35	11	5,17	1	5,72
Finland	7	5,37	5	5,97	14	5,09	6	5,43
Netherlands	8	5,33	9	5,82	8	5,24	8	5,16
Denmark	9	5,32	7	5,86	9	5,20	9	5,15
Canada	10	5,30	11	5,77	6	5,32	14	4,95
Hong Kong SAR	11	5,30	1	6,12	2	5,48	24	4,46
United Kingdom	12	5,25	18	5,58	7	5,28	12	4,98
Taiwan, China	13	5,21	19	5,58	16	5,05	7	5,23
Norway	14	5,14	17	5,65	12	5,13	17	4,83
France	15	5,13	16	5,67	15	5,09	16	4,83
Australia	16	5,11	12	5,74	10	5,20	22	4,54
Qatar	17	5,10	13	5,73	26	4,68	23	4,48
Austria	18	5,09	15	5,67	19	4,93	13	4,97
Belgium	19	5,07	22	5,45	17	5,01	15	4,91
Luxembourg	20	5,05	10	5,81	20	4,92	19	4,76

Tabelle 4:   The Global Competitiveness Index 2010-2011
                (Quelle: WEF 2010)

Im Hinblick auf die Aussagekraft und die Vergleichbarkeit von Länderrankings gibt es aus wissenschaftlicher Sicht zahlreiche Vorbehalte *(vgl. u. a. Küter 2009, S. 695 ff.; Lehmann 2006, S. 299 ff.)*. Kritisiert wird insbesondere,

- die nicht immer wissenschaftlich nachvollziehbare Auswahl der Indikatoren,
- die Vernachlässigung von Abhängigkeiten zwischen Indikatoren sowie
- die von subjektiven Einschätzungen geprägte Gewichtung und Aggregation der Indikatoren.

Andererseits vermitteln die Globalindikatoren-Konzepte allerdings ein Bild von den Stärken und Schwächen einer Volkswirtschaft und zeigen der Politik prioritäre Handlungsfelder zur

Verbesserung der Wettbewerbsfähigkeit auf. So angreifbar die jeweiligen Rankings sein mögen, sind die dargestellten Erhebungen aufgrund der umfangreichen Datensammlungen zumindest ein realitätsnaher Spiegel für die Attraktivität von Wirtschaftsstandorten.

2.5 Aufbau und Vorgehensweise der vorliegenden Untersuchung

2.5.1 Begriff der deutschen Automobilindustrie

Der Begriff „deutsche Automobilindustrie" kann in zweierlei Weise definiert und abgegrenzt werden:

- standortbezogen und
- unternehmensbezogen,

wobei sich diese beiden Abgrenzungen nicht gegenseitig ausschließen.

Bei einer standortbezogenen Betrachtungsweise gehören zur deutschen Automobilindustrie alle Unternehmen, die in Deutschland Automobile und Teile für Automobile herstellen, unabhängig davon, ob es sich bei diesen Unternehmen um Konzerne mit Hauptsitz in Deutschland oder im Ausland handelt. In dieser Betrachtungsweise gehören also zum Beispiel die Tochtergesellschaften von General Motors (Opel) und Ford zur deutschen Automobilindustrie, wie auch zahlreiche Unternehmen der Zulieferindustrie, deren Firmenhauptsitz nicht in Deutschland liegt.

Dieser Abgrenzung des Begriffs entspricht die amtliche Klassifikation der Wirtschaftszweige durch das Statistische Bundesamt *(vgl. Statistisches Bundesamt 2008, S. 309 ff.)*. Es unterscheidet drei Teilgruppen:

- die Hersteller von Kraftwagen und Kraftwagenmotoren,
- die Hersteller von Teilen und Zubehör für Kraftwagen sowie
- die Hersteller von Karosserien, Aufbauten und Anhängern.

Aktuelle Kennzahlen zu diesen drei Teilgruppen zeigt **Tabelle 5**:

	Herstellung von Kraftwagen		Herstellung von Anhängern und Aufbauten		Herstellung von Kfz-Teilen und Zubehör		Automobil- industrie insgesamt	
	2009	2010	2009	2010	2009	2010	2009	2010
Umsatz (in Tsd.)	207.750	248.950	5.468	6.540	49.922	61.564	263.140	317.054
Inlandsumsatz	75.589	73.588	3.246	3.687	33.645	40.424	112.480	117.699
Auslandsumsatz	132.161	175.362	2.222	2.853	16.277	21.140	150.660	199.355
Beschäftigte (Jahresdurchschnitt)	406.408	398.191	31.693	28.771	285.089	281.623	723.190	708.585

Tabelle 5:   Kennzahlen zur Automobilindustrie und ihren Teilgruppen
                (Quelle: Verband der Automobilindustrie VDA)

In der vorliegenden Untersuchung werden die Teilgruppen 2 und 3 – soweit nichts anderes angegeben – verallgemeinernd als „Automobilzulieferer" zusammengefasst, während Unternehmen der Teilgruppe 1 als „Automobilhersteller" bezeichnet werden.

Unternehmensbezogen kann die deutsche Automobilindustrie so abgegrenzt werden, dass alle Unternehmen zu ihr gehören, die Automobile oder Teile für Automobile herstellen und deren Firmenhauptsitz in Deutschland liegt. In dieser Betrachtungsweise würden also Unternehmen wie Opel und Ford Deutschland nicht zur deutschen Automobilindustrie gezählt. Gleiches gilt für Automobilzulieferer, deren Firmenhauptsitz sich im Ausland befindet.

Die beiden Sichtweisen ergänzen sich insofern, als eine sinkende Produktion am Standort Deutschland auf einen Verlust an Wettbewerbsfähigkeit hinweisen könnte. Ist dieser Rückgang auf eine steigende Auslandsproduktion der deutschen Hersteller zurückzuführen und gewinnen diese dadurch im Weltmarkt an Marktanteilen, so ist dies jedoch ein Ausdruck gestiegener Wettbewerbsfähigkeit. Im Hinblick auf generalisierende Aussagen zur deutschen Automobilindustrie ist also Vorsicht angebracht. Es muss stets klar definiert werden, ob der Automobilstandort Deutschland oder die originär deutschen Automobilhersteller gemeint sind.

2.5.2   Untersuchungskonzept und Methodik

Der Überblick über die begrifflichen und konzeptionellen Grundlagen hat deutlich gemacht, dass es die „Theorie der internationalen Wettbewerbsfähigkeit" nicht gibt. Die theoretischen und konzeptionellen Ansätze zur Erklärung des Phänomens sind sowohl im Hinblick auf ihre Reichweite und ihr analytisches Niveau sehr unterschiedlich, so dass allenfalls von „Bausteinen" für eine Theorie der internationalen Wettbewerbsfähigkeit gesprochen werden kann.

Die empirische Erfassung der Wettbewerbsfähigkeit einer Branche wie der deutschen Automobilindustrie kann also nicht auf der Basis eines in sich geschlossenen und allgemein anerkannten Modells erfolgen. Stattdessen wird zunächst versucht, anhand von ausgewählten Indikatoren die Wettbewerbsfähigkeit der deutschen Automobilindustrie zu bestimmen. Die Indikatorenauswahl basiert dabei auf der in Kapitel 2.2 genannten Definition von internationaler Wettbewerbsfähigkeit: Eine Branche ist dann international wettbewerbsfähig, wenn die ihr zugehörigen Unternehmen in der Summe in der Lage sind, ihre Produkte mit einem als angemessen anzusehenden Gewinn auf dem Weltmarkt (einschließlich des heimischen Marktes) abzusetzen. Indikatoren der Wettbewerbsfähigkeit sind dementsprechend Produktion und Absatz der Branche sowie die dabei erzielte Profitabilität.

Davon ausgehend werden die Faktoren, die die Wettbewerbsfähigkeit von Unternehmen bestimmen, auf drei Ebenen, nämlich einer mikro-, meso- und einer makroökonomischen Ebene untersucht:

- Auf der mikroökonomischen Ebene sollen jene Faktoren identifiziert werden, auf denen die Wettbewerbsfähigkeit eines Unternehmens basiert. Letztlich geht es dabei um die Beantwortung der Frage: Warum entscheiden sich Konsumenten gerade für die Produkte und Dienstleistungen dieses Unternehmens?

- Unternehmen agieren nicht im luftleeren Raum, sondern sind eingebunden in die politischen, gesellschaftlichen und wirtschaftlichen Strukturen des oder der Standorte, an denen sie agieren. Hier setzt die makroökonomische Analyse an, in der es darum geht, den Einfluss der vielzitierten Rahmenbedingungen auf die Wettbewerbsfähigkeit zu analysieren und zu bewerten.

- Schließlich gibt es branchenspezifische Faktoren, die sich auf der einen Seite aus den gesamtwirtschaftlichen Rahmenbedingungen ableiten, gleichzeitig aber auch von den Unternehmen mitgestaltet werden. Letztlich basieren diese mesoökonomischen Faktoren auf Eigenheiten eines Produktes oder einer Dienstleistung und den sich daraus ergebenden Strukturähnlichkeiten der Unternehmen, die diese Produkte oder Dienstleistungen herstellen und vertreiben.

Abbildung 6 zeigt die gewählte Analyse-Struktur im Überblick.

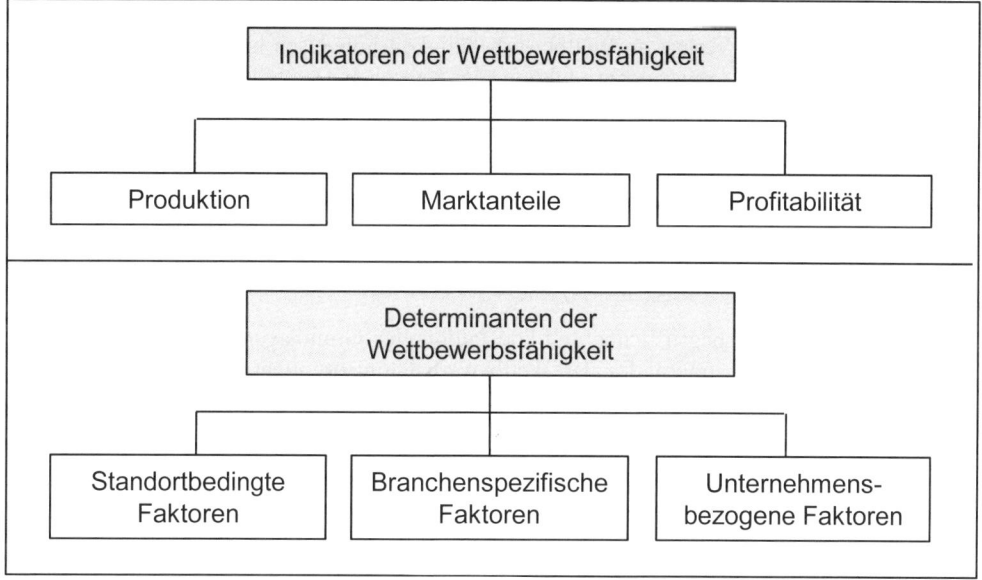

Abbildung 6:   Aufbau der Untersuchung
                 (Quelle: Eigene Darstellung)

In Kapitel 4 sollen wichtige Indikatoren die Wettbewerbsfähigkeit der deutschen Automobilindustrie dargestellt werden. Daran schließt sich die Analyse der wettbewerbsrelevanten Faktoren an. Zunächst soll aber die gesamtwirtschaftliche Bedeutung der deutschen Automobilindustrie kurz umrissen werden.

3   Entwicklung und Struktur der Weltautomobilindustrie

3.1   Überblick

Der amerikanische Management-Autor Peter F. Drucker hat die Automobilindustrie einmal als „the industry oft the industries" bezeichnet. Er wollte damit zum Ausdruck bringen, dass die Automobilbranche aufgrund der Komplexität und Werthaltigkeit des Produktes eine starke gesamtwirtschaftliche Ausstrahlung hat. Dementsprechend war und ist es das Ziel vieler Länder, im Rahmen ihres wirtschaftlichen Entwicklungsprozesses, eine starke Automobilindustrie aufzubauen. Beispiele dafür sind die BRIC-Staaten, in denen die Automobilbranche eine große strategische Bedeutung in den jeweiligen nationalen Entwicklungsplänen hat. Da die heimischen Industrien heute vielfach noch nicht wettbewerbsfähig sind, werden sie – bewusst oder unbewusst unter Rückgriff auf das „Erziehungszoll"-Argument von Friedrich List – durch tarifäre und/oder nicht-tarifäre Handelshemmnisse gegenüber dem internationalen Wettbewerb geschützt.

Im Folgenden soll die Entwicklung und Struktur der Weltautomobilindustrie dargestellt werden. Ziel dieser Darstellung ist es, die wesentlichen Niveau- und Strukturveränderungen, die sich im Weltautomobilmarkt und bei den Automobilherstellern in den letzten Jahren vollzogen haben aufzuzeigen und damit das Verständnis der für die Wettbewerbsfähigkeit der deutschen Automobilindustrie relevanten Determinanten zu erleichtern.

3.2   Entwicklung des Weltautomobilmarktes

Der Weltautomobilmarkt hat sich nach dem scharfen Einbruch in Folge der Finanzkrise der Jahre 2008/09 wieder deutlich erholt. Bereits im Jahr 2010 wurde im Hinblick auf die weltweiten Automobilverkäufe das Vorkrisenniveau des Jahres 2007 wieder übertroffen. Insgesamt wurden im Jahr 2010 rund 56 Mio. PKW verkauft und damit gut 10 Prozent als im Vorjahr. Im Jahr 2011 hat diese positive Entwicklung angehalten.

Global betrachtet stellt sich der Automobilmarkt nach wie vor als ein Wachstumsmarkt dar. So lag der Automobilabsatz im Jahr 2010 um 20,1 Prozent über dem des Jahres 2000 (**Abbildung 7**). Dies entspricht einer durchschnittlichen jährlichen Wachstumsrate („compound annual growth rate" – CAGR) von 1,9 Prozent.

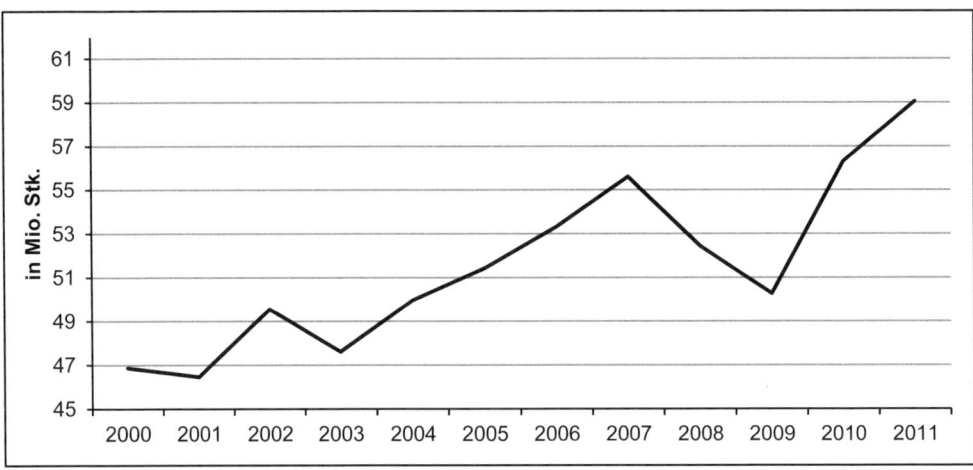

Abbildung 7:   Entwicklung des Weltautomobilmarktes, 2000-2011
                (Quelle: Verband der Automobilindustrie VDA)

Getrieben wurde und wird diese Entwicklung vor allem durch das starke Wachstum des Motorisierungsprozesses in den Emerging Markets, allen voran China. Innerhalb weniger Jahre ist China zum größten Automobilmarkt der Welt geworden. Im Jahr 2010 wurden in China 11,3 Mio. PKW verkauft, im Jahr 2011 schätzungsweise 12,2 Mio. Die durchschnittliche jährliche Wachstumsrate des chinesischen Automobilmarktes lag im Zeitraum 2000 bis 2010 bei über 30 Prozent (**Abbildung 8**). Aber nicht nur in China, sondern auch in anderen Emerging Markets wie Brasilien, Indien, Russland sowie in einer Reihe kleinerer asiatischer Länder ist die Nachfrage nach Personenkraftwagen in den letzten Jahren sprunghaft angestiegen.

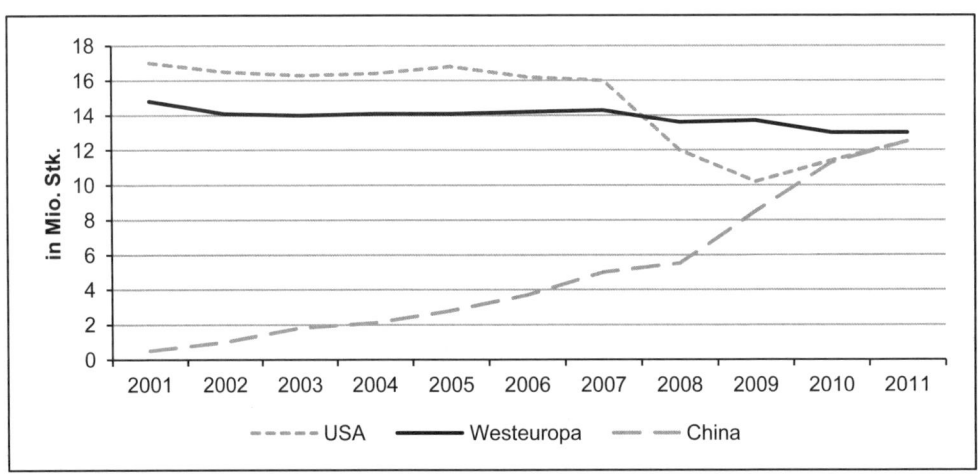

Abbildung 8:   Entwicklung der PKW-Verkäufe in ausgewählten Märkten
                (Quelle: Verband der Automobilindustrie VDA)

Auf der anderen Seite war in den reifen Automobilmärkten der Triade (Westeuropa, Nordamerika und Japan) ein nur schwaches Wachstum, teilweise auch ein Rückgang zu verzeichnen. Nicht zuletzt aufgrund der demografischen Entwicklung stößt der Automobilmarkt hier an die „Grenzen des Wachstums". Die Verlagerung der regionalen Wachstumsschwerpunkte wird die Automobilbranche auch in den nächsten Jahren prägen (siehe dazu Kapitel 7.2.2).

Die die Volatilität der weltweiten Automobilnachfrage ist – wie **Abbildung 7** zeigt – hoch. Dies hat vor allem zwei Gründe:

- Als hochwertiges und teures Konsumgut ist die Anschaffung von Automobilen besonders konjunkturabhängig. Erwartungen zur weiteren persönlichen Einkommensentwicklung beeinflussen die Kaufneigung sehr stark. So lässt sich zum Beispiel ein starker Einfluss der Arbeitslosenrate auf die Nachfrage nach Automobilen nachweisen. Die Beschaffung von Automobilen durch gewerbliche Nachfrager, vor allem Großkunden und Vermieter unterliegt ebenfalls starken konjunkturellen Schwankungen in Abhängigkeit von der Entwicklung der vorgelagerten Märkte. Sinkt zum Beispiel infolge eines Konjunktureinbruchs die Geschäftsreisetätigkeit, geht die Auslastung der Fuhrparks zurück, so dass Neuanschaffungen zurückgestellt werden.

- Aufgrund eines weitgehenden PKW-Besitzes breiter Bevölkerungskreise in den Triade-Märkten können Ersatzbeschaffungen bei gesamtwirtschaftlichen Krisenlagen aufgeschoben werden, ohne dass der Besitzer Mobilitätseinschränkungen hinnehmen muss. So lässt sich feststellen, dass bei einer Eintrübung der gesamtwirtschaftlichen Aussichten, Fahrzeugkäufe zurückgestellt werden, was in konjunkturellen Aufschwungsphasen dann zur Auflösung von Nachholbedarfen führt.

Angesichts des unsicheren gesamtwirtschaftlichen Umfeldes (Schuldenkrise, Ölpreisentwicklung etc.) ist auch in den kommenden Jahren von starken Konjunkturschwankungen auf dem Automobilmarkt auszugehen.

3.3   Struktur des Weltautomobilmarktes

Im Hinblick auf den Entwicklungsstand lässt sich der Weltautomobilmarkt geografisch – wie weiter oben schon angedeutet – im Wesentlichen in zwei Regionen aufteilen: Auf der einen Seite die weitgehend gesättigten Märkte in Westeuropa, Nordamerika und Japan, auf der anderen Seite die schnell wachsenden Emerging Markets. **Abbildung 9** zeigt die nach wie vor bestehenden gravierenden Unterschiede bei der Motorisierungsdichte zwischen verschiedenen Ländern.

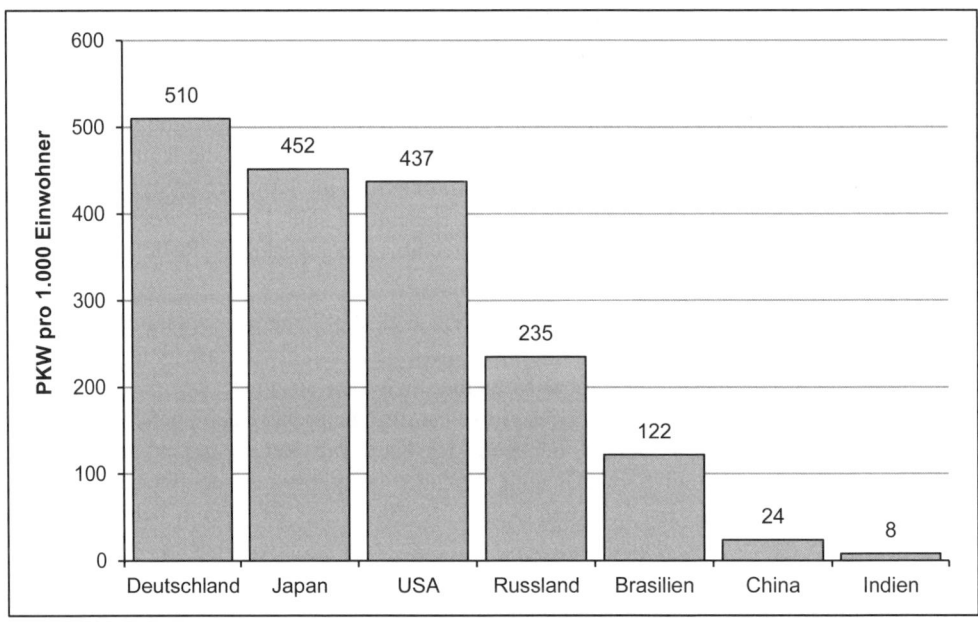

Abbildung 9:   Motorisierungsdichte in der Triade und den BRIC-Staaten, 2009
                (Quelle: Eurostat; Global Insight; zit. nach ACEA 2011, S. 66)

Neben diesen Unterschieden im Entwicklungsstand der einzelnen Märkte gibt es trotz unbe-
streitbarer Vereinheitlichungstendenzen noch immer teilweise gravierende strukturelle Unterschiede zwischen den Märkten, die eine jeweils lokal ausgerichtete Produkt-, Vertriebs- und
Marketingstrategie erfordern. So ist zum Beispiel die Akzeptanz des Diesel-Antriebs bei
PKW regional sehr unterschiedlich. In Europa erreicht der Diesel-Antrieb heute Anteile von
bis zu 70 Prozent an den Gesamtverkäufen von PKW. Demgegenüber spielen Diesel-PKW in
Japan so gut wie keine Rolle und in den USA bislang nur im Bereich der schweren Gelände-
wagen („Sport Utility Vehicles" – SUV). Auch in China ist der Diesel-Anteil an den PKW-
Verkäufen verschwindend gering.

Ursache dafür sind Unterschiede im Hinblick auf die Qualität des angebotenen Dieselkraft-
stoffs, die wiederum auf das Image des Diesel-Antriebs durchschlagen. So setzen die heute
üblichen Nachbehandlungstechnologien bei Diesel-Motoren zur Reduktion der Partikel- und
Stickoxidemissionen extrem schwefelarmen Dieselkraftstoff voraus. Wird dieser nicht angeboten, können die Nachbehandlungstechnologien nicht eingesetzt werden, wodurch der Diesel-Antrieb in vielen Ländern als umweltbelastender als der Antrieb mit Otto-Motoren eingeschätzt wird. Vor diesem Hintergrund erfolgt häufig auch eine unterschiedliche Besteuerung
von Diesel und Benzin, die – wie zum Beispiel in der Schweiz – die Attraktivität des Diesels
beeinträchtigt.

Auch hinsichtlich der Einsatzzwecke und Fahreigenschaften bestehen weltweit gesehen nach
wie vor erhebliche Unterschiede. So spielen in einem stark urbanisierten Land wie Japan
Klein- und Kleinstfahrzeuge eine wesentlich größere Rolle als in Nordamerika und auch in
Westeuropa. In Nordamerika wiederum legen die Kunden sehr großen Wert auf Komfort und
Ausstattung, während in Westeuropa Sportlichkeit nach wie vor eine große Bedeutung hat.

Dementsprechend ergeben sich unterschiedliche Anforderungen hinsichtlich des Ausstattungsniveaus der Fahrzeuge und der Auslegung des Antriebsstranges.

Schließlich gibt es Unterschiede hinsichtlich der sozialen Funktion des Automobils. Während in vielen Emerging Markets wie zum Beispiel China und Russland das Automobil noch ganz eindeutig die Funktion eines Statussymbols hat, neigen in Westeuropa die Käufer teilweise zum Understatement und orientieren sich beim Autokauf an modernen Life-Styles, in denen Nachhaltigkeit und soziale Akzeptanz von großer Bedeutung sind. Dementsprechend spielen Oberklasse-Limousinen im Privatkundengeschäft eine immer geringere Rolle und werden nur noch als Geschäftsfahrzeuge eingesetzt.

Die genannten und zahlreiche weitere Faktoren wie z. B. die Steuergesetzgebung, die Topographie und das Klima, gesetzliche Vorgaben sowie die Verkehrsinfrastruktur haben zur Folge, dass die Nachfragestruktur global betrachtet zwischen einzelnen Regionen und Ländern deutliche Unterschiede aufweist. Dies gilt selbst für einen relativ homogenen Markt wie Westeuropa, wie **Tabelle 6** anhand der von der Kaufkraft her vergleichbaren Länder Deutschland, Frankreich und Schweiz zeigt. So liegt beispielsweise der Diesel-Anteil in Frankreich bei rund 70 Prozent, während er in der Schweiz nur 29 Prozent beträgt. Umgekehrt beträgt der Anteil von Geländewagen an den Fahrzeugverkäufen in der Schweiz fast 26 Prozent, während er in Frankreich nur 3,9 Prozent erreicht. Trotz Tempolimit und strenger Verkehrskontrollen liegt die durchschnittliche Motor-Leistung bei in der Schweiz verkauften Fahrzeugen mit 106 KW deutlich über dem Niveau in Deutschland mit 95 KW und weit über dem in Frankreich (74 KW). Damit korrespondiert, dass in Frankreich wesentlich mehr Kleinwagen als in Deutschland und der Schweiz verkauft werden, während Oberklasse-Fahrzeuge in Frankreich mit 4,6 Prozent einen nur verschwindend kleinen Teil an den gesamten Fahrzeugverkäufen ausmachen.

Anteile in v. H.*	Deutschland	Frankreich	Schweiz
Diesel – PKW	40,5	70,7	28,9
Kleinwagen	30,8	56,8	34,9
Geländewagen	10,3	3,9	25,9
Oberklasse	16,7	4,6	14,0
Ø – Leistung (in kW)	95	74	106

* Angaben für Jan.-Aug. 2010

Tabelle 6:   Nachfragestruktur in ausgewählten europäischen Ländern
                  (Quelle: ACEA 2011)

In der Konsequenz bedeutet dies für die Automobilhersteller eine Gratwanderung zwischen Vereinheitlichung und Differenzierung: Vereinheitlichung ist notwendig, um größenbedingte Kostenvorteile erzielen zu können („Scale-Effekte"). Differenzierung ist andererseits die Voraussetzung für Markt- und Kundenakzeptanz.

3.4   Entwicklung der Weltautomobilhersteller

Einen Überblick über die – auf Basis der Umsätze – weltweit größten Automobilhersteller gibt **Tabelle 7**. Weltweit größter Automobilhersteller war im Jahr 2010 Toyota mit einem Umsatz von 221 Mrd. US-Dollar, gefolgt von Volkswagen mit 168 Mrd. US-Dollar und der Allianz von Renault-Nissan mit 154 Mrd. US-Dollar. Wie der Vergleich mit dem Jahr 2005 zeigt, ist es in diesem Zeitraum zu deutlichen Verschiebungen in der Hersteller-Struktur gekommen. So haben vor allem die nordamerikanischen Hersteller General Motors und Ford aufgrund der konjunkturellen und strukturellen Probleme in ihrem Heimatmarkt deutlich an Umsatz verloren. Der Umsatzrückgang bei Daimler ist auf die Trennung von Chrysler zurückzuführen.

	- in Mio. USD -	2010	2005	Ver. in v. H.
1	Toyota	221.760	172.616	+28,5
2	Volkswagen	168.041	110.648	+51,9
3	Renault-Nissan	154.046	130.438	+18,1
4	General Motors	135.592	193.517	-29,9
5	Daimler	129.481	176.687	-26,7
6	Ford	128.954	172.233	-25,1
7	Honda	104.342	80.486	+29,6
8	Hyundai	97.408	46.358	+110,1
9	BMW	80.099	55.142	+45,3
10	Fiat [1]	75.329	59.972	+25,6
11	Peugeot	74.251	70.641	+5,1
12	Dongfeng Motors	55.748	n. a.	n. a.
13	Shanghai Automotive	54.257	n. a.	n. a.
14	FAW Group	43.434	13.825	+214,2
15	Chrysler	41.946	n. a.	n. a.
16	Suzuki	30.452	22.011	+38,4
17	Mazda	27.154	25.081	+8,3
18	Tata Motors	27.046	n. a.	n. a.
19	Mitsubishi Motors	21.349	19.750	+8,1
19	Fuji Heavy Ind. [2]	15.280	13.459	+13,5

1) Fiat 2010; eigene Berechnungen
2) Fuji Heavy Ind. 2005; eigene Berechnungen

Tabelle 7:   Die umsatzstärksten Automobilhersteller
                  (Quelle: Fortune 2011; eigene Berechnungen)

Die in Kapitel 3.2. dargestellte Nachfrageverlagerung von den Triade- zu den Emerging Markets hat auch zu entsprechenden Veränderungen bei den weltweiten Produktionsanteilen der verschiedenen Regionen geführt. Eine geradezu tektonische Verschiebung ist zwischen Europa und Nordamerika einerseits, Asien andererseits festzustellen (**Tabelle 8**). So ist der Anteil Europas an der gesamten Weltproduktion zwischen 2001 und 2010 um 9,3 Prozentpunkte auf 27,0 Prozent gefallen. Noch dramatischer ist der Anteilsverlust des einstmals größten Automobilproduktionslandes, den USA. Deren Anteil an der Weltproduktion sank im gleichen Zeitraum von 23,3 auf 11,9 Prozent, also um 11,4 Prozent-Punkte. Demgegenüber ist der Anteil Asiens an der Weltproduktion um 18,0 Prozentpunkte auf mittlerweile 44,1 Prozent gestiegen. China, das mit einem Anteil von 1,5 Prozent an der Weltproduktion im Jahr 2001 praktisch bedeutungslos war, ist heute mit einem Produktionsanteil von 16,4 Prozent das größte Automobilproduktionsland der Welt.

	2001	2010	Ver. in %-Punkte
Europa	**36,3**	**27,0**	-9,3
EU-25	33,7	24,0	-9,7
Nafta	**32,4**	**18,7**	-13,7
USA	23,3	11,9	-11,4
Mercosur	**4,1**	**6,5**	+2,4
Asien	**26,1**	**44,1**	+18,0
Japan	16,9	13,1	-3,8
China	1,5	17,9	+16,4
RoW	**5,2**	**3,7**	-1,5
Welt	**100**	**100**	-
nachr.: in Mio. Stk.	47,8	63,6	-

Tabelle 8:   Entwicklung der Automobilproduktion ausgewählter Länder
                 (Quelle: OICA 2011)

Diese regionale Verschiebung der Produktionsvolumina spiegelt sich auch in Veränderungen bei den größten Automobilherstellern wider (**Tabelle 9**). So weisen jene Hersteller deutliche Produktionssteigerungen auf, die vor allem im asiatischen Raum engagiert sind bzw. ihr Engagement dort in den letzten Jahren ausgebaut haben. An der Spitze unter den größeren und unabhängigen Herstellern steht Hyundai, die ihre Produktionsvolumen seit dem Jahr 2000 mehr als verdoppeln konnten. Dies kontrastiert deutlich mit dem Rückgang der Produktion bei den beiden nordamerikanischen Herstellern General Motors und Ford. Der Rückgang bei Daimler ist wiederum auf die Trennung von Chrysler zurückzuführen. Demgegenüber konnte die Produktion bei der Kernmarke Mercedes-Benz in diesem Zeitraum gesteigert werden. Eine deutliche Produktionssteigerung kann der VW-Konzern verzeichnen, wobei auch hier das Wachstum weit überwiegend aus den Produktionsstandorten in China kommt. BMW hat vor allem vom Wachstum des Premiummarktes profitiert, konnte seine Produktion aber auch durch den Ausbau seines Engagements im chinesischen Markt erhöhen.

	- in Tsd.* -	2010	2000	Ver. in v. H.
1	Toyota	8.557	5.954	+43,7
2	Genaral Motors	8.476	8.133	+4,2
3	Volkswagen	7.341	5.106	+43,8
4	Renault-Nissan	6.698	5.142	+30,3
5	Hyundai	5.764	2.488	+131,7
6	Ford	4.988	7.322	-31,9
7	Honda	3.643	2.505	+45,4
8	Peugeot	3.605	2.879	+25,2
9	Suzuki	2.892	1.457	+98,5
10	Fiat	2.410	2.641	-8,7
11	Daimler	1.940	4.666	-58,4
12	Chrysler	1.578	n. a.	n. a.
13	BMW	1.481	835	+77,4
14	Mazda	1.307	925	+41,3
15	Mitsubishi	1.174	1.827	-35,7
16	Chana **	1.102	203	+442,9
17	Tata	1.011	193	+423,8
18	FAW**	896	n. a.	n. a.
19	Geely	802	n. a.	n. a.

* Angaben enthalten: PKW, leichte und schwere Nutzfahrzeuge
** Joint-Venture Partner

Tabelle 9:   Weltproduktion ausgewählter Automobilhersteller
                   (Quelle: OICA 2011)

Eine Analyse der Weltautomobilindustrie über die letzten zehn Jahre hinweg zeigt, dass die Auffassung eines kontinuierlich ablaufenden Konzentrationsprozesses in der Automobil-industrie irrig ist. Zwar ist es in den letzten Jahren zu weiteren Unternehmenszusammen-schlüssen bzw. –übernahmen gekommen (Renault-Nissan, Fiat-Chrysler, VW-Porsche). Dem stehen jedoch auch einige De-Mergers gegenüber (Daimler-Chrysler-Mitsubishi-Hyundai, Ford-Mazda-Volvo-Jaguar-Land Rover, General Motors-Saab). Noch wichtiger ist aber die Tatsache, dass mit dem Aufstieg Chinas und Indiens neue Wettbewerber auf den Weltmarkt eingetreten sind bzw. noch eintreten werden. Insofern muss in den nächsten Jahren mit einer weiter steigenden Zahl von Wettbewerbern auf dem Weltautomobilmarkt gerechnet werden (siehe dazu Kapitel 7.3.4).

3.5   Strategische Positionierungen in der Weltautomobilindustrie

In der Weltautomobilindustrie haben sich im Zeitablauf auf der Grundlage historischer Weichenstellungen, struktureller Rahmenbedingungen und unternehmerischer Entscheidungen strategische Positionierungen herausgebildet, die für die verschiedenen nationalen Industrien typisch sind. Sie sind gleichermaßen das Ergebnis wie auch die Voraussetzung des Wettbewerbsprozesses, denn sie bestimmen die strategischen Optionen und Handlungsspielräume im Hinblick auf die Erlangung und Sicherung der internationalen Wettbewerbsfähigkeit der jeweiligen Produktionsländer und der dort angesiedelten Unternehmen.

Während Automobile heute in vielen Ländern der Welt produziert und montiert werden, konzentriert sich die Entwicklung und Steuerung der Produkt-, Produktions- und Marktstrategien nach wie vor sehr stark auf schon lange in der Branche etablierte Unternehmen und Standorte. Nach wie vor sind Deutschland, Frankreich und Italien in Europa sowie die USA, Japan und Südkorea die Schaltzentralen der Weltautomobilindustrie. Lediglich China und Indien könnten aus heutiger Sicht das Potenzial haben, zu technologisch und wirtschaftlich eigenständigen Zentren der Automobilindustrie zu werden. Im Folgenden soll die strategische Positionierung der deutschen, französischen, italienischen, nordamerikanischen, japanischen und koreanischen Automobilindustrie im globalen Wettbewerb skizziert werden. Zusätzlich werden die chinesische und indische Automobilindustrie in das Positionierungsfeld mit aufgenommen, um ein möglichst ganzheitliches Bild über die heutige Struktur der Weltautomobilindustrie darzustellen.

Grundlage der Positionierung bilden die beiden in der Branche erfolgsentscheidenden Strategiedimensionen „geografische Marktabdeckung" und „Markenpositionierung". Die meisten Automobilhersteller haben sich in den letzten Jahrzehnten zu Mehrmarkenunternehmen entwickelt, um damit ihre strategische Positionierung gewissermaßen „zu strecken". Dementsprechend lassen sich die Positionierungen nicht punktgenau vornehmen, sondern durch Ausgriffe sowohl hinsichtlich der Markenpositionierung als der geografischen Marktabdeckung müsste der konzernbezogene Positionierungsraum flächig dargestellt werden. Beispielhaft sei hier Fiat erwähnt: Das Unternehmen ist zwar überwiegend im mittleren Preissegment („Value-for-Money") und mit einer starken regionalen Fokussierung auf Europa tätig. Andererseits verfügt es mit Ferrari über eine Marke im absoluten Luxussegment, die weltweit verbreitet ist. Diese „Ausgriffe" können bei der grafischen Darstellung aus Gründen der Übersichtlichkeit nur begrenzt berücksichtigt werden.

Einen Überblick über die im Folgenden zu erklärende strategische Positionierung der verschiedenen Automobilindustrien gibt **Abbildung 10**.

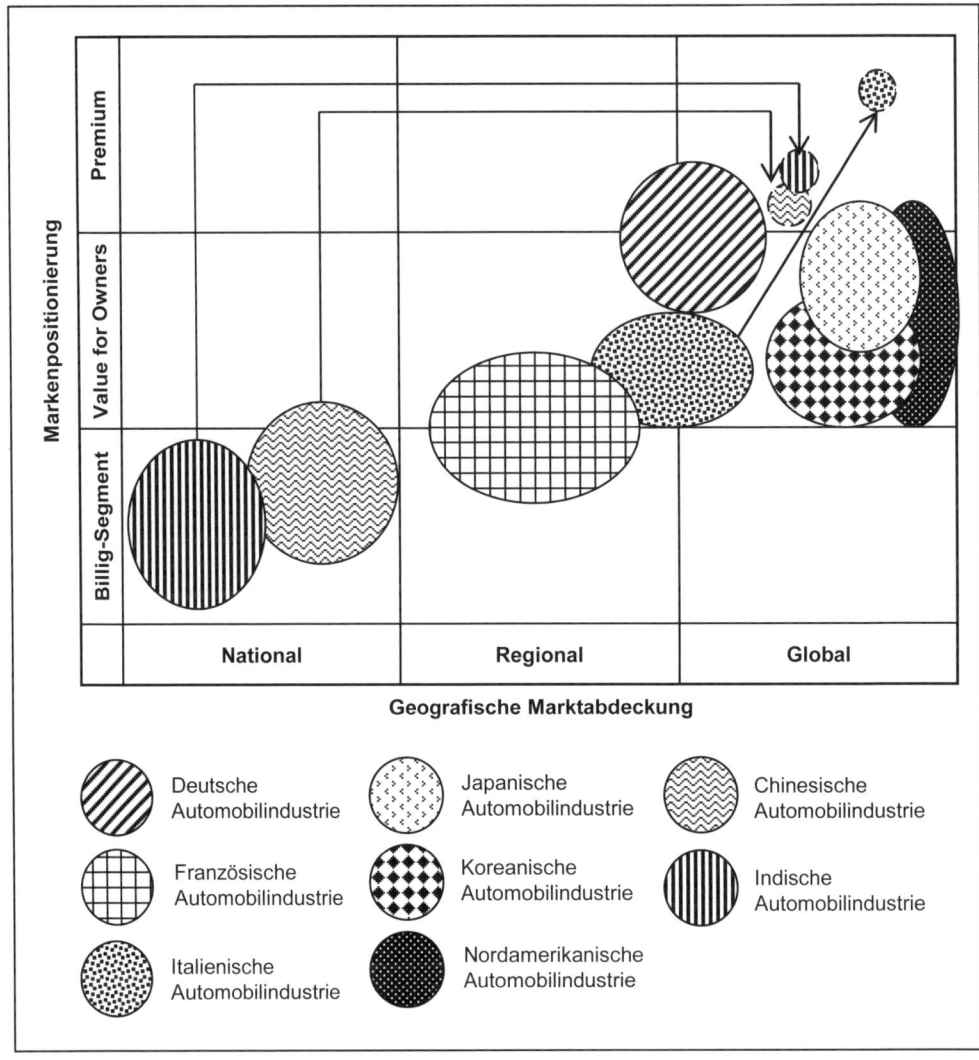

Abbildung 10:   Strategische Positionierungen in der Weltautomobilindustrie
                 (Quelle: Eigene Darstellung)

Zum besseren Verständnis dieser Darstellung gibt **Tabelle 10** einen Überblick über einige wesentliche Kennzahlen zu den deutschen, französischen, italienischen, nordamerikanischen, japanischen, koreanischen sowie chinesischen und indischen Automobilherstellern.

Konzern	PKW-Marken	Nutzfahrzeug-Marken	Umsatz in Mio. USD	Produktion gesamt in Stück	Gewinn in Mio. USD
Volkswagen	Volkswagen, Audi, Škoda, Seat, Bentley, Lamborghini, Bugatti	Volkswagen, Scania, MAN	168.041	7.341.065	9.053
Daimler	Mercedes-Benz, Smart, Maybach	Mercedes-Benz, Freightliner, Mitsubishi Fuso, Western Star, Setra, Orion und Thomas Built Buses, BharatBenz	129.481	1.940.465	5.957
BMW	BMW, Mini, Rolls-Royce	---	80.099	1.481.253	4.262
Renault	Renault	---	51.616	2.716.286	4.530
PSA Peugeot-Citroen	Peugeot, Citroën	---	74.251	3.605.524	1.502
Fiat	Fiat, Alfa Romeo, Lancia, Abarth, Maserati, Ferrari	Fiat, Iveco, weitere Bau- und Landmaschinen-Marken	75.228*	2.410.021	802*
Chrysler	Chrysler, Jeep, Dodge, RAM, Global Electric Motorcars	---	41.946	1.578.488	-652
General Motors	Chevrolet, Buick, Cadillac, GMC	---	135.592	8.476.192	6.172
Ford	Ford, Lincoln, Troller	---	128.954	4.988.031	6.561
Toyota	Toyota, Lexus, Daihatsu	---	221.760	8.557.351	4.766
Honda	Honda	---	104.342	3.643.057	6.236
Suzuki	Suzuki	---	30.452	2.892.945	527
Mazda	Mazda	---	27.154	1.307.540	-701
Mitsubishi Motors	Mitsubishi	---	21.349	1.174.383	182
Nissan	Nissan, Infiniti	---	102.430	3.982.162	3.727
Fuji Heavy	Subaru	k. A.	k. A.	649.954	k. A.
Hyundai	Hyundai	Hyundai	97.408	5.247.339	4.708
Chana Automobile	Chana	k. A.	k. A.	1.102.683	k. A.
Beijing Automotive	BAW	BAW	k. A.	615.725	k. A.
Dongfeng Motor	Dongfeng	Dongfeng	55.748	649.559	2.480
FAW	FAW-VW, Hongqi, Besturn, Oulai, Xiali, Haima, KaiLi	FAW	43.434	896.060	2.126
Chery	Chery, Karry, Rely, Riich	k. A.	k. A.	692.438	k. A.
BYD	BYD	k. A.	k. A.	521.232	k. A.
SAIC	SAIC-VW, Maxus, MG, Roewe, Yuejin	k. A.	54.257	346.525	1.914
Geely	Geely, Volvo, Emgrand, Englon, London Taxi, Panda, Shanghai Maple Automobile	k. A.	k. A.	802.319	k. A.
Brilliance	Brilliance	JinBei	k. A.	434.182	k. A.
Great Wall	Great Wall	k. A.	k. A.	398.692	k. A.
Tata	Tata, Jaguar, Land Rover	Tata	27.046	1.011.343	2.035
Mahindra	Mahindra	k. A.	k. A.	292.149	k. A.
Avtovaz	Lada	k. A.	k. A.	545.767	k. A.

* Die von der Fiat S.p.A in EUR ausgewiesenen Werte wurden unter Zuhilfenahme des Euro-Referenzkurses der EZB vom 31.12.2010 in USD umgerechnet.

Tabelle 10:   Die größten Automobilhersteller der Welt im Überblick, 2010
                (Quelle: Fortune 2011; OICA; Webseiten; Geschäftsberichte; eigene Berechnungen)

Historisch betrachtet war die Orientierungsgröße für die strategische Positionierung der anderen nationalen Industrien die nordamerikanische Automobilindustrie. Sie konnte sich vom Beginn des letzten Jahrhunderts an ohne allzu starke strukturelle Verwerfungen entwickeln und erlangte vor allem nach dem Zweiten Weltkrieg eine weltweit dominierende Position. Den Ausgangspunkt der nordamerikanischen Automobilindustrie bildet die Philosophie von Henry Ford, das Automobil zum Besitzstand jeden Bürgers zu machen. Dementsprechend war seine Strategie auf eine Verbilligung des Automobils bei gleichzeitiger Sicherstellung einer großen Alltagstauglichkeit gerichtet. In den 20er Jahren wurde diese Philosophie von Alfred P. Sloan, dem damaligen Chef von General Motors, insofern modifiziert, als er die vertikale Differenzierung als eine mögliche Entwicklungsstrategie erkannte („Sloanismus"). Durch den systematischen Aufbau eines vertikal geschichteten Markenportfolios wurde General Motors nicht nur zum größten Automobilhersteller der Welt, sondern auch zum Vorbild für andere Automobilhersteller. Gleichzeitig erkannte die nordamerikanische Automobilindustrie ebenfalls schon sehr früh, nämlich bereits in den 30er Jahren die Chancen der Globalisierung und begann daher mit dem Aufbau von Kapazitäten zunächst in Europa, dann auch in anderen Teilen der Welt.

Abbildung 10 macht deutlich warum die nordamerikanische Automobilindustrie mit dieser, über viele Jahrzehnte sehr erfolgreichen Positionierung zunehmend in Probleme geraten ist. Zunächst vollzog die deutsche Automobilindustrie unter dem Druck steigender Kosten und einer Aufwertung der Jahrzehnte lang unterbewerteten D-Mark ein systematisches Uptrading, das durch die traditionell starke Technikorientierung der deutschen Automobilindustrie seit ihren Anfängen noch begünstigt wurde. Wie nur wenige andere Industrien erkannten die deutschen Hersteller das Potenzial des Premiumsegments, in dem sie eine zunehmend stärkere Position gewannen und damit die langjährige Dominanz der nordamerikanischen Hersteller mit Marken wie Cadillac, Pontiac, Buick, Oldsmobile, Lincoln, Mercury und Plymouth brachen.

Setzten die deutschen Hersteller die nordamerikanische Automobilindustrie also immer stärker von oben unter Druck, so taten die japanischen Hersteller dies in den klassischen Volumensegmenten. Die Japaner starteten nach dem Zweiten Weltkrieg ihren Erfolgszug als Billiganbieter, mussten aber – ähnlich wie die deutschen Automobilhersteller – erkennen, dass sie aufgrund des steigenden Kostendrucks und einer Aufwertung der heimischen Währung ebenfalls ein Uptrading durchführen müssen. Aufgrund des relativ kleinen heimischen Marktes waren sie außerdem zu einer beschleunigten Globalisierung gezwungen, die überdies durch zahlreiche Handelsbarrieren gegen japanische Automobile noch gefördert wurde. Vor allem in den 80er Jahren haben die japanischen Hersteller zunehmend auch das Premiumsegment, vor allem in Nordamerika, in den Fokus genommen und durch den Aufbau von eigenen Premiummarken (Honda-Acura, Toyota-Lexus, Nissan-Infiniti) nun auch von oben den Druck auf die nordamerikanischen Hersteller erhöht.

Die koreanische Automobilindustrie hat sich in ihrer Entwicklung sehr stark am japanischen Vorbild orientiert. Ebenfalls ausgehend von einer Niedrigpreis-Strategie haben die koreanischen Automobilhersteller nach und nach Produktaufwertungen durchgeführt sowie die Qualität und das Design ihrer Fahrzeuge verbessert. Ein möglicher nächster Entwicklungsschritt wäre der Aufbau einer stärkeren Position im Premiumsegment, wozu den koreanischen Herstellern aber bislang noch imageträchtige Marken fehlen.

Während die deutschen Hersteller aufgrund ihrer starken Position im Premiumsegment ein gewisses Alleinstellungsmerkmal aufweisen, überlagert sich – wie an der Klumpenbildung in

Abbildung 10 erkennbar ist – die strategische Positionierung der nordamerikanischen, japanischen und koreanischen Automobilindustrie. Über den Markterfolg entscheidet daher zwischen diesen Industrien die operative Exzellenz in der Umsetzung der gewählten strategischen Positionierung. Hier haben sich die japanischen und koreanischen Unternehmen in den letzten Jahren als sehr viel erfolgreicher erwiesen als die nordamerikanischen. Aufgrund zahlreicher Managementfehler, vor allem bei General Motors und Chrysler, wurden die lange Zeit den amerikanischen Markt dominierenden „Big Three" gesprengt und die beiden genannten Unternehmen sind in der Folge in eine existenzgefährdende Lage geraten. Im Hinblick auf ihre künftige Wettbewerbsfähigkeit werden sie sich weiterhin vor allem mit den japanischen und koreanischen Herstellern auseinandersetzen müssen.

Eine strategisch vergleichbare Position weist die französische und italienische Automobilindustrie auf, wobei sich die italienische Automobilindustrie heute im Wesentlichen auf einen Konzern beschränkt. Ihre Position entspricht im Hinblick auf die beiden gewählten Strategiedimensionen – Markenpositionierung und geografische Marktabdeckung – einem klassischen „stuck in the middle": Beide Industrien sind keine Billiganbieter mehr, verfügen aber auch im Premiumsegment über keine starke Position. Fiat deckt mit den Marken Alfa Romeo, Ferrari und Maserati lediglich Teilsegmente des Premiumgeschäftes ab. Demgegenüber sind alle Versuche der beiden französischen Hersteller im Premiumsegment Marktanteile zu gewinnen, vor allem aus markenpolitischen Gründen gescheitert. Renault versucht zwischenzeitlich mit der Marke Dacia durchaus erfolgreich eine stärkere Position im Billig-Segment zu erreichen.

Auch im Hinblick auf die Globalisierung sind die französischen und italienischen Hersteller in einer schwierigen Position. Mit ihren originären Marken (Fiat bzw. Peugeot/Citroën und Renault) haben sie ihren Absatzschwerpunkt ganz eindeutig in Europa. Fiat kann immerhin noch eine starke Position auf dem schnell wachsenden brasilianischen Markt vorweisen. Demgegenüber sind alle drei Hersteller mit ihren Kernmarken in Nordamerika faktisch nicht vertreten und hinken auch auf dem chinesischen Markt den japanischen, koreanischen, nordamerikanischen und deutschen Herstellern hinterher. Insofern sind die Versuche, durch Allianzen bzw. Übernahmen die geografische Marktabdeckung zu erweitern nachvollziehbar. Renault hat dies schon Ende der 1990er mit der Annäherung und gegenseitigen Kapitalbeteiligung mit Nissan getan. Fiat ist dieser Strategie mit der Übernahme von Chrysler im Jahr 2010 gefolgt. Um aus der heutigen Position heraus ihre Wettbewerbsfähigkeit zu verbessern, werden die italienischen und französischen Hersteller in den nächsten Jahren jedoch hohe Vorleistungen in die Produkt- und Marktentwicklung erbringen müssen. Dies wird aufgrund der schwachen Ertragskraft aller drei Hersteller nicht einfach sein.

Angesichts der Vielzahl der Hersteller in China und ihrer Heterogenität sowie des starken Einflusses der Joint-Venture-Politik auf die Entwicklung und Struktur der Automobilindustrie ist eine verallgemeinernde strategische Positionierung der chinesischen Automobilindustrie nur schwer möglich. Soweit man sich auf die originär chinesischen Hersteller und ihre Aktivitäten konzentriert, könnte ihre Entwicklung einen ähnlichen Verlauf wie der der japanischen und koreanischen Automobilindustrie nehmen, nämlich vom Billig- zum Value-for-Money Segment, verbunden mit einer zunehmenden Globalisierung. Dies würde nicht nur den Druck auf die nordamerikanischen, japanischen und koreanischen, sondern auch französischen und italienischen Hersteller erhöhen.

Geht man allerdings davon aus, dass das Billig-Segment über einen längeren Zeitraum überdurchschnittliche Wachstumsraten aufweist, könnte der Aufbau einer starken Marktposition in diesem Segment eine andere strategische Option für die chinesischen Hersteller darstellen. Der strategische Ausgriff auf den Premiummarkt durch die Übernahme der Marke Volvo durch den chinesischen Hersteller Geely deutet jedoch eher darauf hin, dass man über eine sukzessive Produktaufwertung durch die Erschließung von westlichem Technologie-Know-how sein Angebot über das Billig-Segment hinaus erweitern möchte. Allerdings ist dieser strategische Ansatz auf andere chinesische Hersteller kaum übertragbar. Voraussetzung dafür, dass chinesische Hersteller weltweit eine stärkere Position bekommen, ist jedoch eine Konsolidierung der chinesischen Automobilindustrie, die mit mehr als 50 Anbietern noch immer überbesetzt ist.

Die indische Automobilindustrie ist – anders als die chinesische – durch die starke Dominanz eines japanischen Transplant, Suzuki-Maruti, sowie eines originär indischen Herstellers, Tata Motors, gekennzeichnet. Im Gegensatz zu China ist die indische Automobilindustrie bereits sehr stark konsolidiert. Soweit man Tata Motors ins Blickfeld nimmt, ist dessen strategische Positionierung sehr stark im Billig-Segment, wobei die Akquisition der Marken Jaguar und Land Rover vergleichbar mit der Strategie von Geely einen Ausgriff in das Premiumsegment darstellt. Im Hinblick auf eine Expansionsstrategie gelten für die indische Automobilindustrie ähnliche Überlegungen wie für die chinesische: Je nach Einschätzung der künftigen Bedeutung des Billig-Segmentes kann man versuchen, hier eine dominante Position aufzubauen. Andernfalls wird man eine Uptrading-Strategie einschlagen müssen. Wichtiger als für die chinesische Automobilindustrie, die über einen heute schon sehr großen Home-Market verfügt, ist für die indischen Hersteller ein Ausbau der geografischen Marktabdeckung, auch wenn Prognosen für den indischen Markt bis zum Ende dieses Jahrzehnts ein Absatzvolumen von 9 Mio. Fahrzeugen erwarten.

Die dargestellten strategischen Positionierungen der verschiedenen nationalen Automobilindustrien bilden den Rahmen für eine Analyse der internationalen Wettbewerbsfähigkeit der deutschen Automobilindustrie. Wettbewerbsfähigkeit ist nämlich immer ein relationales Konzept: Ob und wodurch eine Industrie international wettbewerbsfähig ist, hängt nicht zuletzt von der Position und den Wettbewerbsstrategien der relevanten Wettbewerber ab. Aus heutiger Sicht verfügt die deutsche Automobilindustrie hinsichtlich ihrer strategischen Positionierung – wie weiter oben bereits erläutert – über eine Alleinstellung im Weltautomobilmarkt. Die für die weitere Analyse relevante Frage ist, wie die deutsche Automobilindustrie zu dieser Alleinstellung gekommen ist und ob sich diese Position dauerhaft wird behaupten lassen.

3.6   Gesamtwirtschaftliche Bedeutung der deutschen Automobilindustrie

3.6.1   Überblick

Im Folgenden soll anhand einiger Kennzahlen die gesamtwirtschaftliche Bedeutung der deutschen Automobilindustrie umrissen werden. Dabei geht es nicht um eine Strukturanalyse der Branche. Vielmehr soll die weitreichende Ausstrahlung, die die deutsche Automobilindustrie für die Wirtschaft Deutschlands insgesamt hat, aufgezeigt und damit die Relevanz der internationalen Wettbewerbsfähigkeit dieser Branche deutlich gemacht werden. Im Einzelnen soll die Relevanz der deutschen Automobilindustrie im Hinblick auf ihren Beitrag zur gesamtwirtschaftlichen Wertschöpfung und Beschäftigung, zur Investitionstätigkeit und zur Forschung und Entwicklung sowie zum außenwirtschaftlichen Gleichgewicht behandelt werden.

3.6.2   Beitrag zu Wertschöpfung und Beschäftigung

Mit einem Gesamtumsatz von rund 317 Mrd. Euro war die Automobilindustrie im Jahr 2010 erneut die – gemessen am Umsatz – wichtigste Industriebranche in Deutschland mit deutlichem Abstand vor dem Maschinenbau und der Metallerzeugung und -bearbeitung. Insgesamt entfielen 21,6 Prozent des Umsatzes im Verarbeitenden Gewerbe auf die Automobilbranche (**Tabelle 11**).

Jahr 2010		Umsatz (in Mrd. EUR)	Beschäftigte (in Tsd.)	Vorleistungs-quote [1] (in v. H.)	Bruttowert-schöpfung (in Mrd. EUR)
Automobilindustrie	(WZ 29)	317,1	702	79,1	54,7
Maschinenbau	(WZ 28)	176,6	845	63,7	63,9
Elektronik	(WZ 26+27)	142,5	585	61,8	53,6
Metallerzeugung und -bearbeitung	(WZ 24+25)	169,1	687	66,5	55,9
Chemische Industrie	(WZ 20+21)	163,3	392	65,1	49,1
Kunststoffindustrie	(WZ 22)	60,4	302	63,3	34,5
Verarbeitendes Gewerbe insgesamt		**1.467,0**	**4.941**	**69,4**	**413,9**

1) Anteil der Vorleistungen am Produktionswert

Tabelle 11:   Eckdaten ausgewählter Industriebranchen in Deutschland (Quelle: Statistisches Bundesamt)

Hinsichtlich der Beschäftigung wird die Automobilindustrie mit rund 702.000 Beschäftigten in 2010 nur vom Maschinenbau mit 845.000 Beschäftigten übertroffen. Allerdings sind dabei nicht die indirekten Beschäftigungseffekte berücksichtigt.

Ein Indikator für die gesamtwirtschaftliche Ausstrahlung einer Branche ist die Vorleistungsquote. Sie gibt an, wieviel eine Industrie von anderen vorgelagerten Branchen an Waren und Dienstleistungen bezieht. Mit 79,1 Prozent ist die Vorleistungsquote der Automobilindustrie deutlich höher als die der anderen Branchen. Dementsprechend stark sind auch die indirekten Beschäftigungseffekte, die die Automobilindustrie auslöst. Nach Berechnungen einer Studie des Zentrums für Europäische Wirtschaftsforschung und des Niedersächsischen Instituts für Wirtschaftsforschung lag der Beschäftigungsmultiplikator der Automobilindustrie im Jahr 2004 bei 2,2. Das heißt, dass je Beschäftigtem in der Automobilproduktion zusätzlich 1,2 Personen in anderen Branchen zur Automobilproduktion in Deutschland beigetragen haben *(vgl. NIW/ZEW 2009, S. 65)*. Bezogen auf das Jahr 2010 hieße das, dass zu den 702.000

Beschäftigten in der Automobilbranche weitere 842.000 Arbeitsplätze in vorgelagerten Branchen hin zugerechnet werden müssten.

Zu berücksichtigen sind weiterhin die automobilabhängigen Arbeitsplätze in nachgelagerten Wirtschaftszweigen, insbesondere im Bereich des Automobilvertriebs und des Automobilservices. Der Verband der Automobilindustrie (VDA) geht davon aus, dass in Deutschland insgesamt fünf Millionen Arbeitsplätze direkt und indirekt vom Automobil abhängen *(vgl. VDA 2010, S. 18)*.

Die starke Position der Automobilindustrie in Deutschland wird auch bei internationalen Vergleichen sichtbar. So lag der Anteil der Bruttowertschöpfung des Automobilbaus an der Wertschöpfung im Verarbeitenden Gewerbe in Deutschland – bezogen auf das Jahr 2007 – bei knapp 15 Prozent. Ähnlich hohe Werte wurden ansonsten nur in Japan und Tschechien registriert (**Abbildung 11**).

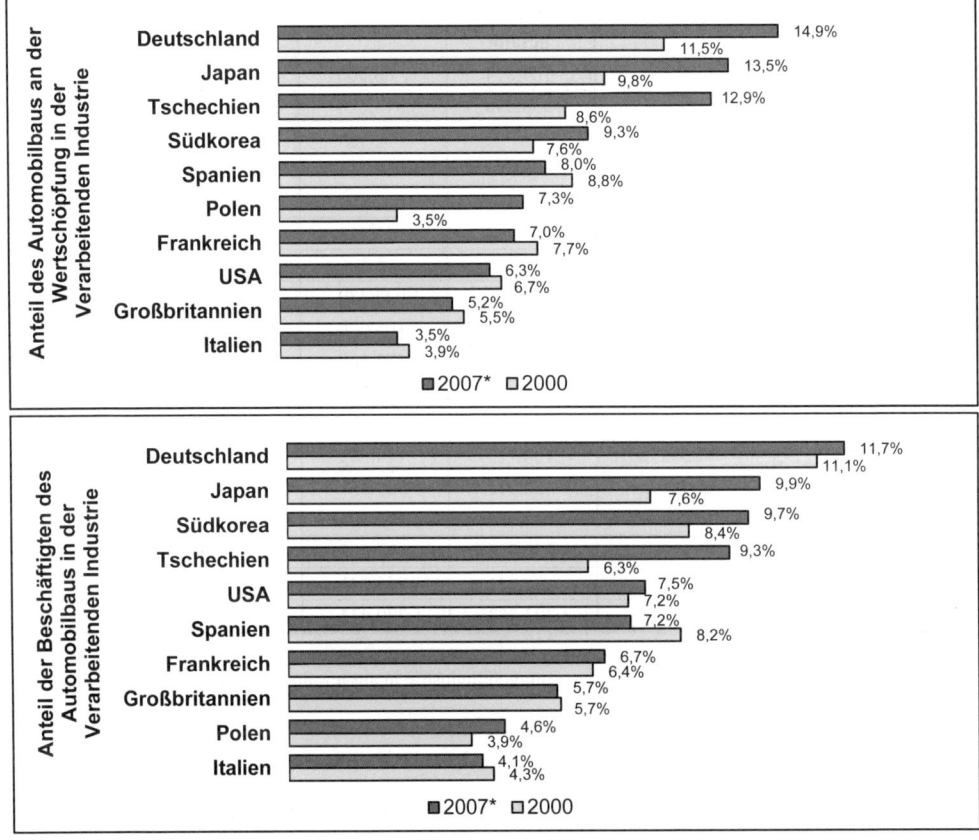

* Werte für Polen und Japan von 2006

Abbildung 11:   Bedeutung der Automobilindustrie für Wertschöpfung und Beschäftigung im internationalen Vergleich
(Quelle: EU KLEMS; eigene Berechnungen)

Auch beschäftigungsseitig ist kaum eine andere Volkswirtschaft so automobilabhängig wie die deutsche. So lag der Anteil der direkt in der Branche beschäftigten an der Gesamtbeschäftigung im Verarbeitenden Gewerbe – wiederum bezogen auf das Jahr 2007 – bei 11,7 Prozent. Lediglich in Japan, Südkorea und Tschechien bewegen sich die Beschäftigungsanteile der Automobilindustrie auf einem ähnlichen Niveau wie in Deutschland.

Grundlage der gesamtwirtschaftlichen Bedeutung der Automobilindustrie ist die große Zahl an Werken der Automobilhersteller und ihrer Zulieferer in Deutschland. Mit 47 Automobil- und Motorenwerken liegt Deutschland in einem internationalen Vergleich – wie **Tabelle 12** zeigt – deutlich vor Frankreich (38) und Großbritannien (31). Dies spiegelt sich auch in den produzierten Stückzahlen wieder: Mit rund 5,91 Mio. Fahrzeugen aller Art, davon 5,55 Mio. PKW, ist Deutschland das mit Abstand wichtigste Produktionsland in Europa.

Jahr 2010	Automobil- und Motorenwerke (Anzahl)	Produktion (in Stk.)		Zulassungen (Anzahl)	
		Fahrzeuge gesamt	PKW	Fahrzeuge gesamt	PKW
Austria	6	104.814	86.000	362.564	328.563
Belgium	9	338.290	313.520	608.524	47.347
Bulgaria	1	-	-	20.082	16.257
Czech Republic	9	1.076.385	1.069.518	187.008	169.236
Germany	47	5.905.985	5.552.409	3.198.417	2.916.260
Spain	15	2.387.900	1.913.513	1.114.119	1.114.119
Finland	2	6.500	6.500	126.396	111.968
France	38	2.227.374	1.922.339	2.708.883	2.251.669
Hungary	6	167.890	165.000	56.826	45.081
Italy	20	857.359	573.169	2.168.919	1.960.282
Netherlands	9	115.487	48.025	543.400	543.400
Poland	16	869.376	785.000	388.871	388.871
Portugal	5	158.723	114.563	272.782	272.782
Romania	4	350.912	323.587	104.139	104.139
Sweden	15	217.084	177.084	334.134	334.134
Slovenia	1	205.711	195.207	65.596	65.596
Slovakia	3	556.941	556.941	73.819	73.819
United Kingdom	31	1.393.463	1.270.444	2.295.142	2.295.142

Tabelle 12: Kennzahlen zur Bedeutung der Automobilindustrie in ausgewählten europäischen Ländern (Quelle: ACEA 2011)

3.6.3 Beitrag zur Investitionstätigkeit und zur Forschung und Entwicklung

Die Investitionstätigkeit und die Aufwendungen für Forschung und Entwicklung sind wichtige Kenngrößen für die Zukunftsorientierung und Zukunftsfähigkeit einer Branche. Was die Investitionstätigkeit anbelangt lag die deutsche Automobilindustrie im Jahr 2009 mit einem Anteil von 20,8 Prozent an den gesamten Investitionen im Verarbeitenden Gewerbe an der Spitze der großen Industriebranchen in Deutschland, deutlich von der Chemischen Industrie

(13,3 Prozent) und der Metallerzeugung und –bearbeitung (13,0 Prozent). Bei der Investitionsquote, also dem Anteil der Bruttoanlageinvestitionen am Umsatz, lag die Automobilindustrie mit 4,2 Prozent leicht über dem Niveau des gesamten Verarbeitenden Gewerbes (**Tabelle 13**).

Industriezweig	Bruttoanlageinvestitionen (Anteile* in v. H.)		Investitionsquote**	
	2000	2009	2000	2009
Automobilindustrie	17,8	20,8	4,3	4,2
Maschinenbau	10,9	11,8	4,1	3,9
Elektrotechnik	14,1	10,4	5,7	4,5
Metallerzeugung und -bearbeitung	12,7	13,0	5,6	4,9
Chemische Industrie	12,6	13,3	5,5	5,1
Kunststoff-Industrie	8,7	7,8	10,0	7,8
Verarbeitendes Gewerbe insgesamt	100,0	100,0	4,6	4,1

* Anteil am Verarbeitenden Gewerbe

** Anteil der Bruttoanlageinvestitionen am Umsatz

Tabelle 13:   Bedeutung der deutschen Automobilindustrie für die Investitionstätigkeit
                   (Quelle: Statistisches Bundesamt)

Deutlich gestiegen ist in den letzten Jahren der F&E-Aufwand in der deutschen Automobilindustrie. Mit 19,62 Mrd. Euro konnte im Jahr 2010 fast wieder der Rekordwert des Jahres 2008 erreicht werden (**Abbildung 12**). Dies entsprach einem Anteil von einem Drittel des F&E-Aufwandes der deutschen Wirtschaft insgesamt *(vgl. VDA 2010, S. 18)*. Die Intensität, mit der die deutschen Automobilhersteller und ihre Zulieferer Forschung und Entwicklung betreiben, zeigt die F&E-Quote, also der Anteil der F&E-Aufwendungen am Branchenumsatz. Sie lag im Jahr 2010 bei 6,2 Prozent.

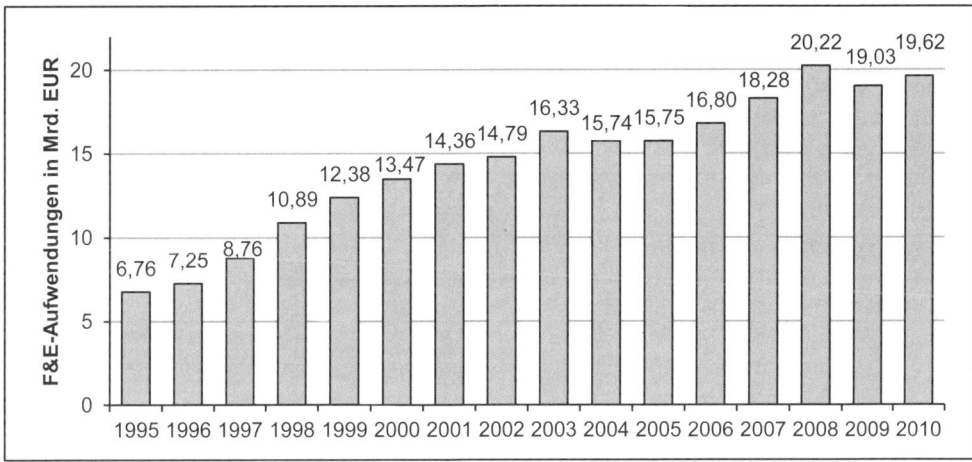

Abbildung 12:   Entwicklung der F&E-Aufwendungen der deutschen Automobilindustrie
                 (Quelle: Verband der Automobilindustrie VDA)

3.6.4   Beitrag zum außenwirtschaftlichen Gleichgewicht

Im Jahr 2010 erzielte die deutsche Automobilindustrie ein Exportvolumen von 161,0 Mrd. Euro. Die Importe von Kraftfahrzeugen und Kraftfahrzeugteilen beliefen sich im gleichen Jahr auf 70,2 Mrd. Euro. Demnach verblieb im automobilen Außenhandel ein Exportüberschuss von 90,8 Mrd. Euro, der einem Anteil von 58,6 Prozent am gesamten Handelsbilanzüberschuss Deutschlands im Jahr 2010 entspricht.

Die starke Exportorientierung der deutschen Automobilindustrie zeigt sich auch in der Exportquote, also dem Anteil des Auslandsumsatzes am Gesamtumsatz. Mit 62,9 Prozent lag hier die Automobilbranche deutlich über dem Durchschnitt des Verarbeitenden Gewerbes mit 46,3 Prozent (**Abbildung 13**).

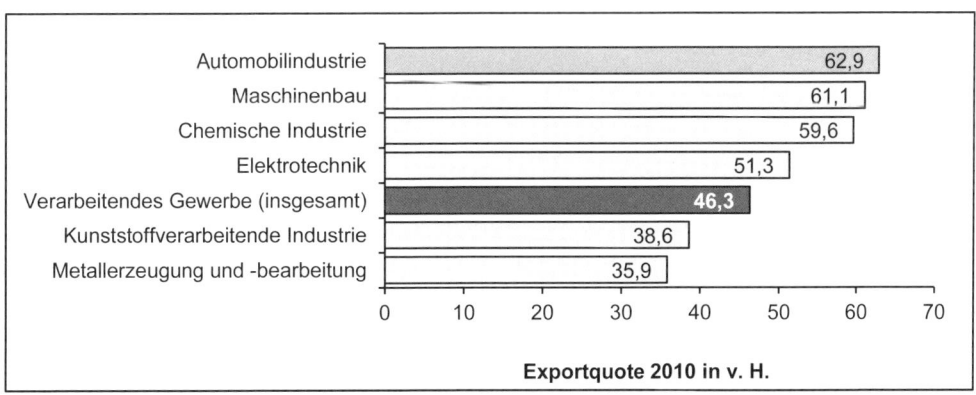

Abbildung 13:   Exportquoten des Verarbeitenden Gewerbes und ausgewählter Industriebranchen in Deutschland
                 (Quelle: Statistisches Bundesamt)

Zusammenfassend ist festzustellen, dass die deutsche Automobilindustrie trotz einer beschleunigten Globalisierung der Branche in den letzten Jahren für die deutsche Wirtschaft insgesamt nicht an Bedeutung verloren hat. Sowohl im Hinblick auf Produktion und Beschäftigung, wie auch Zukunftsaufwendungen und Export nimmt sie nach wie vor eine Spitzenposition im Vergleich mit anderen wichtigen Industriebranchen ein. Die internationalen Vergleiche zeigen, dass kaum eine andere Volkswirtschaft so abhängig vom Automobil ist wie die deutsche und sich diese Abhängigkeit in der jüngeren Vergangenheit eher noch erhöht hat. Dementsprechend ist die Frage der Wettbewerbsfähigkeit nicht nur für die Branche selbst, sondern für die deutsche Wirtschaft insgesamt von höchster Relevanz.

4 Indikatoren der internationalen Wettbewerbsfähigkeit der deutschen Automobilindustrie

4.1 Entwicklung von Produktion und Absatz

4.1.1 Entwicklung der PKW-Produktion

Die deutschen Automobilhersteller haben ihre Produktion am Automobilstandort Deutschland bis in die jüngste Vergangenheit deutlich steigern können (**Abbildung 14**). In einer etwas längerfristigen Betrachtungsweise seit dem Ende des Zweiten Weltkriegs lassen sich fünf Phasen der Branchenentwicklung unterscheiden:

- Phase des Wiederaufbaus (1950 bis 1970),
- Phase der Neuorientierung (1970 bis 1980),
- Phase des qualitativen Wachstums (1980 bis 1995),
- Phase der Produktoffensiven (1995 bis 2005),
- Phase der Globalisierung (2005 bis heute).

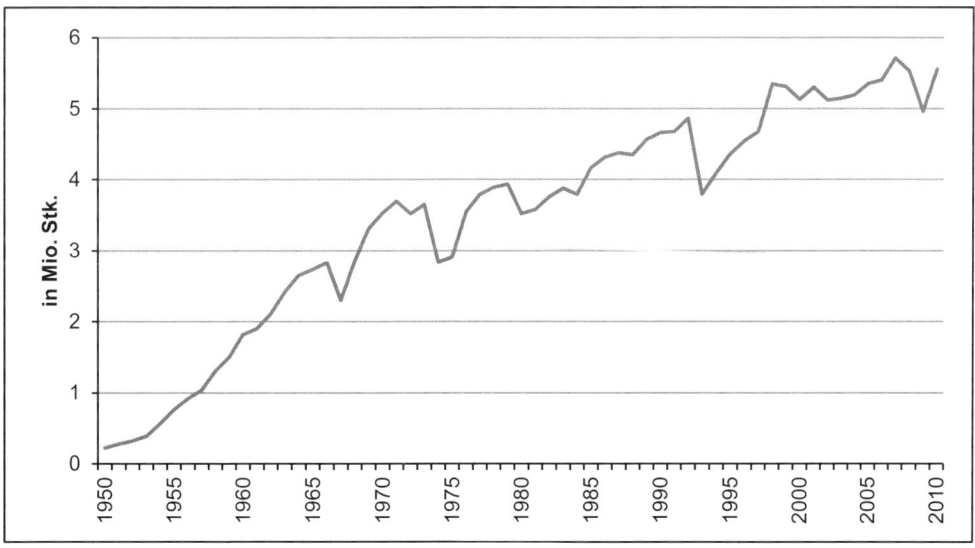

Abbildung 14:   Automobilproduktion deutscher Hersteller (Inlandsproduktion)
                (Quelle: Verband der Automobilindustrie VDA)

Die *Phase des Wiederaufbaus* ist geprägt durch einen stark boomenden heimischen Markt wie auch durch eine extreme Exportstärke aufgrund einer chronisch unterbewerteten D-Mark, vor allem in den 60er Jahren. Dementsprechend vervielfachte sich die Produktion: Zwischen 1950 und dem Jahr 1960 stieg die Automobilproduktion in Deutschland von 0,22 Mio. auf 1,82 Mio. Einheiten.

Begleitet wurde diese Entwicklung zunächst von zahlreichen Markteintritten neuer Unternehmen. Dabei handelte es sich in der Mehrzahl um die Hersteller von Klein- und Kleinstwagen. Angesichts einer niedrigen Kaufkraft setzten diese Hersteller auf billige Einstiegsmodelle, die den Übergang vom Fahrrad oder Motorrad auf das Auto auch für den Durchschnittsverdiener möglich machen sollten. Mitte der 50er Jahre gab es 18 mehr oder weniger industriell organisierte Automobilhersteller in Deutschland (inklusive der Tochtergesellschaften der US-amerikanischen Konzerne General Motors und Ford).

Angesichts des raschen Anstiegs der Realeinkommen, aber auch aufgrund von technischen und qualitativen Mängeln vieler Klein- und Kleinstwagen, ging das Zeitalter der „Low Cost Cars" in Deutschland schnell zu Ende. Hinzu kam, dass es aufgrund der relativ liberalen, stark an marktwirtschaftlichen Grundsätzen ausgerichteten Wirtschaftspolitik im Gegensatz zu anderen europäischen Ländern nicht zu staatlichen Stützungsaktionen für einzelne angeschlagene Automobilhersteller kam. Dementsprechend sank die Zahl der in Deutschland tätigen Automobilhersteller bis Anfang der 60er Jahre auf 11 Unternehmen (**Abbildung 15**). Bereits Anfang der 70er Jahre war der Konsolidierungsprozess der deutschen Automobilindustrie praktisch abgeschlossen, während er etwa in Großbritannien und Frankreich als Folge staatlicher Rettungsversuche noch bis weit in die 80er Jahre hinein anhielt *(vgl. Diez/KPMG 2010)*.

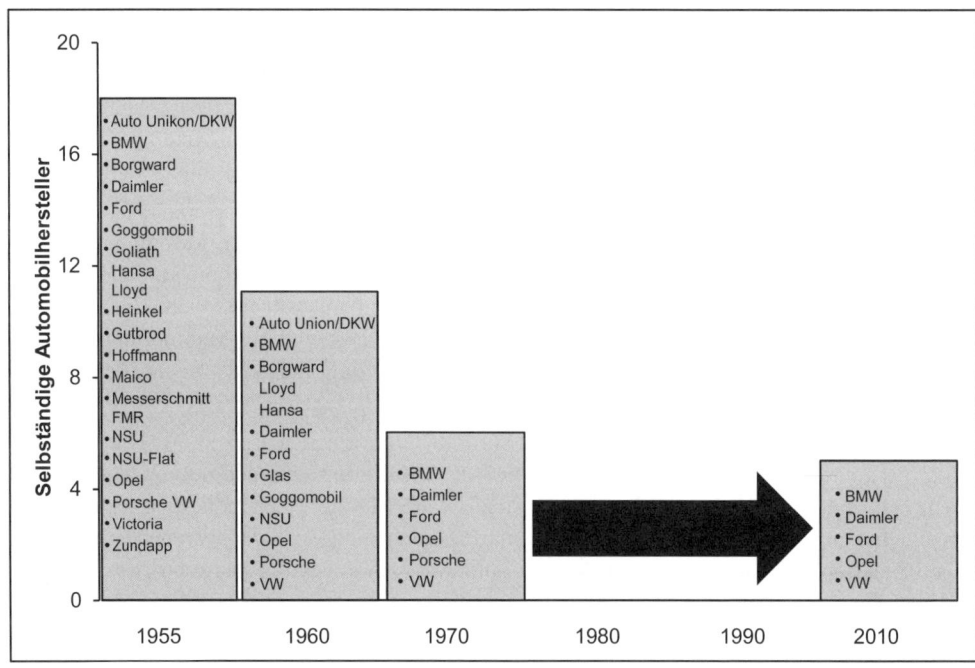

Abbildung 15:   Die Konsolidierung der deutschen Automobilindustrie
(Quelle: Diez/KPMG 2010, S. 17)

Die ausgehenden 60er und beginnenden 70er Jahre markieren für die deutsche Automobil-industrie einen deutlichen Wandel im politischen und wirtschaftlichen Umfeld, die in eine *Phase der Neuorientierung* münden. Es sind vor allem die folgenden Faktoren, die diese Neuausrichtung erzwingen:

- Der Bedarf an Erstmotorisierung in Deutschland ist weitgehend gedeckt, die Wachs-tumskurve im deutschen Markt flacht sich ab und die Kunden werden im Hinblick auf Fahrleistungen, Komfort und Sicherheit zunehmend anspruchsvoller.

- Mit dem Zusammenbruch des Währungssystems von Bretton Woods geht eine deutliche Aufwertung der D-Mark einher, die das Exportgeschäft zunehmend belastet. Hinzu kommt der Wettbewerb durch einen neuen Wettbewerber auf vielen internationalen Märkten, insbesondere in den USA: die Japaner.

- Schließlich löst die erste Ölpreis-Krise einen Schock in der Branche aus und macht die Anfälligkeit des Automobilabsatzes durch externe Marktstörungen sichtbar.

Alle diese Veränderungen zwangen die deutschen Automobilhersteller und ihre Zulieferer zu einer sowohl technologischen wie auch wirtschaftlichen Revision ihrer Geschäftsstrategien mit weitreichenden Konsequenzen für die künftige Modellpolitik. Insgesamt stieg die Auto-mobilproduktion in Deutschland von 1970 bis 1979 von 3,53 Mio. auf 3,93 Mio. Einheiten, also um bescheidene 11,3 Prozent.

Die wichtigste strategische Konsequenz aus den Veränderungen der 70er Jahre ist ein Para-digmenwechsel in den Unternehmensstrategien von einem rein quantitativen auf ein mehr qualitatives Wachstum. Qualitatives Wachstum heißt Wachstum durch eine technische und ausstattungsseitige Aufwertung der Produkte. Während die Zahl der abgesetzten und produ-zierten Fahrzeuge in der *Phase des qualitativen Wachstums* deutlich langsamer zunimmt als in den vorausgehenden Jahrzehnten, fließen zwischen 1980 und 1995 zahlreiche technische Neuerungen in die Fahrzeuge ein bzw. gewinnen in diesem Zeitraum an größerer Bedeutung. Dazu gehört vor allem die Optimierung des Motormanagements, innovative Sicherheitssys-teme wie das ABS und der Airbag sowie weitere zahlreiche Assistenzsysteme. Insgesamt steigt der Elektronik-Anteil an der Wertschöpfung in dieser Phase von unter 5 Prozent auf über 15 Prozent an.

Am Ende dieser Phase bescherte die deutsche Wiedervereinigung der Automobilindustrie schließlich noch eine unerwartete Sonderkonjunktur, die allerdings schon im Jahr 1993 in eine tiefe Krise mündete. So sank die Inlandsproduktion im Jahr 1993 um 22,0 Prozent gegenüber dem Vorjahr auf 3,79 Mio. Einheiten. Im Jahr 1995 lag die Automobilproduktion in Deutschland bei 4,36 Mio. PKW und damit nur geringfügig höher als im Jahr 1979 (3,93 Mio.)

Der nächste Entwicklungsabschnitt wird bestimmt durch einen massiven Ausbau der Pro-duktprogramme. Die *Phase der Produktoffensiven* war die logische und notwendige Konse-quenz aus einer Situation, in der die meisten Triade-Märkte einen hohen Sättigungsgrad erreicht hatten und neue große Wachstumsmärkte noch nicht in Sicht waren. Dementspre-chend mussten die Automobilhersteller ein autonomes Wachstum generieren, was letztlich nur über die Ausweitung der Modellpaletten möglich war.

Die Strategie der Produktoffensiven in Verbindung mit einer allmählichen Markterholung sowie der Öffnung der osteuropäischen Märkte führte ab dem Jahr 1995 wieder zu einem deutlichen Anstieg der Produktion. So lag das Produktionsniveau im Jahr 2000 mit 5,13 Mio. Einheiten um über 17 Prozent über dem Niveau des Jahres 1995.

Mit der zunehmenden Verlagerung der regionalen Wachstumsschwerpunkte in Richtung Emerging Markets und insbesondere nach Asien ist die deutsche Automobilindustrie spätestens seit Mitte des vergangenen Jahrzehnts in eine *Phase der Globalisierung* eingetreten. Da die meisten der neuen Wachstumsmärkte, vor allem China, aufgrund von Einfuhrbeschränkungen nicht durch Exportgeschäfte erschlossen werden konnten, nahm die Auslandsproduktion der deutschen Hersteller in der Folge deutlich zu. So stieg die Inlandsproduktion der deutschen Hersteller zwischen 2000 und 2010 um 8,2 Prozent auf 5,55 Mio. Einheiten während sich die Auslandsproduktion um 64,7 Prozent auf 6,09 Mio. Einheiten erhöhte. Entsprechend nahm der Anteil der Auslandsproduktion an der Gesamtproduktion deutscher Hersteller von 33 Prozent im Jahr 1995 auf 52,5 Prozent im Jahr 2010 zu und markiert damit einen Rekordwert (**Abbildung 16**).

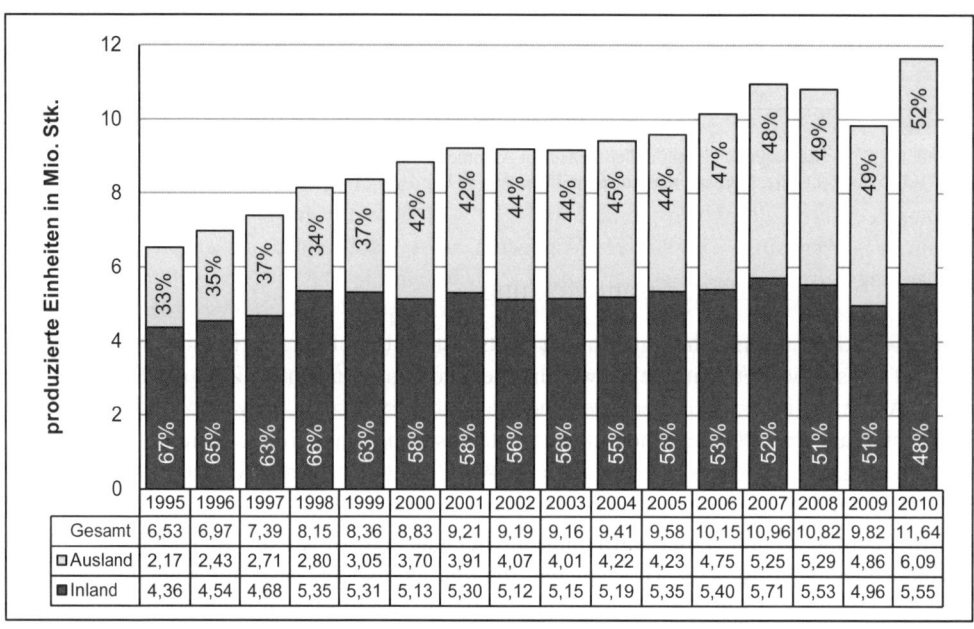

Abbildung 16:   Entwicklung der PKW-Weltproduktion der deutschen Automobilhersteller
(Quelle: Verband der Automobilindustrie VDA)

Die deutsche Automobilzulieferindustrie hat sich aus ihren bescheidenen Anfängen heraus nach dem zweiten Weltkrieg ebenfalls im internationalen Wettbewerb behauptet. Dabei kam ihr nicht nur die enge Entwicklungs- und Wertschöpfungspartnerschaft mit den Automobilherstellern zugute, sondern ihre hohe Innovationskraft, die deutsche Zulieferer mehr und mehr auch für ausländische Automobilhersteller interessant machte.

Wie **Abbildung 17** zeigt, ist der Umsatz der deutschen Automobilzulieferindustrie seit 1995 kräftig gestiegen. Der krisenbedingte Einbruch im Jahr 2009 konnte im darauffolgenden Jahr weitgehend wettgemacht werden. Insgesamt lag der Umsatz der deutschen Automobilzulieferer im Jahr 2010 bei 61,7 Mrd. Euro.

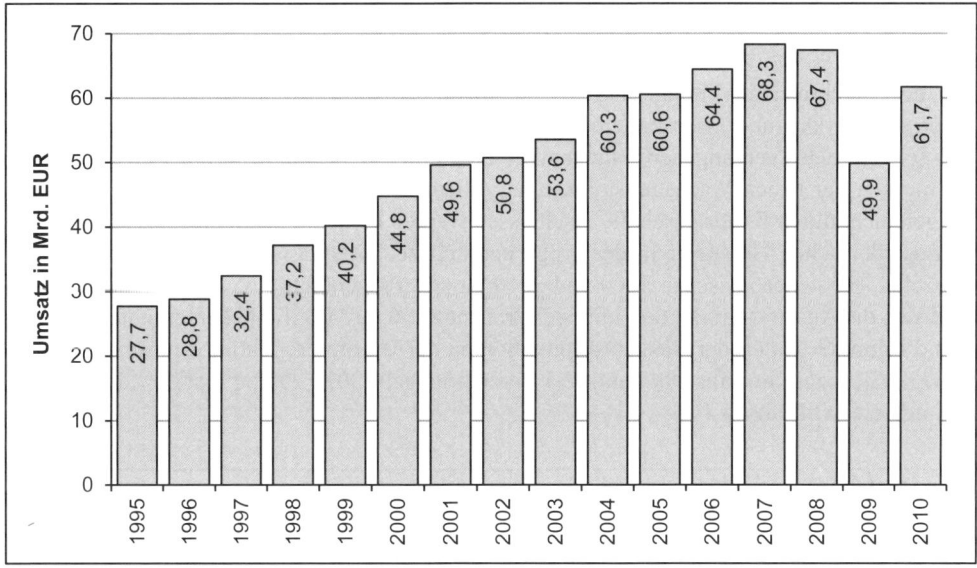

Abbildung 17:   Umsatzentwicklung in der deutschen Automobilzulieferindustrie
                 (Quelle: Verband der Automobilindustrie VDA)

4.1.2   Beschäftigungsentwicklung

Die Entwicklung der Beschäftigten in der deutschen Automobilindustrie spiegelt die genann-
ten fünf Phasen wieder. Mit der Ausweitung der Produktion nahm die Zahl der Beschäftigten
in der Automobilindustrie in den 50er und 60er Jahren stetig zu. So waren Anfang der 70er
Jahre mehr als 700.000 Menschen in der westdeutschen Automobilindustrie beschäftigt. Die
Entwicklung seit Ende der 70er Jahre zeigt **Abbildung 18**. Den Höchststand erreichte die
Beschäftigung in der Automobilindustrie im Jahr 1991 mit 806.240 Beschäftigten.

Der rückläufige Trend der Beschäftigungsentwicklung seit Anfang der 90er Jahre hat sich im
letzten Jahrzehnt fortgesetzt. Dies spiegelt die Tatsache wider, dass vom Standort Deutschland aus überwiegend in die weitgehend gesättigten Triade-Märkte geliefert wird, während
die stark ansteigenden Märkte in den Entwicklungs- und Schwellenländern aufgrund von
Einfuhrbeschränkungen nur über eine lokale Produktion vor Ort erschlossen werden können.

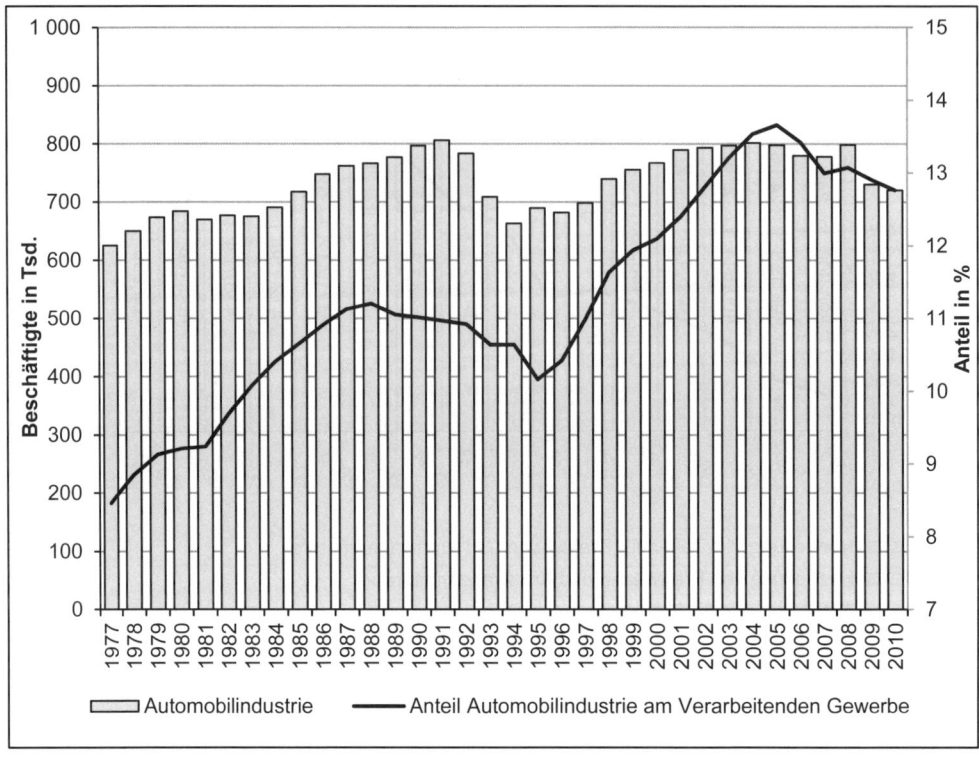

Abbildung 18:   Beschäftigungsentwicklung in der Automobilindustrie in Deutschland
                (Quelle: Statistisches Bundesamt)

Abbildung 19 zeigt die Beschäftigungsentwicklung differenziert nach Automobilherstellern und Zulieferern. Seit Mitte der 90er Jahre hat sich demnach das Gewicht der Zulieferer für die Beschäftigung in der Automobilindustrie bis zum Jahr 2008 erhöht, und zwar von einem Anteil von 38,2 Prozent im Jahr 1995 auf 44,7 Prozent im Jahr 2008. Bezogen auf das Jahr 2005, in dem noch 325.817 Menschen in der Zulieferindustrie beschäftigt waren, sank die Zahl der Beschäftigten bis zum Jahr 2010 auf 285.445 Beschäftigte, was einem Rückgang um 12,4 Prozent in diesem Zeitraum entspricht. Bei den Automobilherstellern war im Zeitraum 2005 bis 2010 ein Rückgang von 437.203 auf 400.296 Beschäftigte zu verzeichnen. Dies entspricht einem Verlust von 8,4 Prozent der Arbeitsplätze in der Branche.

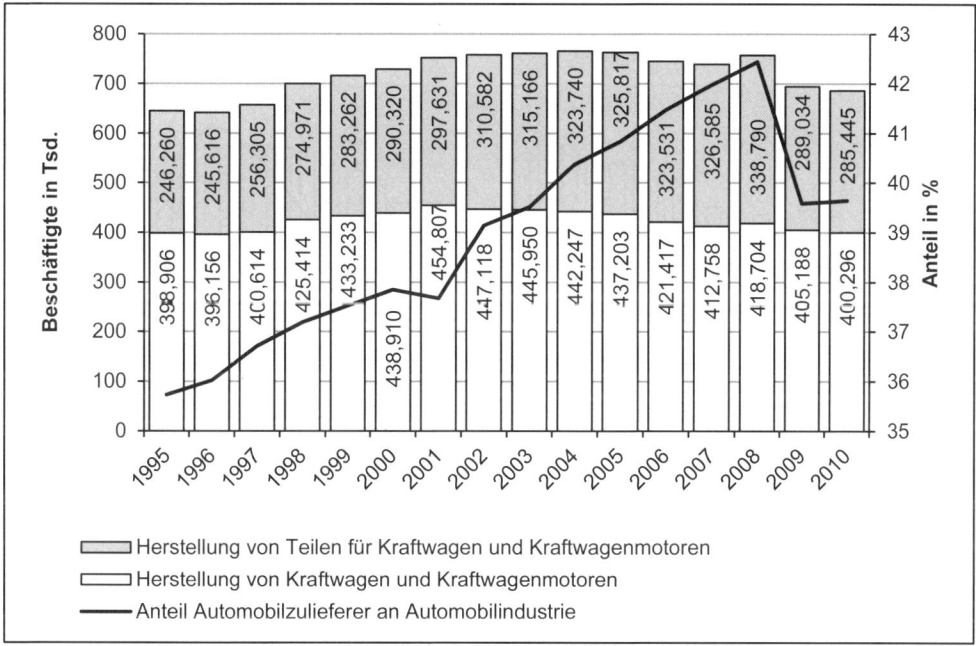

Abbildung 19:   Entwicklung der Beschäftigungssituation in der deutschen Automobilindustrie im Inland
(Quelle: Statistisches Bundesamt)

4.2   Entwicklung der deutschen Automobilproduktion im internationalen Kontext

Die Entwicklung der Weltautomobilproduktion seit dem Ende des Zweiten Weltkrieges ist –
wie **Abbildung 20** zeigt – durch gravierende strukturelle Verschiebungen gekennzeichnet. So
ist der Anteil Nordamerikas an der Weltautomobilproduktion in den letzten 60 Jahren dramatisch von 87,3 im Jahr 1950 auf 13,8 Prozent im Jahr 2010 zurückgegangen. Dem steht ein
kontinuierlicher Bedeutungszuwachs der Emerging Markets gegenüber. Fasst man Südkorea,
die BRIC-Staaten und die übrigen Produktionsländer (Rest-of-World) zusammen, so ergibt
sich eine Steigerung des weltweiten Produktionsanteils dieser Länder von 1,0 auf 54,7 Prozent im Zeitraum 1950 bis 2010.

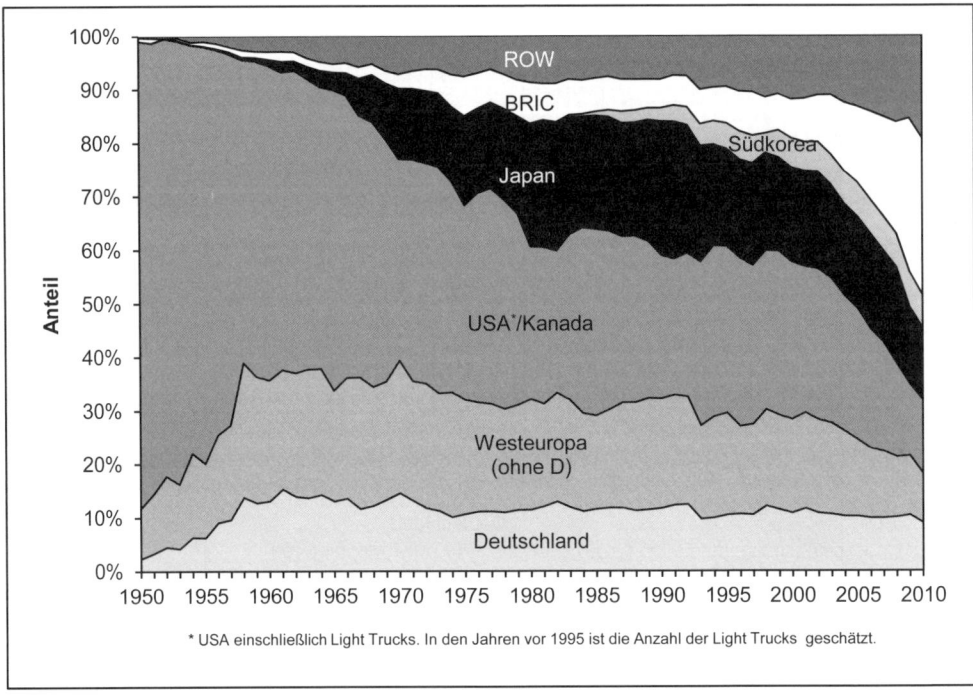

Abbildung 20:   Entwicklung der PKW-Weltproduktion nach Herstellungsland
                 (Quelle: Verband der Automobilindustrie VDA; eigene Berechnungen)

Die Entwicklung der Produktionsanteile von Westeuropa, Deutschland und Japan weist einen differenzierten Verlauf auf. So nimmt der Anteil Westeuropas und Deutschlands an der Weltproduktion in den 50er Jahren infolge der Erholung von den kriegsbedingten Zerstörungen rasch zu und stabilisiert sich in den 60er Jahren. Während der Anteil Westeuropas (ohne Deutschland) in den folgenden Jahrzehnten deutlich zurückgeht, bleibt der Anteil des Automobilstandorts Deutschlands relativ stabil.

Japan gewinnt als Automobilproduktionsland vor allem in den 70er und 80er Jahren des vergangenen Jahrhunderts erheblich an Bedeutung. In den 90er Jahren geht der Anteil dann aber spürbar als Folge eines weitgehend gesättigten heimischen Marktes und einer zunehmenden Produktion im Ausland zurück.

Die Stärke des Automobilstandorts Deutschland im internationalen Umfeld zeigt sich vor allem dann, wenn man die Produktionsanteile mit den anderen Triade-Märkten vergleicht (**Abbildung 21**). Während der Anteil der USA dramatisch zurückgeht, weisen Deutschland und Japan steigende Anteile auf.

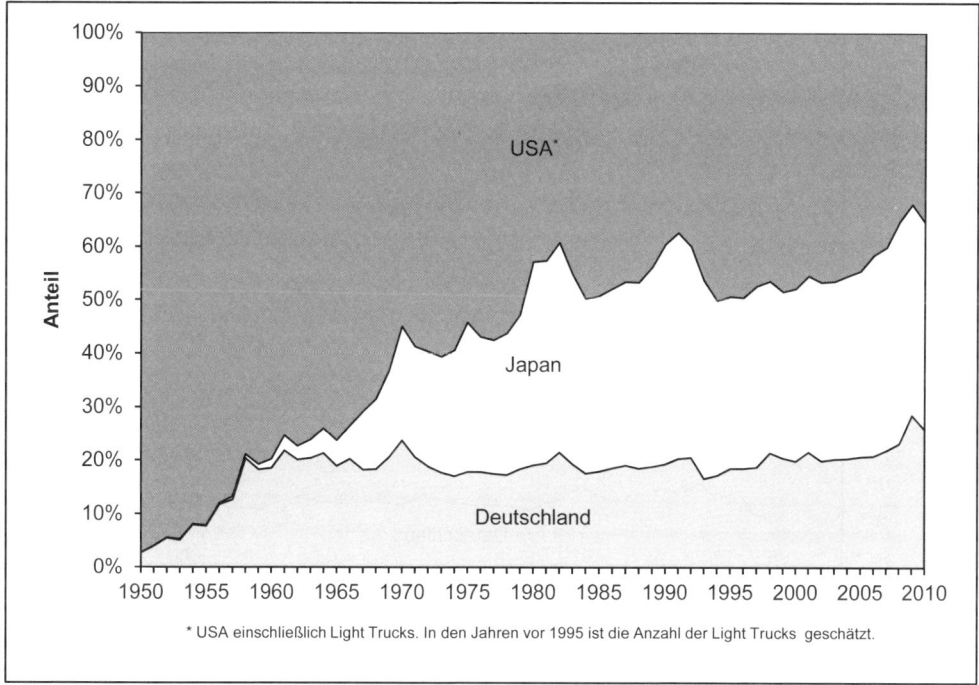

Abbildung 21:   Entwicklung der PKW-Produktion in der Triade
                  (Quelle: Verband der Automobilindustrie VDA; eigene Berechnungen)

Die Stärke des Automobilstandorts Deutschlands im internationalen Vergleich steht in einem auffälligen Gegensatz zum Bedeutungsrückgang der anderen traditionellen europäischen Automobilproduktionsländer Großbritannien, Frankreich und Italien (**Abbildung 22**). Während diese einstmals starken Automobilnationen erheblich an Anteilen verloren, wuchs die relative Bedeutung des Automobilstandorts Deutschland in Westeuropa stark an. Lediglich Spanien konnte seinen Anteil an der westeuropäischen Automobilproduktion bis in die jüngere Vergangenheit hinein ebenfalls erhöhen. Allerdings hat Spanien – im Gegensatz zu Deutschland – sehr stark vom Aufbau von Produktionsstätten durch ausländische Hersteller (deutsche und teilweise auch japanische) in der Vergangenheit profitiert.

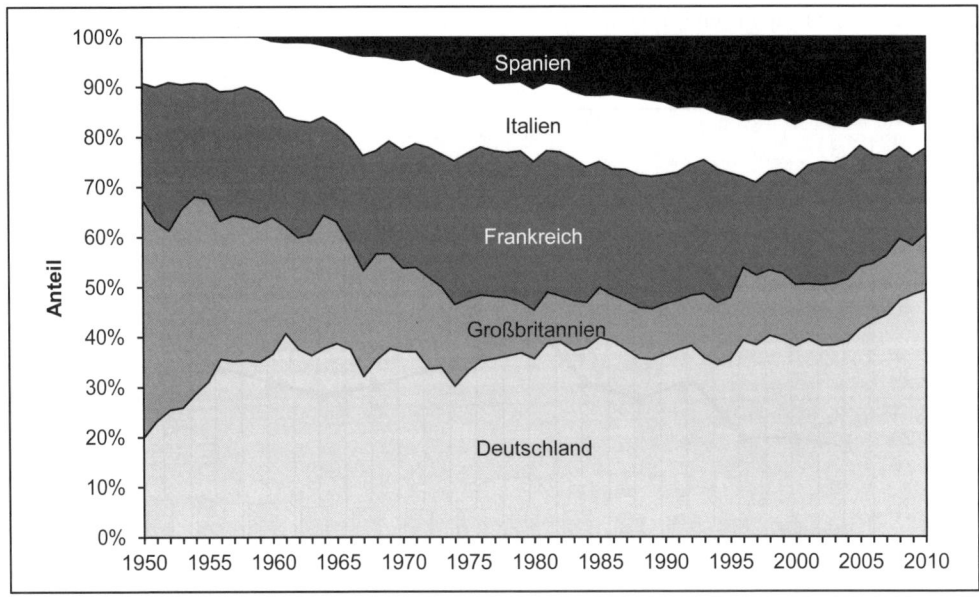

Abbildung 22:   Entwicklung der PKW-Produktion in Westeuropa
                (Quelle: Verband der Automobilindustrie VDA; eigene Berechnungen)

Insgesamt sind diese Daten ein Ausdruck für die Stärke des Automobilstandorts Deutschland, der anders als andere Automobilstandorte nicht von großen Ansiedlungen durch Automobilhersteller aus anderen Ländern profitiert hat. Die anhaltend hohe Bedeutung des Automobilstandorts Deutschland im internationalen Umfeld ist vor allem darauf zurückzuführen, dass es den deutschen Automobilherstellern offensichtlich besser gelungen ist, sich an die spezifischen nationalen Standortbedingungen anzupassen als den Herstellern in anderen traditionellen Produktionsländern.

4.3 Globale Bedeutung der deutschen Automobilhersteller

War die bisherige Sichtweise allein auf die Bedeutung des Automobilstandorts Deutschland im internationalen Umfeld gerichtet, so soll jetzt die Performance der deutschen Automobilhersteller ins Blickfeld gerückt werden. Dabei werden neben den originär deutschen Herstellern soweit sinnvoll auch die beiden Tochtergesellschaften nordamerikanischer Hersteller in die Betrachtung mit einbezogen (Ford und Opel). Im Hinblick auf die globalen Zahlen muss dabei deren konzernstrategisch begrenzte geografische Reichweite, die sich im Wesentlichen auf West- und Osteuropa beschränkt, berücksichtigt werden.

Aufgrund der zunehmenden Globalisierung der Absatz- und Produktionsstrukturen lässt die Entwicklung der Anteile einzelner Produktionsländer an der Weltautomobilproduktion nur bedingt Rückschlüsse auf die Wettbewerbsstärke der in diesen Ländern tätigen Unternehmen zu. So beruht der Weltmarktanteil von Großbritannien und Spanien an der Weltproduktion fast ausschließlich auf der Produktion ausländischer Automobilhersteller. Auch der Weltmarktanteil von Nordamerika an der Weltautomobilproduktion wäre deutlich stärker gesunken, wenn nicht japanische, koreanische und auch deutsche Unternehmen dort in den vergangenen Jahrzehnten erhebliche Produktionskapazitäten aufgebaut hätten.

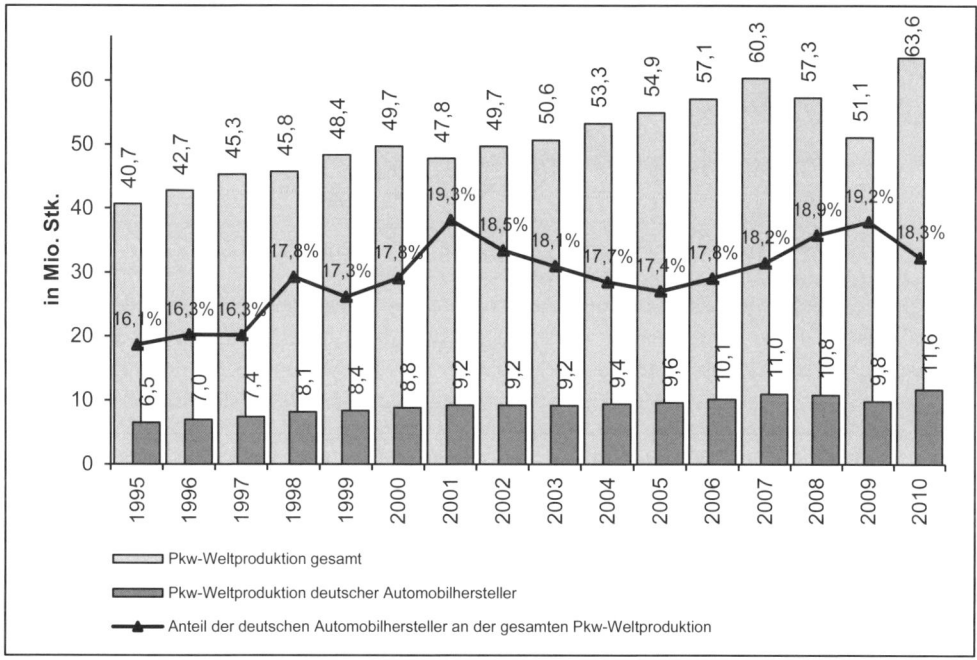

Abbildung 23: Entwicklung der PKW-Weltproduktion und des Anteils deutscher Automobilhersteller
(Quelle: Verband der Automobilindustrie VDA)

Wie **Abbildung 23** zeigt, ist die Weltproduktion der deutschen Automobilhersteller seit Mitte der 1990er Jahre deutlich gestiegen: Sie erhöhte sich von 6,5 Mio. Einheiten im Jahr 1995 auf 11,6 Mio. Fahrzeuge im Jahr 2010 (+78,5 Prozent). Besonders bemerkenswert ist die Kontinuität des Produktionsanstiegs: Während die Weltautomobilproduktion im genannten Zeitraum relativ starken Schwankungen unterlag, haben die deutschen Automobilhersteller ihre Produktion von Jahr zu Jahr steigern können. Lediglich die Finanzkrise hat in den Jahren 2008 und 2009 auch bei den deutschen Herstellern zu – allerdings nur unterdurchschnittlichen – Produktionseinbußen geführt.

Vor diesem Hintergrund sind die Schwankungen des prozentualen Anteils der deutschen Automobilhersteller an der Weltautomobilproduktion zu sehen. Aufgrund ihrer hohen Stabilität gewinnen die deutschen Hersteller in konjunkturell schwierigen Jahren wie etwa 2001 oder auch 2009 erheblich an Anteilen hinzu, während in konjunkturell starken Jahren ihr Anteil etwas zurückgeht. So kann der Rückgang des Weltmarktanteils im Jahr 2010 nicht als Ausdruck einer gesunkenen Wettbewerbsfähigkeit interpretiert werden. Er spiegelt vielmehr das starke Marktwachstum wieder, an dem die deutschen Hersteller aufgrund von Kapazitätsrestriktionen und staatlichen Incentivierungsprogrammen, die vor allem den Herstellern von Kleinwagen zugutekommen, nicht in vollem Umfang partizipieren konnten.

Über einen längeren Zeitraum betrachtet weist der Anteil der deutschen Automobilhersteller an der Weltproduktion einen steigenden Trend auf, der sowohl ein Ausdruck von Wettbewerbsstärke wie auch einer wachsenden Präsenz in den besonders stark wachsenden Emerging Markets ist. Die Globalisierung ist nicht an den deutschen Automobilherstellern vorbei gegangen, sondern sie konnten sie für einen kontinuierlichen Ausbau ihrer Weltproduktion nutzen.

4.4 Entwicklung der Marktposition

4.4.1 Relative Exportstärke der deutschen Automobilindustrie

Die relative Wettbewerbsfähigkeit und Exportstärke der deutschen Automobilindustrie kann anhand des RCA-Wertes gemessen werden. Der RCA-Wert drückt das Verhältnis zwischen der (wertmäßigen) Ausfuhr eines Gutes gegenüber den Ausfuhren des betreffenden Landes insgesamt in Bezug auf den Weltexport dieses Gutes und der Weltausfuhren insgesamt aus (siehe Kapitel 2.3.1.1). Ein RCA-Wert von über 1 bedeutet, dass die betreffende Branche eines Landes im Vergleich zur Gesamtwirtschaft besonders wettbewerbsfähig ist.

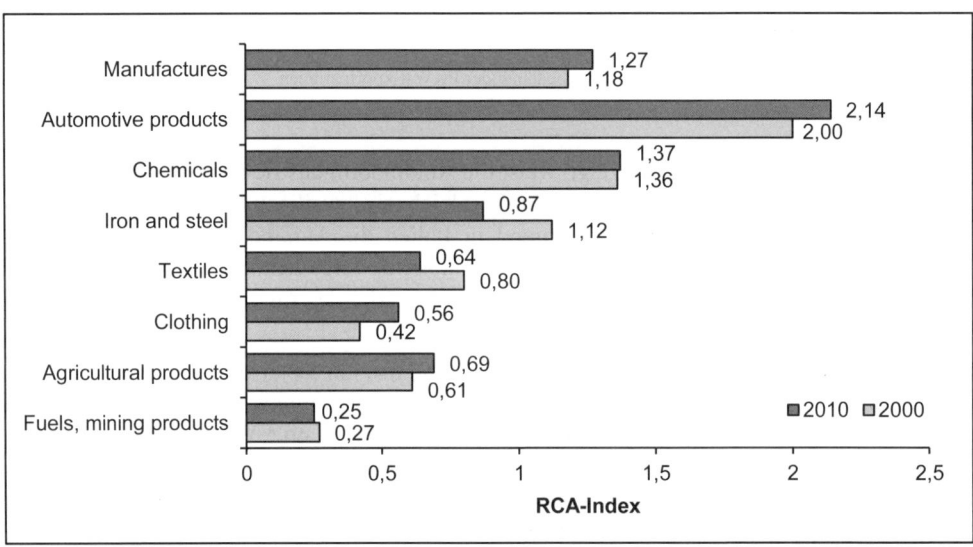

Abbildung 24:   Entwicklung der RCA-Indizes in Deutschland
                 (Quelle: World Trade Organization WTO; eigene Berechnungen)

Wie **Abbildung 24** zeigt, lag der RCA-Wert für die deutsche Automobilindustrie im Jahr 2010 bei 2,14, was Ausdruck einer besonders großen Exportstärke ist. Gegenüber dem Jahr 2000 ist der RCA-Wert – trotz der wachsenden Auslandsproduktion – sogar noch gestiegen. Überdurchschnittlich wettbewerbsfähig ist die deutsche Wirtschaft auch im Bereich chemische Erzeugnisse, während sich die relative Wettbewerbsfähigkeit bei Eisen- und Stahlerzeugnissen verschlechtert hat und zwischen 2000 und 2010 von 1,12 auf 0,87 gesunken ist.

Wenig überraschend ist Deutschland auch im Bereich der Textilindustrie, bei landwirtschaftlichen Erzeugnisse und Rohstoffen wenig wettbewerbsfähig.

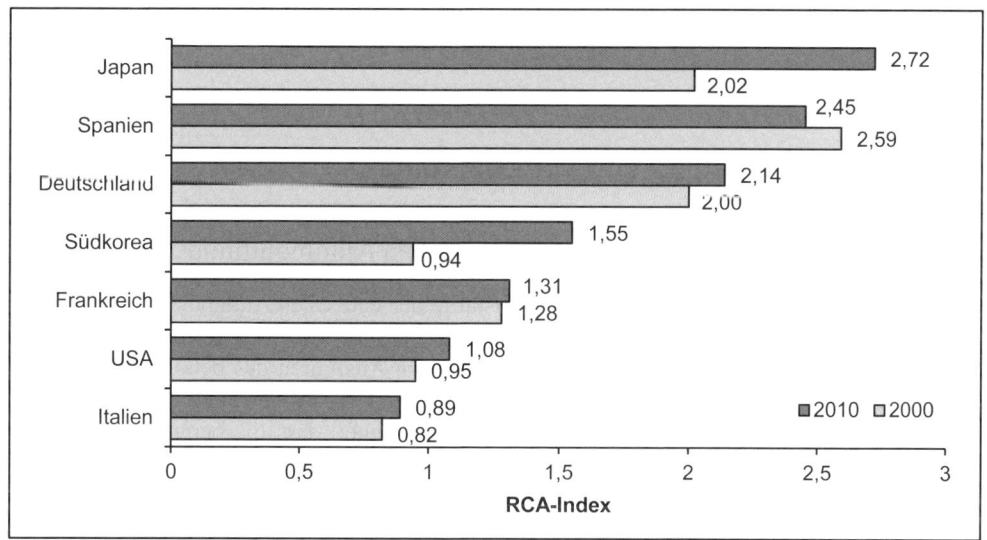

Abbildung 25:   Entwicklung der RCA-Indizes bedeutender PKW-Exportnationen
(Quelle: World Trade Organization WTO; eigene Berechnungen)

Wie ein internationaler Vergleich zeigt, weist die Automobilindustrie auch in Japan, Spanien, Südkorea, Frankreich und den USA eine im Vergleich zur jeweiligen Gesamtwirtschaft überdurchschnittliche Exportstärke auf, während in Italien die Automobilindustrie nicht mehr zum Kreis der besonders wettbewerbsfähigen Industriezweige gehört (**Abbildung 25**). Vor allem in Japan und Südkorea ist die relative Exportstärke der Automobilindustrie im Zeitraum 2000 bis 2010 stark gestiegen.

Es muss betont werden, dass ein RCA-Wert von 2,72, wie ihn Japan aufweist, nicht bedeutet, dass die japanische Automobilindustrie wettbewerbsfähiger wäre als die deutsche mit einem RCA-Wert von 2,14. Der RCA-Wert drückt immer nur die relative Wettbewerbsstärke einer Branche gegenüber den anderen Branchen eines Landes aus. Seine Höhe hängt demnach von der Wettbewerbsfähigkeit anderer nationaler Branchen und nicht von der branchenidentischer Wettbewerber im internationalen Umfeld ab.

4.4.2   Position im Weltautomobilmarkt

Ein direkter Indikator für die Wettbewerbsstärke von Unternehmen ist der Marktanteil im jeweils relevanten Markt. Im Hinblick auf die Entwicklung der Marktanteile der deutschen Automobilhersteller in der jüngeren Vergangenheit ist zu berücksichtigen, dass es aufgrund von staatlichen Förderprogrammen im Zeitraum 2008 bis 2010 in einigen Märkten zu erheblichen Segmentverschiebungen gekommen ist. Profitiert haben von diesen Förderprogrammen in der Regel Kleinwagen. Da die deutschen Automobilhersteller tendenziell in den eher höherpreisigen Marktsegmenten tätig sind, kamen sie kaum in den Genuss der staatlichen

Kaufhilfen und mussten daher temporär Marktanteilsverluste hinnehmen. Bereits im Jahr 2010 konnten diese korrigiert werden, nachdem sich die Segmentstruktur wieder normalisiert hat.

Überblickt man die längerfristige Entwicklung, so zeigt sich zunächst für den westeuropäischen Markt nach einem Rückgang des Marktanteils in der zweiten Hälfte der 1990er Jahre eine stabile Marktposition der deutschen Hersteller insgesamt. So lag ihr Marktanteil im Jahr 2010 mit 47,4 Prozent leicht über dem des Jahres 2003 mit 46,9 Prozent (**Tabelle 14**).

Marktanteile - in v. H. -	1995	1997	1999	2001	2003	2005	2007	2009	2010
BMW *	6,4	6,1	3,2	3,7	4,4	5,2	5,6	5,1	5,7
Daimler **	4,0	4,4	5,6	6,4	6,5	6,2	5,5	4,9	5,1
Ford	11,5	11,0	9,3	8,8	8,6	8,3	8,2	9,0	8,2
Opel	12,5	11,6	10,9	10,2	9,2	9,0	8,5	7,4	7,4
Volkswagen	16,8	17,1	18,8	18,9	18,2	18,9	19,5	20,1	21,0
Summe	**51,2**	**50,2**	**47,8**	**48,0**	**46,9**	**47,6**	**47,3**	**46,5**	**47,4**

* BMW seit 1999 exkl. Rover und Landrover, seit 2001 inkl. Mini
** Daimler seit 1998 inkl. smart, seit 2006 exkl. Chrysler & Jeep

Tabelle 14:   Entwicklung der Marktanteile deutscher Konzernmarken in Westeuropa
                (Quelle: ACEA)

Hinter dieser Entwicklung stehen unterschiedliche Marktanteilsverläufe der einzelnen Hersteller, die sich teilweise gegenseitig kompensiert haben. Vor allem Opel musste aufgrund der bekannten Probleme zeitweise deutliche Marktanteilsverluste in Westeuropa hinnehmen. Demgegenüber konnten die anderen deutschen Automobilhersteller ihre Marktposition zum Teil deutlich ausbauen.

Besonders bemerkenswert ist, dass sich die deutschen Automobilhersteller mit ihren Konzernmarken in ausgewählten europäischen Märkten mit eigener Automobilindustrie seit Mitte der 1990er Jahre behaupten oder ihre Marktanteile sogar noch steigern konnten. Besonders starke Zuwächse waren in Großbritannien zu verzeichnen. Aber auch in Spanien, Italien und Frankreich sind die Marktanteile der deutschen Hersteller in der längerfristigen Entwicklung gestiegen (**Abbildung 26**).

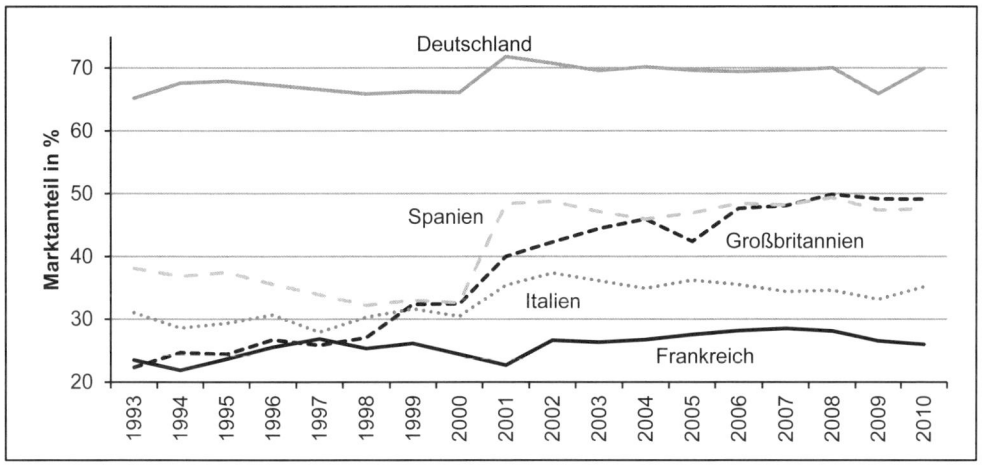

Abbildung 26:   Entwicklung der Marktanteile deutscher Konzernmarken auf ausgewählten Märkten
(Quelle: Verband der Automobilindustrie VDA)

Dominierend ist die Position der deutschen Hersteller auch weiterhin auf ihrem Heimatmarkt. Nach einem Marktanteilsrückgang im Jahr 2009, der auf den durch die Umwelt-
Prämie ausgelösten Struktur-Effekt zurückzuführen ist, ist der Marktanteil im Jahr 2010
wieder deutlich auf knapp 70 Prozent angestiegen.

Deutliche Marktanteilsgewinne konnten die deutschen Hersteller auf dem US-amerikanischen
Markt erzielen. Seit 1993 hat sich der Marktanteil mehr als verdreifacht, und zwar auf 7,6 Prozent
(**Abbildung 27**). Auf dem japanischen Markt pendelt der Marktanteil seit Mitte der 90er Jahre
zwischen 3 und 4 Prozent.

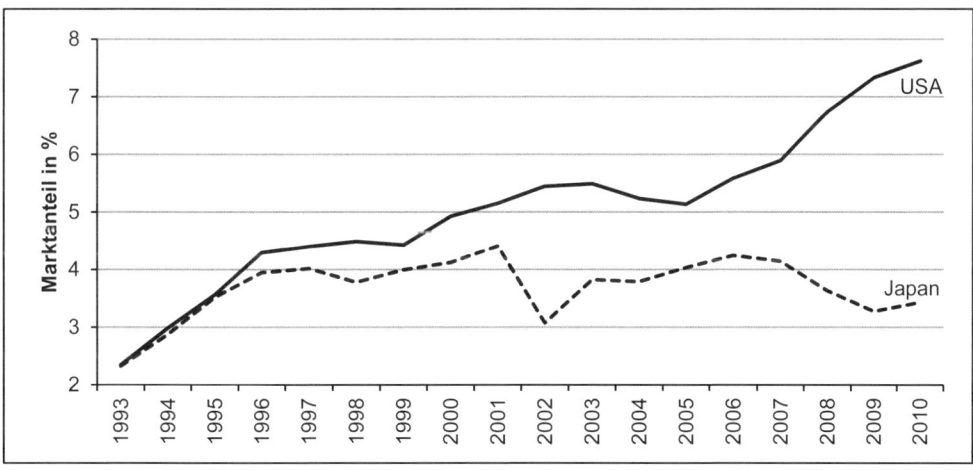

Abbildung 27:   Entwicklung der Marktanteile deutscher Konzernmarken in den USA und Japan
(Quelle: Verband der Automobilindustrie VDA)

Von besonderer Bedeutung, auch im Hinblick auf die Zukunftsperspektiven von Automobil-herstellern, ist die Marktposition auf den stark wachsenden BRIC-Märkten. Wie **Abbildung 28** zeigt, haben die deutschen Automobilhersteller mit ihren Konzernmarken vor allem in Russland ihre Marktposition deutlich ausbauen können.

Auf dem chinesischen Markt konnten die deutschen Automobilhersteller trotz der wachsenden Zahl ausländischer Anbieter und der großen Modernisierungsanstrengungen der chinesischen Hersteller ihre starke Marktposition mit einem Anteil von 17,5 Prozent am Gesamtabsatz neuer Automobile halten, wobei zu berücksichtigen ist, dass die deutschen Hersteller vor allem im Premiumsegment über eine große Dominanz verfügen.

Ein wachsender Marktanteil deutscher Hersteller ist auch in Indien festzustellen – allerdings von einem sehr niedrigen Niveau aus. Dennoch zeigt der Marktanteil von 2,8 Prozent im Jahr 2010 die ersten Erfolge der deutschen Hersteller auf diesem Markt.

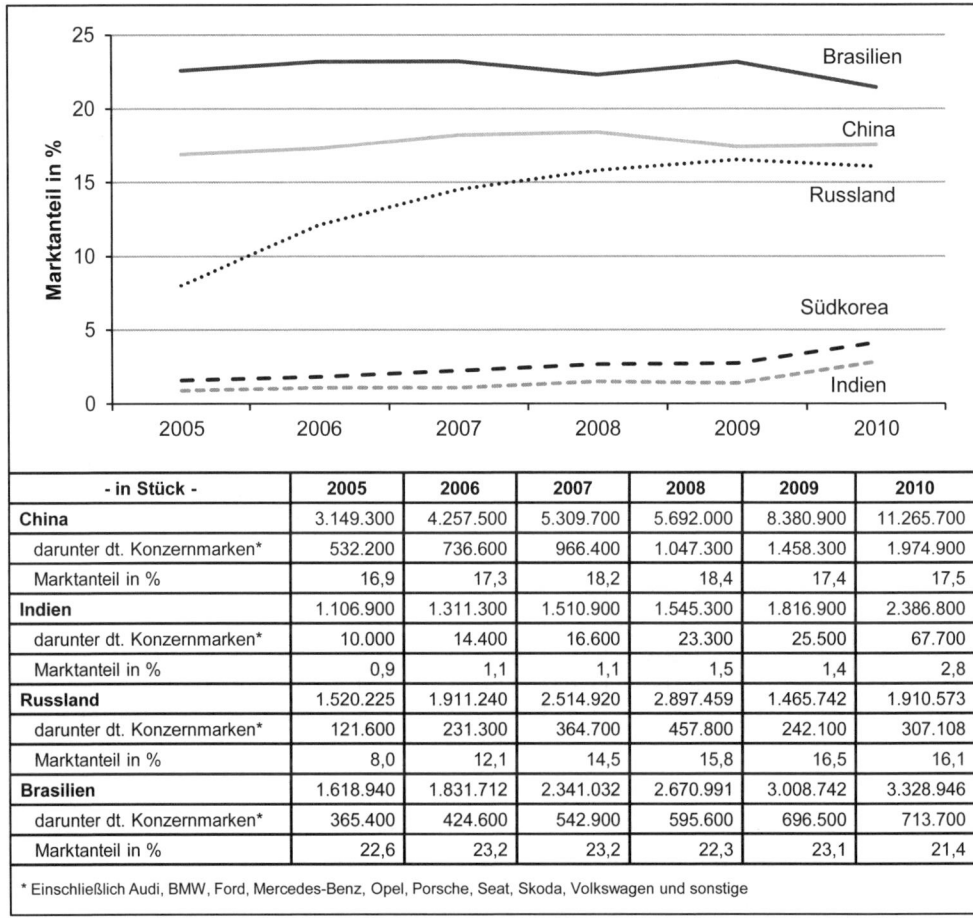

- in Stück -	2005	2006	2007	2008	2009	2010
China	3.149.300	4.257.500	5.309.700	5.692.000	8.380.900	11.265.700
darunter dt. Konzernmarken*	532.200	736.600	966.400	1.047.300	1.458.300	1.974.900
Marktanteil in %	16,9	17,3	18,2	18,4	17,4	17,5
Indien	1.106.900	1.311.300	1.510.900	1.545.300	1.816.900	2.386.800
darunter dt. Konzernmarken*	10.000	14.400	16.600	23.300	25.500	67.700
Marktanteil in %	0,9	1,1	1,1	1,5	1,4	2,8
Russland	1.520.225	1.911.240	2.514.920	2.897.459	1.465.742	1.910.573
darunter dt. Konzernmarken*	121.600	231.300	364.700	457.800	242.100	307.108
Marktanteil in %	8,0	12,1	14,5	15,8	16,5	16,1
Brasilien	1.618.940	1.831.712	2.341.032	2.670.991	3.008.742	3.328.946
darunter dt. Konzernmarken*	365.400	424.600	542.900	595.600	696.500	713.700
Marktanteil in %	22,6	23,2	23,2	22,3	23,1	21,4

* Einschließlich Audi, BMW, Ford, Mercedes-Benz, Opel, Porsche, Seat, Skoda, Volkswagen und sonstige

Abbildung 28:   Entwicklung der Marktanteile deutscher Konzernmarken in den BRIC-Staaten
(Quelle: Verband der Automobilindustrie VDA)

4.4.3   Marktposition bei Premium- und Luxusautomobilen

Über eine global besonders starke Position verfügen die deutschen Automobilhersteller im automobilen Premiumsegment, das ein im Trend überdurchschnittliches Wachstum aufweist. In nahezu allen Ländern und Regionen sind deutsche Marken die „Premium"-Champions *(vgl. Diez 2009)*.

Auch in dieser Besonderheit der Angebotsstruktur der deutschen Automobilindustrie ist ein Grund für kurzfristige Verschiebungen in den Marktanteilen zu sehen: Da der Premiummarkt in der Regel konjunkturresistenter ist als der Volumenmarkt, steigt der Marktanteil der deutschen Hersteller oft bei konjunkturell bedingten Marktabschwüngen, während er in Aufschwungphasen, in denen vor allem der Absatz kleiner und kompakter Fahrzeuge ansteigt, zurückgehen kann. Der hohe Anteil von Premiumautomobilen in der Absatzstruktur deutscher Hersteller ist ein wichtiger Stabilitätsfaktor der deutschen Automobilindustrie insgesamt, aber auch für die Zulieferindustrie.

Wie **Abbildung 29** zeigt, lag der Weltmarktanteil der deutschen Automobilhersteller im Premiumsegment im Jahr 2010 bei 75,4 Prozent und konnte damit gegenüber 2006 um fast 7-Prozentpunkte gesteigert werden. Vor allem im Krisenjahr 2009 waren die Verkäufe der deutschen Premiummarken wesentlich stabiler als die ihrer Wettbewerber, was nicht zuletzt auf die globale Aufstellung der deutschen Hersteller zurückzuführen ist.

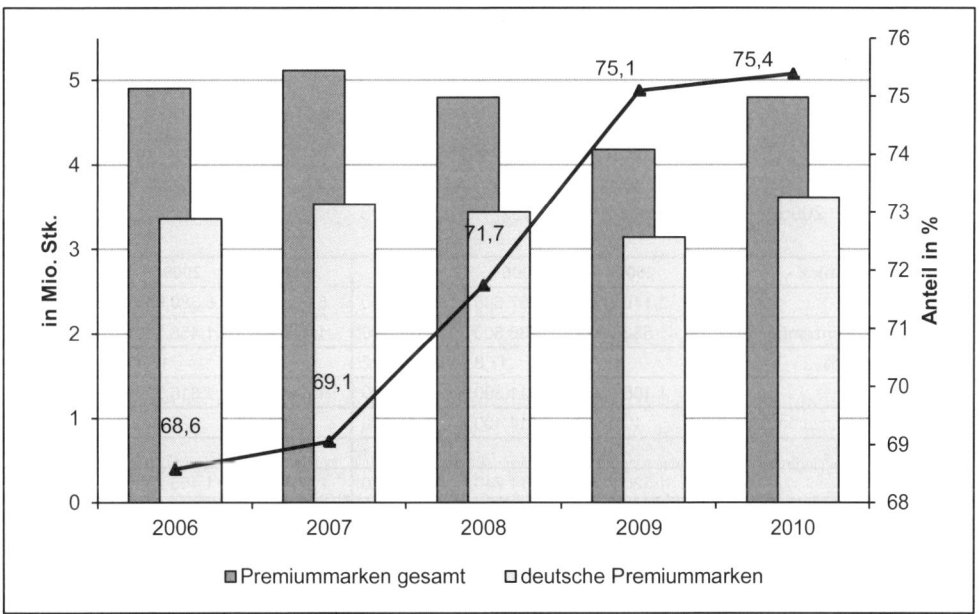

Abbildung 29:   Entwicklung des Anteils deutscher Premiummarken am weltweiten Absatz von
                Premiumautomobilen
                (Quelle: IHS Global Insight; eigene Berechnungen)

Betrachtet man den deutschen Markt, so zeigt sich auch hier eine sehr starke Position der deutschen Premiummarken, vor allem im Segment der Oberklasse und der oberen Mittelklasse, aber auch in der Mittelklasse (**Abbildung 30**). Aufgrund der Ausdehnung der Modellpaletten in die unteren Marktsegmente hinein, erzielen die deutschen Premiummarken in ihrem Heimatmarkt mittlerweile in der Kompaktklasse einen Marktanteil von immerhin 22 Prozent im Jahr 2010 gegenüber 14 Prozent im Jahr 1999.

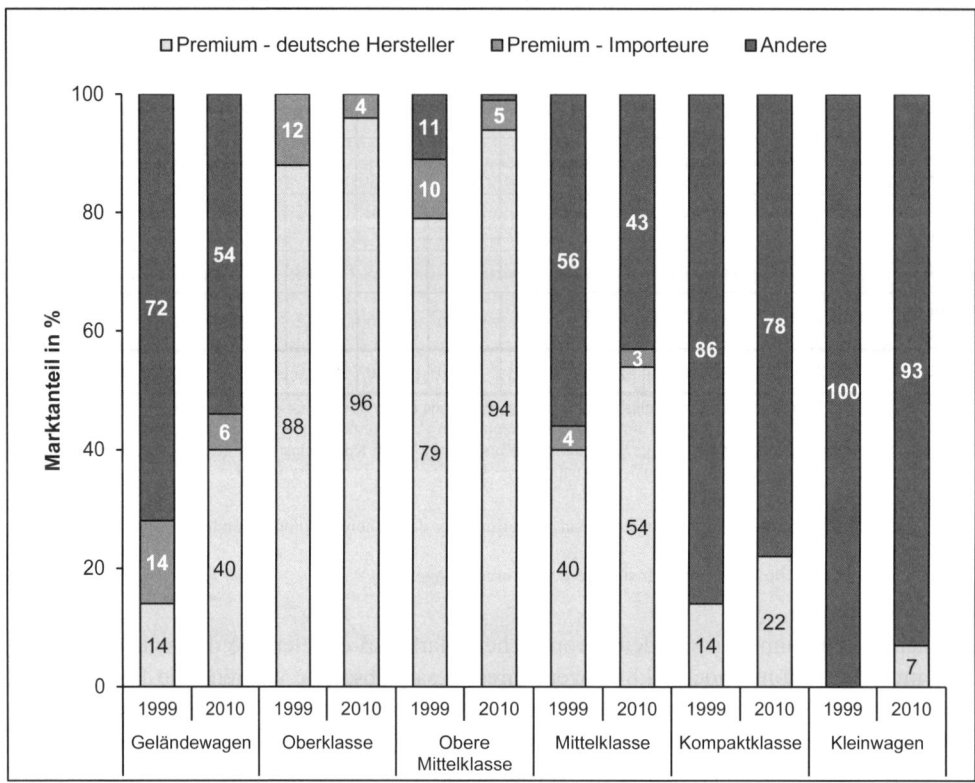

Abbildung 30:   Entwicklung der Marktanteile von deutschen Premium-Marken in Deutschland
(Quelle: Verband der Automobilindustrie VDA; Kraftfahrt-Bundesamt KBA)

Absolut dominant sind die deutschen Automobilhersteller mit ihren Konzernmarken im Luxussegment und zwar sowohl bei den Limousinen wie auch Sportwagen. Bis auf wenige Ausnahmen gehören die weltweit agierenden automobilen Luxusmarken zu den Markenportfolios deutscher Hersteller (Rolls Royce, Bentley, Bugatti, Lamborghini).

4.4.4   Regionale Verteilung des Absatzes

Neben der Höhe der Marktanteile zeichnet sich die deutsche Automobilindustrie auch durch die breite und relativ gleichmäßige globale Verteilung des Absatzes aus. Während die Automobilhersteller aus anderen traditionellen Produktionsländern in verschiedenen Absatzregionen gar nicht oder nur sehr schwach vertreten sind, verfügen die deutschen Hersteller sowohl in Europa, Nordamerika und auch in den schnell wachsenden Emerging Markets Asiens und Lateinamerikas über eine gute bis sehr gute Marktposition (**Tabelle 15**).

Anteile am Gesamt-Absatz in v. H.	Deutsche OEM[1]		Französische OEM[2]		Italienische OEM[3]		Japanische OEM[4]		Koreanische OEM[5]		US-amerik. OEM[6]	
	2006	2010	2006	2010	2006	2010	2006	2010	2006	2010	2006	2010
Asien	14,0	29,2	7,4	11,0	2,5	1,9	48,9	59,7	47,1	53,8	12,2	24,7
Nord-amerika	12,8	9,6	0,6	0,4	0,3	0,3	26,2	19,5	17,9	15,4	36,9	22,7
Süd-amerika	6,3	8,3	6,6	9,5	25,3	35,2	1,7	2,1	2,1	3,7	9,6	14,8
West-europa	58,2	44,8	65,4	58,4	65,6	55,5	14,1	10,3	17,3	11,6	31,6	27,9
Ost-europa	5,7	5,8	10,3	8,7	5,2	6,2	4,2	3,4	8,6	7,4	6,7	6,7
Afrika	2,3	1,6	1,5	1,4	1,1	0,4	1,3	0,8	2,9	2,5	1,1	1,2
Naher Osten	0,7	0,9	8,3	10,7	0,1	0,6	3,6	4,2	4,2	5,6	1,9	2,0
Welt	100,0	100,0	100,0	100,0	100,0	100,0	100,0	100,0	100,0	100,0	100,0	100,0

[1] Konzerne BMW, Daimler, Porsche und Volkswagen mit ihren jeweiligen Konzernmarken; [2] Konzerne PSA und Renault mit ihren jeweiligen Konzernmarken; [3] Fiat-Konzern mit seinen Konzernmarken; [4] Konzerne Honda, Mazda, Mitsubishi, Nissan, Suzuki, Toyota mit ihren jeweiligen Konzernmarken; [5] Hyundai-KIA-Konzern mit seinen Konzernmarken; [6] Konzerne General Motors und Ford mit ihren jeweiligen Konzernmarken (inkl. Ford und Opel)

Tabelle 15:   Entwicklung der globalen Absatzverteilung der deutschen Automobilhersteller im internationalen Vergleich
(Quelle: IHS Global Insight; eigene Berechnungen)

Betrachtet man zum Beispiel den europäischen Markt, so erzielen die deutschen Hersteller hier im Jahr 2010 nur noch 44,8 Prozent ihres Gesamtabsatzes, während die französischen Hersteller zu 58,4 Prozent von der Marktentwicklung in Westeuropa abhängig sind. Auch die italienischen Konzernmarken sind mit deutlich über 50 Prozent von Westeuropa abhängig, während Asien und Nordamerika – wie auch bei den französischen Herstellern – völlig untergewichtet sind.

Diese gleichmäßige Absatzverteilung der deutschen Hersteller reduziert ihre Risikoposition und erklärt gleichzeitig die relativ kontinuierliche, ohne große Einbrüche gekennzeichnete Absatz- und Produktionsentwicklung der deutschen Hersteller im internationalen Vergleich. Sie hat sich auch in der schwersten Automobilkrise der Nachkriegszeit in den Jahren 2008 und 2009 bewährt und dafür gesorgt, dass die deutschen Hersteller diese schwierige Phase besser überstanden haben als viele ihrer Wettbewerber.

4.5   Profitabilität der deutschen Automobilindustrie

Profitabilität ist sowohl Folge als auch Ursache von Wettbewerbsfähigkeit. Unternehmen sind letztlich nur dann wettbewerbsfähig, wenn sie nachhaltig profitabel sind. Ein dauerhaft nicht-profitables Wachstum ist Ausdruck mangelnder Wettbewerbsfähigkeit und führt letztlich zum Ausscheiden aus dem Markt.

Aufgrund der starken Zyklizität der Märkte einerseits sowie der branchenbedingt hohen Fixkostenintensität andererseits unterliegt die Profitabilität der Automobilhersteller zwangsläufig starken Schwankungen. Von daher empfiehlt sich eine etwas längerfristige Betrachtungsweise.

Wie **Abbildung 31** zeigt, konnten die deutschen Automobilhersteller ihre Profitabilität seit Mitte der 1990er Jahre tendenziell steigern. Über einen längeren Zeitraum hinweg von 1997 bis 2006 bewegte sich ihre Brutto-Umsatzrendite in einem Bereich zwischen 2 und 5 Prozent. Das Jahr 2007 brachte sogar einen Anstieg auf über 7 Prozent. Mit der Finanzkrise gerieten die Erträge erheblich unter Druck, stiegen im Jahr 2010 aber bereits wieder deutlich an.

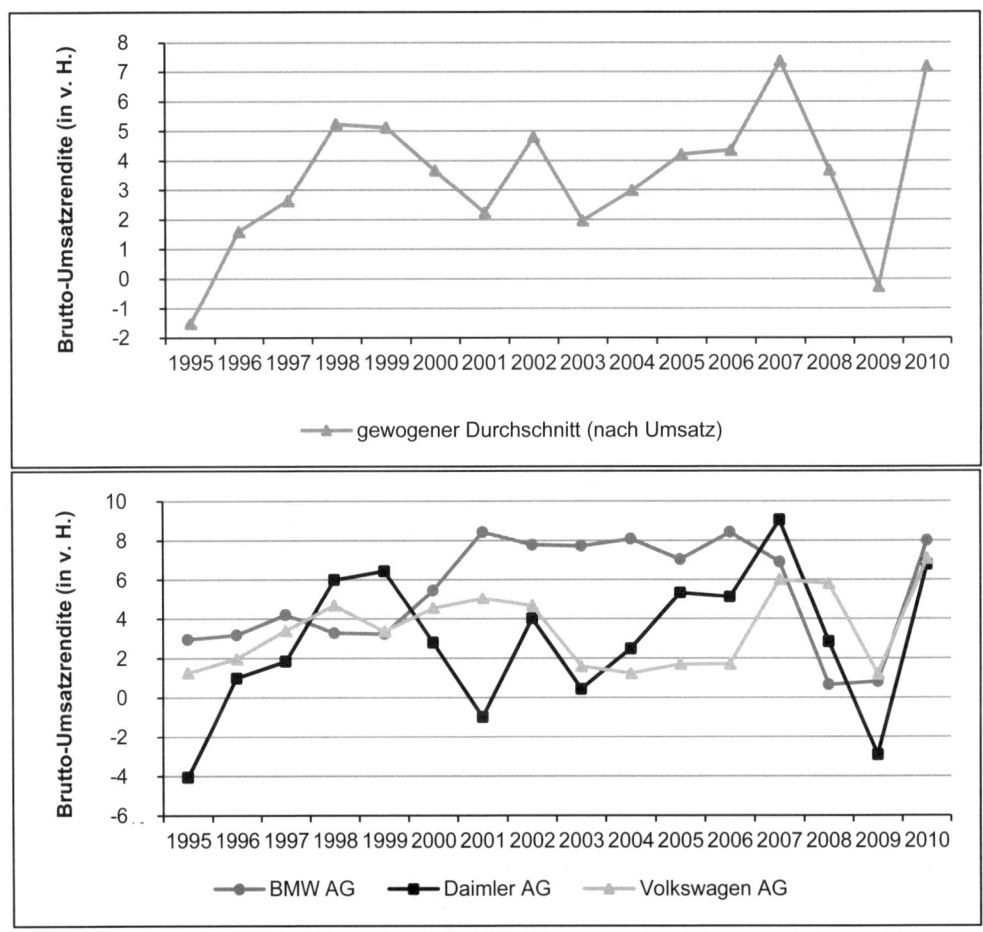

Abbildung 31:   Entwicklung der Umsatzrenditen der deutschen Automobilhersteller
(Quelle: BMW AG; Daimler AG; Volkswagen AG; eigene Berechnungen)

Um die finanzwirtschaftliche Performance der deutschen Automobilhersteller zu bewerten, bietet sich ein internationaler Vergleich an. Wie **Abbildung 32** deutlich macht, bewegt sich die Ertragskraft der deutschen Automobilhersteller auf einem relativ hohen Niveau, ohne dass jedoch Spitzenwerte erreicht würden. Über viele Jahre waren die japanischen Hersteller mit einer EBIT-Marge von rund 8 Prozent Benchmark in Sachen Profitabilität. Allerdings wurden die japanischen Hersteller durch die Finanzkrise aufgrund ihrer starken Abhängigkeit vom US-amerikanischen Markt besonders hart getroffen. In den beiden zurückliegenden Jahren konnten die koreanischen Hersteller ihren Aufwärtstrend fortsetzen und lagen im Jahr 2010 mit einer EBIT-Marge von 7,8 Prozent an der Spitze. Dabei kommt den koreanischen Herstellern nach wie vor auch der Schutz des heimischen Marktes gegenüber ausländischen Wettbewerbern zugute.

Die originär deutschen Automobilhersteller (BMW, Daimler, Volkswagen) erreichten im Jahr 2010 eine EBIT-Marge von 6,7 Prozent und damit den höchsten Wert seit dem Jahr 2002. Bemerkenswert ist auch hier die vergleichsweise große Stabilität in der Ertragsentwicklung. Nimmt man die Automobilhersteller aus den traditionellen Autoländern Nordamerika, Frankreich und Italien zum Vergleich, so weisen die deutschen Automobilhersteller längerfristig eine überdurchschnittliche Performance auf. Vor allem die US-amerikanischen, aber auch die französischen Hersteller haben schon vor der Finanzkrise erheblich an Ertragskraft eingebüßt, auch wenn die Zahlen am aktuellen Rand nun wieder deutlich nach oben weisen.

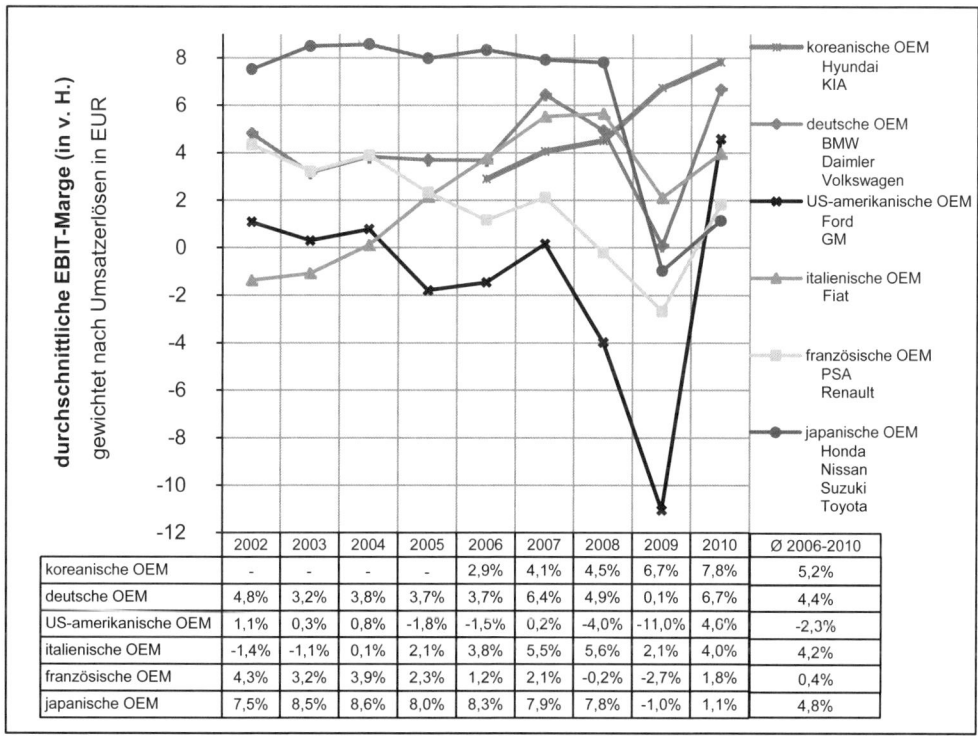

	2002	2003	2004	2005	2006	2007	2008	2009	2010	Ø 2006-2010
koreanische OEM	-	-	-	-	2,9%	4,1%	4,5%	6,7%	7,8%	5,2%
deutsche OEM	4,8%	3,2%	3,8%	3,7%	3,7%	6,4%	4,9%	0,1%	6,7%	4,4%
US-amerikanische OEM	1,1%	0,3%	0,8%	-1,8%	-1,5%	0,2%	-4,0%	-11,0%	4,6%	-2,3%
italienische OEM	-1,4%	-1,1%	0,1%	2,1%	3,8%	5,5%	5,6%	2,1%	4,0%	4,2%
französische OEM	4,3%	3,2%	3,9%	2,3%	1,2%	2,1%	-0,2%	-2,7%	1,8%	0,4%
japanische OEM	7,5%	8,5%	8,6%	8,0%	8,3%	7,9%	7,8%	-1,0%	1,1%	4,8%

Abbildung 32:   Durchschnittliche EBIT-Margen nach Ländern
(Quelle: Credit Suisse Group AG; Deutsche Bank AG; eigene Berechnungen)

Die mit der Profitabilität korrespondierende Entwicklung der Marktkapitalisierung zeigt **Abbildung 33**.

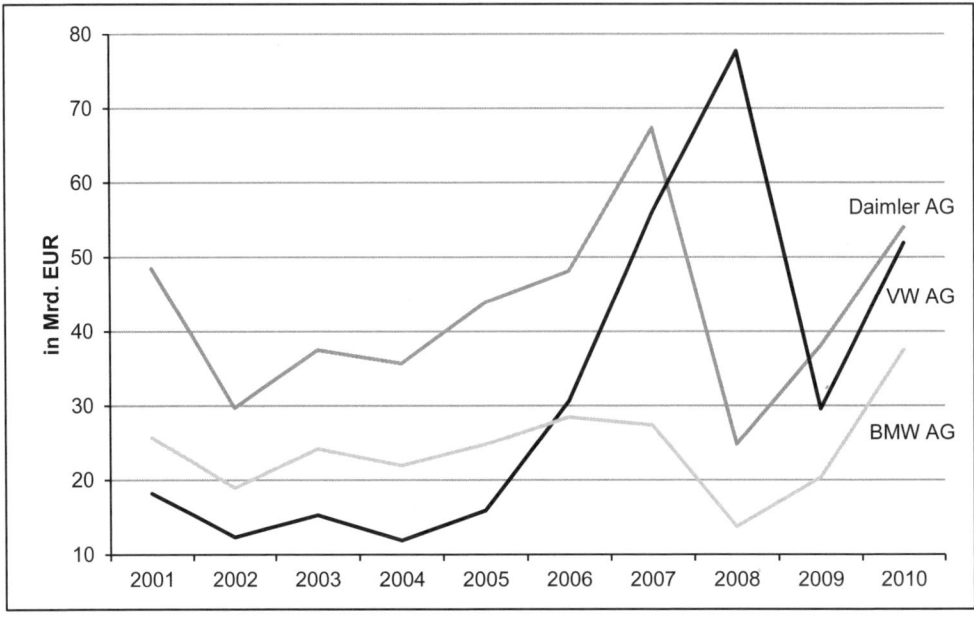

Abbildung 33: Entwicklung der Marktkapitalisierung der deutschen Automobilhersteller
(Quelle: BMW AG; Daimler AG; Volkswagen AG; eigene Berechnungen)

4.6 Indikatoren der Wettbewerbsfähigkeit – ein Zwischenfazit

Die ausgewählten Indikatoren zur Beurteilung der Wettbewerbsfähigkeit zeigen, dass die deutsche Automobilindustrie trotz der gravierenden strukturellen Veränderungen im Markt und der deutlich gestiegenen Wettbewerbsintensität über eine starke Position im Weltautomobilmarkt verfügen. Dies gilt sowohl für den Automobilstandort Deutschland wie auch für die deutschen Automobilhersteller.

Während einige der großen traditionellen Automobilnationen wie Großbritannien, Frankreich, Italien und Nordamerika mittel- und längerfristig betrachtet einen erheblichen Bedeutungsverlust hinnehmen mussten, zeigen alle relevanten Indikatoren eine große Wettbewerbsstärke der deutschen Automobilindustrie im globalen Umfeld:

- Gemessen an der Weltproduktion hat sich der Automobilstandort Deutschland auch im längerfristigen Vergleich sehr gut behauptet. 5,55 Mio. bzw. rund 8,9 Prozent aller weltweit gebauten Automobile wurden im Jahr 2010 in Deutschland gebaut.

- Der Produktionsanteil der deutschen Automobilhersteller liegt, vor allem aufgrund der überdurchschnittlich gestiegenen Auslandsproduktion mit 18,3 Prozent deutlich über dem Produktionsanteil des Automobilstandorts Deutschland. Dies ist Ausdruck für eine erfolgreiche Globalisierungsstrategie.

- Die deutschen Automobilhersteller haben in den meisten Absatzregionen der Welt ihre Marktanteile halten oder sogar noch ausbauen können. Herausragend ist die Position der

deutschen Automobilhersteller im Bereich der Premiumautomobile, wo der Weltmarktanteil bei über 75 Prozent liegt.

- Eine zusätzliche Stärke der deutschen Automobilhersteller liegt in dem regional relativ
ausgeglichenen Produktions- und Absatzportfolio. Während andere traditionelle Hersteller in einzelnen Absatzregionen gar nicht oder nur sehr schwach präsent sind, verfügen
die deutschen Hersteller sowohl in Europa, wie auch in Nordamerika und Asien sowie in
den schnell wachsenden Emerging Markets über eine starke Absatzposition.

Diesen positiven Befunden stehen allerdings auch zwei eher negative gegenüber:

- Die Beschäftigungsentwicklung in der deutschen Automobilindustrie ist längerfristig
betrachtet rückläufig. Dies gilt für Automobilhersteller und Automobilzulieferer gleichermaßen. Dies ist zwar kein Ausdruck einer gesunkenen Wettbewerbsfähigkeit, spiegelt aber die Tatsache wider, dass vom Standort Deutschland aus überwiegend die weitgehend gesättigten Märkte Westeuropas, teilweise auch Nordamerikas und Japan belie-
fert werden. Gleichwohl ist der längerfristige Rückgang der Zahl der Beschäftigten ein
Indikator dafür, dass der Automobilstandort Deutschland in einem globalen Wettbewerb
steht und neuer Impulse bedarf.

- Hinsichtlich der Profitabilität liegen die deutschen Hersteller im längerfristigen Durchschnitt zwar deutlich vor ihren europäischen und nordamerikanischen Wettbewerbern, jedoch hinter den japanischen und koreanischen Herstellern. Kritisch ist die unterdurch-
schnittliche Profitabilität im Hinblick auf die Finanzierung der hohen Zukunftsaufwendungen zu sehen, die von der Attraktivität von Unternehmen für Kapitalanleger abhängt.

Insgesamt zeigt die Analyse der relevanten Wettbewerbsindikatoren eine hohe und in den
letzten Jahren eher noch gestiegene Wettbewerbsfähigkeit der deutschen Automobilindustrie.
Insbesondere der Vergleich mit den Automobilindustrien anderer traditioneller Automobil-
länder wirft die Frage auf, warum sich ausgerechnet die deutsche Automobilindustrie so
erfolgreich im Weltautomobilmarkt behaupten konnte. Dies führt zur Analyse der relevanten
Determinanten der Wettbewerbsfähigkeit.

5 Determinanten der Wettbewerbsfähigkeit

5.1 Überblick

Im Folgenden sollen die wesentlichen Determinanten der Wettbewerbsfähigkeit der deutschen Automobilindustrie identifiziert und bewertet werden. Wie bereits eingangs erwähnt, basiert der hier gewählte Erklärungsansatz auf einer dreistufigen Analysestruktur: Neben den unternehmensbezogenen werden zusätzlich branchenbezogene und standortbedingte Faktoren untersucht, wobei es auf der Hand liegt, dass es zwischen den genannten Faktoren zahlreiche wechselseitige Beziehungen gibt. Die eindeutige Zuordnung der wettbewerbsrelevanten Faktoren auf die verschiedenen Kategorien ist nicht einfach. Abgrenzungskriterium ist die Möglichkeit zur Beeinflussung der Faktoren durch die einzelnen Unternehmen: Faktoren, die vollständig durch ein Unternehmen beeinflussbar sind, werden den unternehmensbezogenen, Faktoren, die nur teilweise beeinflussbar sind den branchenbezogenen Determinanten zugeordnet. Faktoren, die überhaupt nicht oder in einem nur sehr geringen Umfang beeinflussbar sind, werden unter die standortbezogenen Determinanten subsumiert. Trotz der Eindeutigkeit des Zuordnungskriteriums ist insbesondere die Abgrenzung zwischen unternehmens- und branchenbezogenen Determinanten nicht frei von einer gewissen Willkür, da die Übergänge zwischen Beeinflussbarkeit und Nicht-Beeinflussbarkeit hier sehr fließend sind.

Die hier gewählten Unterscheidungen dienen daher vor allem dazu, die Determinanten der Wettbewerbsfähigkeit transparent zu machen und die Darstellung insgesamt übersichtlich zu gestalten.

Abbildung 34 gibt einen Überblick über die relevanten Einflussfaktoren und ihre jeweilige Zuordnung auf die verschiedenen Analyseebenen.

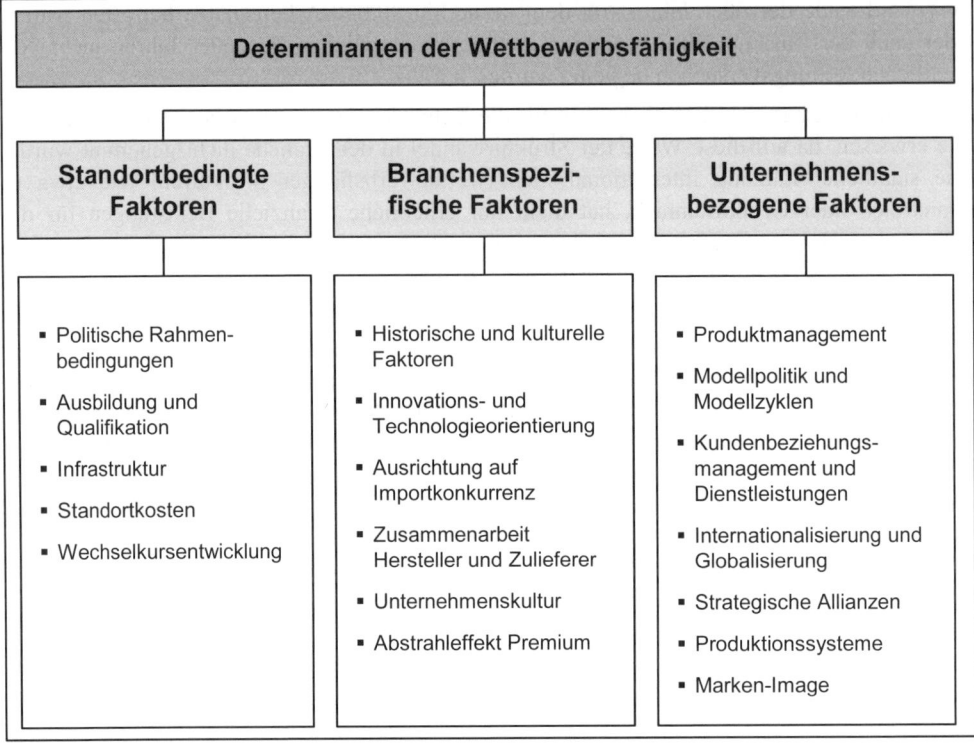

Abbildung 34:   Determinanten der Wettbewerbsfähigkeit
                 (Quelle: Eigene Darstellung)

Nachfolgend sollen zunächst die standortbedingten Faktoren näher erläutert werden.

5.2   Standortbedingte Faktoren

5.2.1   Politische Rahmenbedingungen

Eine der Stärken des Wirtschaftsstandorts Deutschland ist zweifellos das hohe Maß an politischer und wirtschaftlicher Stabilität, das auch in vielen internationalen Vergleichen der Wettbewerbsfähigkeit von Volkswirtschaften anerkannt wird. Im Gegensatz zu anderen Industrienationen haben sich die politischen Rahmenbedingungen in Deutschland im Zeitablauf unabhängig von den jeweiligen Regierungsmehrheiten als vergleichsweise stabil und berechenbar erwiesen *(vgl. IMD 2011)*.

Ein auch für die Automobilindustrie wesentliches Merkmal der deutschen Wirtschaftspolitik ist ihr im Grundsatz nicht-interventionistischer Charakter. Während die Automobilindustrien in anderen europäischen Ländern immer wieder massiv staatlich unterstützt wurden, bis hin zur zeitweisen Verstaatlichung, waren Hilfen für einzelne Unternehmen in der deutschen Wirtschaftsgeschichte seltene Ausnahmen. Erst im Zusammenhang mit der Finanzkrise wurden solche Hilfen verstärkt politisch diskutiert, während zum Beispiel der Niedergang von

Borgward Ende der 50er Jahre, von dem immerhin 20.000 Arbeitsplätze betroffen waren, oder auch der Zusammenbruch anderer Automobilhersteller in den 60er Jahren nicht von staatlichen Rettungsversuchen begleitet wurde.

Im Nachhinein hat sich dies als positiv für die Entwicklung der deutschen Automobilindustrie erwiesen, da auf diese Weise der Strukturwandel in der Branche nicht gehemmt wurde. Die staatliche Stützung international nicht wettbewerbsfähiger Strukturen, wie etwa in Frankreich oder Großbritannien, hat nicht nur erhebliche finanzielle Belastungen für die öffentlichen Haushalte gebracht, sondern war – wie das Beispiel Großbritannien zeigt – am Ende auch nicht erfolgreich *(vgl. Diez/KPMG 2010)*.

Im Rahmen des vom World Economic Forum (WEF) erstellten Rankings über die Wettbewerbsfähigkeit von Volkswirtschaften belegt Deutschland insgesamt den fünften Platz *(vgl. WEF 2010)*. Allerdings zeigt die Detailauswertung in einigen Bereichen deutlich schlechtere Bewertungen. Dies gilt vor allem für die Effizienz des Arbeitsmarktes, bei der Deutschland im weltweiten Vergleich nur den 70. Platz belegt. Dem stehen sehr gute Platzierungen im Hinblick auf die Infrastruktur, die Marktgröße und Unternehmenskultur („Business sophistication") gegenüber (**Abbildung 35**).

Faktoren	Wettbewerbsposition (Rang)			
	schwach			stark
Basic Requirements Institutions, Infrastructure, Macroeconomic environment, Health & Primary education			25, 23	13, 2
Efficiency Enhancers Higher education & training, Goods market efficiency, Labor market efficiency, Financial market development, Technological readiness, Market size	70	36	21	19, 10, 5
Innovation and Sophistication Factors Business sophistication, Innovation				3, 8

1	Switzerland	6	Japan	11	Hong Kong	16	Australia
2	Sweden	7	Finland	12	United Kingdom	17	Quatar
3	Singapore	8	Netherlands	13	Taiwan, China	18	Austria
4	United States	9	Denmark	14	Norway	19	Belgium
5	**Germany**	10	Canada	15	France	20	Luxembourg

Abbildung 35:   Globale Wettbewerbsposition des Wirtschaftsstandorts Deutschland (Quelle: WEF 2010)

Positiv hervorzuheben ist die politische Förderung des Cluster-Gedankens auf regionaler Ebene. Unter einem Cluster ist die räumliche Konzentration branchenbezogen miteinander verbundener Unternehmen (Hersteller und Zulieferer) sowie den dazugehörenden unterstützenden Institutionen (Forschung und Lehre, Wirtschaftsförderung etc.) zu verstehen *(vgl. Wirtschaftsförderung Region Stuttgart 2005).* Die regionale Vernetzung von Unternehmen und unterstützenden Institutionen entlang einer Wertschöpfungskette führt zu Synergie-Effekten und der Herausbildung spezifischer Kompetenzfelder. So entsteht in einem Cluster ein branchenbezogen qualifiziertes Arbeitskräfte- und Wissenschaftspotenzial.

Automobil-Cluster haben sich in Deutschland dort herausgebildet, wo ein oder mehrere Automobilhersteller Entwicklungs- und Produktionsstandorte haben, von denen eine entsprechende Sogwirkung auf Zulieferer, automobilnahe Dienstleister, Forschungseinrichtungen und Hochschulen ausging. Beispielhaft sei hier das Automobil-Cluster in der Region Stuttgart erwähnt, das nicht nur in Deutschland, sondern weltweit zu den bedeutendsten Clustern dieser Art gehört. Es umfasst neben den beiden Automobilherstellern Daimler und Porsche eine kaum noch überschaubare Anzahl großer aber auch mittelständischer Zulieferer und Dienstleistungsunternehmen (**Abbildung 36**). Außerdem gibt es ein breites Angebot an wissenschaftlichen und wissenschaftsnahen Einrichtungen. Insgesamt umfasst das Automobil-Cluster Stuttgart rund 110.000 Beschäftigte auf unterschiedlichen Qualifikationsniveaus.

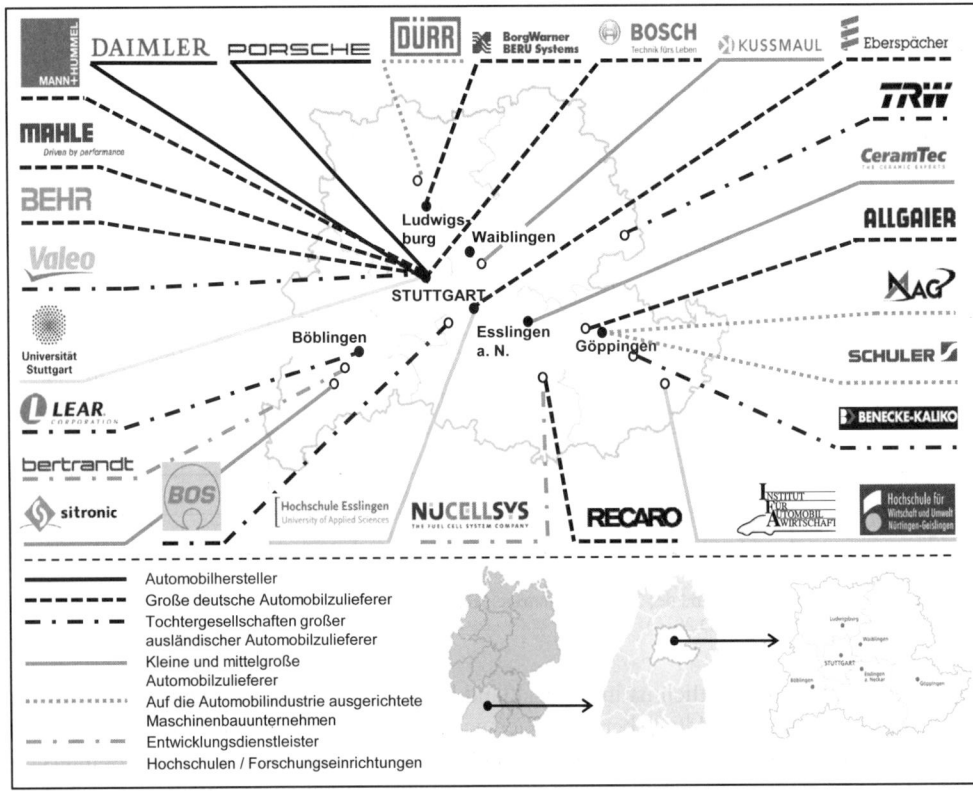

Abbildung 36:   Automobilcluster Region Stuttgart
                 (Quelle: Eigene Darstellung)

5.2.2 Ausbildungs- und Qualifikationsniveau

Einer der wichtigsten Standortfaktoren für Unternehmen, die technisch anspruchsvolle Produkte herstellen, ist das Vorhandensein qualifizierter und motivierter Mitarbeiter. Das deutsche Ausbildungssystem hat seine Stärken in der Sicherstellung einer breiten, elementaren Schulbildung, vor allem aber in einer qualifizierten Berufsausbildung im Rahmen des dualen Ausbildungssystems. So verfügen in Deutschland 60 Prozent der 25- bis 64-jährigen Bevölkerung über eine abgeschlossene Berufsausbildung. Dies stellt im internationalen Vergleich ein Spitzenwert dar. Nur Tschechien und Polen haben unter den wichtigen Automobilproduktionsländern einen noch höheren Anteil an qualifizierten Berufstätigen im erwerbsfähigen Alter (**Tabelle 16**). Der hohe berufliche Qualifikationsstand ist eine der Voraussetzungen für die Produktion qualitativ hochwertiger Produkte und Dienstleistungen.

Ausbildungsstand	elementare Schulbildung, Sekundarstufe I			Berufsausbildung, Sekundarstufe II, post-sekundäre Ausbildung			Abschluss im tertiären Bildungsbereich		
Länder	1998	2003	2008	1998	2003	2008	1998	2003	2008
Deutschland	16	17	15	61	59	60	23	24	25
Frankreich	39	35	30	40	41	43	21	24	27
Großbritannien	40	35	30	36	37	37	24	28	33
Italien	59	52	47	32	38	39	9	10	14
Japan	20	0	0	49	63	57	31	37	43
Korea	34	27	21	44	44	43	22	29	37
Mexiko	72	70	66	15	14	18	13	16	16
Polen	22	17	13	67	68	68	11	14	20
Portugal	82	77	72	10	12	14	8	11	14
Schweden	24	18	15	48	49	53	28	33	32
Spanien	67	57	49	13	18	22	20	25	29
Tschechien	15	14	9	75	74	76	10	12	14
Türkei	78	74	70	14	17	18	7	10	12
Ungarn	37	26	20	50	59	61	13	15	19
USA	14	12	11	52	49	48	35	38	41

Tabelle 16:   Ausbildungsstand der 25- bis 64-jährigen Bevölkerung im internationalen Vergleich (Quelle: OECD 2010)

Deutlich unterdurchschnittlich ist in Deutschland hingegen der Anteil an Personen mit einem Abschluss im tertiären Bildungsbereich. Hier wird Deutschland von anderen Nationen, wie Japan, den USA, aber auch Großbritannien und Südkorea übertroffen. Gerade in der jüngsten Vergangenheit zeigt sich in Deutschland ein erhebliches Defizit an Ingenieuren in verschiedenen Fachrichtungen, das auch für die deutschen Automobilhersteller ein zunehmendes Problem darstellt (**Abbildung 37**).

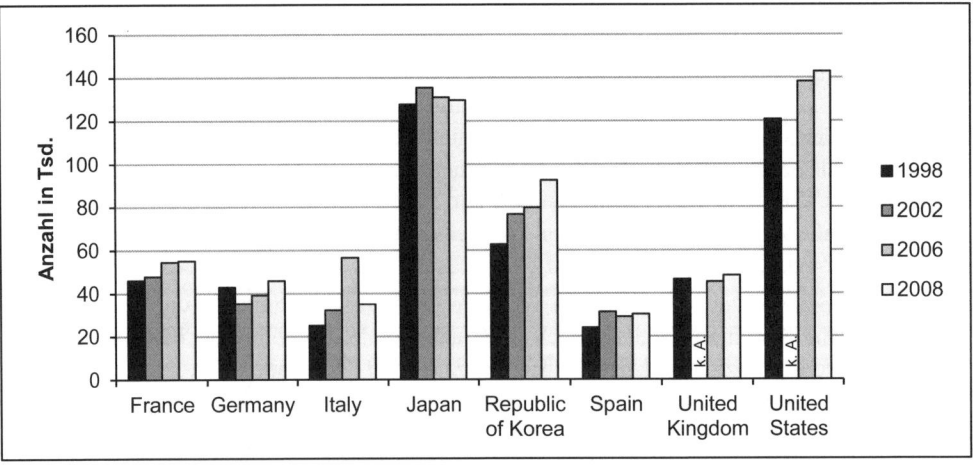

Abbildung 37:   Entwicklung der Absolventen ingenieurwissenschaftlicher Studiengänge im internationalen
                 Vergleich
                 (Quelle: OECD 2010)

Besonders auffallend ist vor allem der nach wie vor sehr niedrige Anteil von weiblichen
Studierenden in ingenieurwissenschaftlichen Studiengängen. Wie **Abbildung 38** zeigt, ist der
Anteil von Frauen in den Ingenieurwissenschaften seit Ende der 1990er Jahre gestiegen,
verharrt aber seit dem Jahr 2004 auf einem relativ niedrigen Niveau. Ein wichtiger Beitrag
zur Steigerung der Wettbewerbsfähigkeit der deutschen Automobilindustrie wäre daher eine
gezielte Förderung des ingenieurwissenschaftlichen Studiums für Frauen.

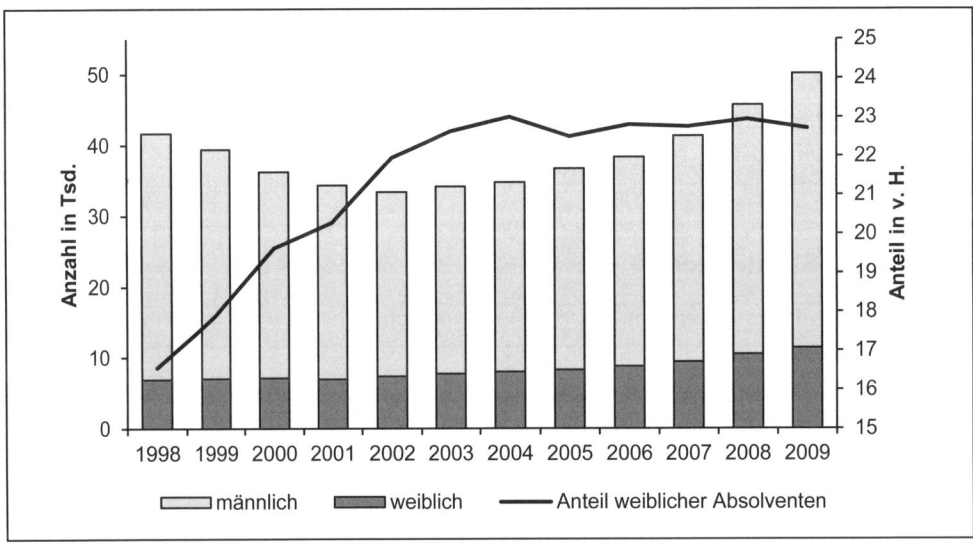

Abbildung 38:   Entwicklung der Absolventen Ingenieurwissenschaftlicher Studiengänge (Diplom, Bachelor,
                 Master) in Deutschland
                 (Quelle: Statistisches Bundesamt)

5.2.3   Infrastruktur

Die Entwicklung und vor allem die Produktion von Automobilen ist ein extrem arbeitsteili-
ger Prozess *(vgl. Diez/Reindl 2005, S. 71 ff.)*. Aufgrund der immer stärkeren technologischen
Ausdifferenzierung des Produktes ist die Fertigungstiefe in der Automobilbranche deutlich
von rund 40 Prozent in den 1970er Jahren auf heute etwa 25 Prozent gesunken. Umgekehrt
bedeutet dies, dass ein immer größerer Teil der Wertschöpfung auf Zulieferer entfällt und
eine wachsende Zahl von Lieferanten in das Entwicklungs- und Produktionsnetzwerk inte-
griert werden muss.

Da es sich bei vielen der zugelieferten Teile um hochwertige Aggregate und Komponenten
handelt, ist die Automobilindustrie weltweit einer der Vorreiter bei der Entwicklung und
Implementierung effizienter Logistikstrukturen. Just-in-Time oder Just-in-Sequence sind
logistische Konzepte, die vor allem in der Automobilindustrie Einsatz finden. Voraussetzung
für die Umsetzung möglichst bestandsloser Lieferketten ist eine quantitativ wie auch qualitativ gut ausgebaute Infrastruktur. Das betrifft die physische Infrastruktur, also vor allem die
Verkehrswege, ebenso wie die informationstechnische Infrastruktur.

Wie in Kapitel 5.2.1 dargestellt, erhält Deutschland im Hinblick auf die Infrastruktur in
internationalen Vergleichen sehr gute Noten. Tatsächlich verfügt Deutschland über eine
überdurchschnittlich gut ausgebaute Verkehrs-, Energie- und Kommunikationsinfrastruktur.
Problematisch sind im Hinblick auf den Straßengüterverkehr jedoch drei Bereiche:

- Die Verteuerung des Straßengüterfernverkehrs durch steigende Mautgebühren, die die
  Logistikkosten tendenziell weiter erhöhen.

- Die zunehmende Straßenbelastung, die zu einer wachsenden Zahl von Verkehrsstaus
  führt. Über ein Viertel der Gesamtlänge der deutschen Autobahnen gilt heute als hoch
  belastet. Nach Angaben der Bundesregierung werden in Deutschland über 100.000 Staus
  mit 180.000 Staustunden pro Jahr gezählt *(vgl. VDA Jahresbericht 2010, S. 197)*.

- Schließlich erschweren auch zahlreiche Ein- und Durchfahrtsbeschränkungen in Städten
  die Gütermobilität auf der Straße.

Insgesamt gehört die Infrastruktur sicher zu den standortbezogenen Pluspunkten für die deutsche Automobilindustrie. Nachteilig sind allerdings die teilweise hohen Kosten für deren
Inanspruchnahme, die auf die Preise von Vor- und Endprodukten überwälzt werden müssen.

5.2.4   Standortkosten

Deutschland gilt im internationalen Vergleich branchenübergreifend als ein Hochkostenstandort. Als wichtige Kostenfaktoren werden dabei vor allem die Arbeits- und Energiekosten sowie die Steuerbelastung genannt. Vor allem der Einfluss der Steuerbelastung auf die
Wettbewerbsfähigkeit ist jedoch umstritten, da bei internationalen Steuer-Vergleichen neben
den jeweiligen Steuersätzen auch die Gestaltungsmöglichkeiten im Hinblick auf die jeweilige Steuerbemessungsgrundlage berücksichtigt werden müssen *(vgl. Müller/Kornmeier 2000,
S. 173 ff.)*.

Unbestritten hoch sind in Deutschland die Arbeitskosten. Mit 43,76 Euro je Stunde lagen die
Arbeitskosten in der deutschen Automobilindustrie im Jahr 2010 unter den Automobilpro-
duktionsländern an der Spitze. Sie übertrafen das Niveau der USA um 58,3 Prozent und das
Japans um immerhin auch noch 29,2 Prozent. Sehr deutlich ist der Kostenabstand zu den

osteuropäischen Ländern: In Tschechien betrugen die Arbeitskosten nur 23,7 Prozent des deutschen Niveaus, in Ungarn 18,5 Prozent, in Polen 17,2 Prozent und in Rumänien gar nur 9,5 Prozent (**Abbildung 39**).

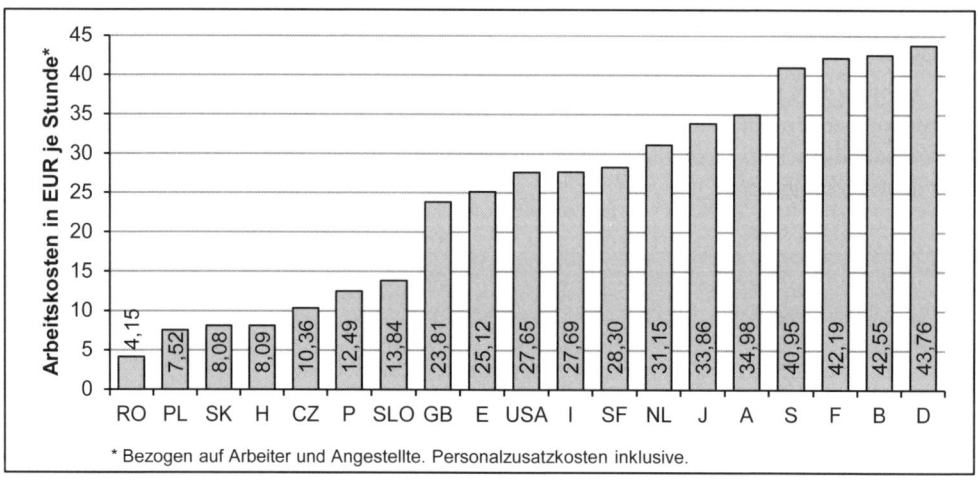

Abbildung 39:   Arbeitskosten in der Automobilindustrie im internationalen Vergleich, 2010
                 (Quelle: Verband der Automobilindustrie VDA)

Dass diese Situation nicht neu ist, zeigt **Abbildung 40**. Schon im Jahr 2000 lagen die Arbeitskosten in Deutschland deutlich über dem heutigen Niveau anderer Automobilproduktionsländer und haben sich seither weiter erhöht. So lag der Anstieg der Arbeitskosten zwischen 2000 und 2010 bei insgesamt 15,8 Prozent, was einer jahresdurchschnittlichen Zuwachsrate von knapp 1,5 Prozent entspricht.

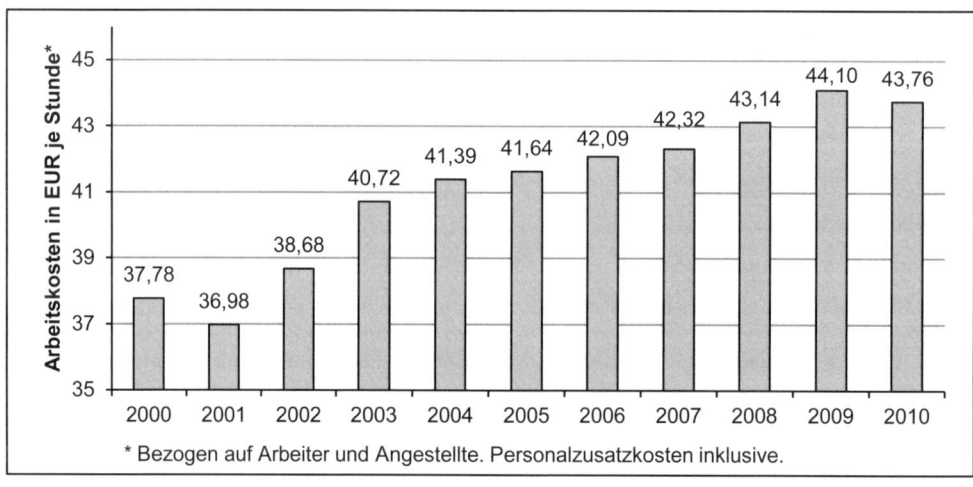

Abbildung 40:   Entwicklung der Arbeitskosten in der deutschen Automobilindustrie
                 (Quelle: Verband der Automobilindustrie VDA)

Das Arbeitskostenniveau in Deutschland spiegelt sowohl das überdurchschnittliche Qualifi-kationsniveau der Mitarbeiter wider wie auch die hohe Produktivität. Leider liegen dazu keine aktuellen internationalen Vergleichswerte vor. Die letzten verfügbaren Daten stammen aus dem Jahr 2007. Da davon auszugehen ist, dass sich die Relationen kurzfristig nicht gra-vierend verschieben, dürften diese älteren Daten jedoch zumindest die ungefähren Produkti-vitätsunterschiede in der Weltautomobilindustrie zum Ausdruck bringen.

Wie **Abbildung 41** zeigt, belegt Deutschland im Jahr 2007 nach Japan den zweiten Platz im internationalen Produktivitätsranking. Nur wenig dahinter liegen die USA. Demgegenüber hinken einige der Billig-Lohnländer wie Tschechien und Polen im Hinblick auf die Produkti-vität deutlich hinterher.

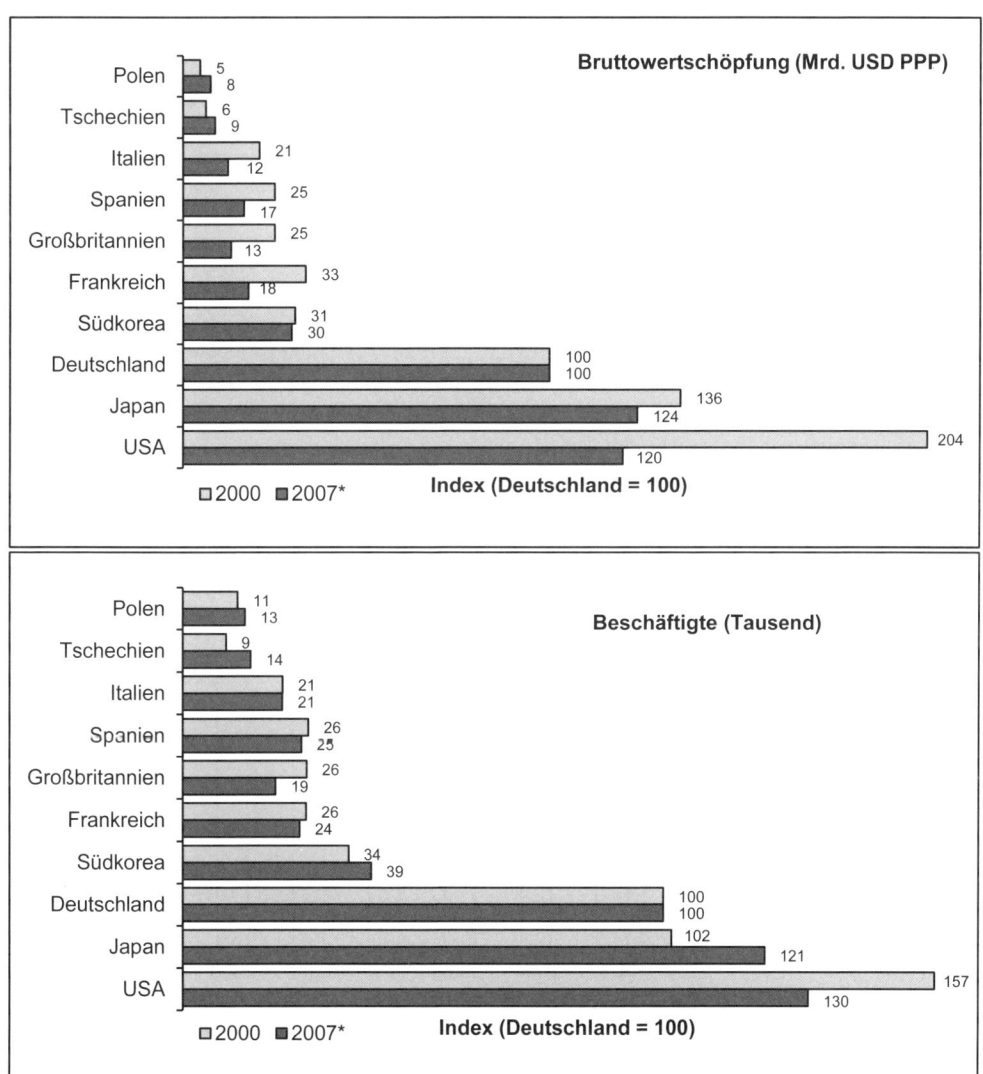

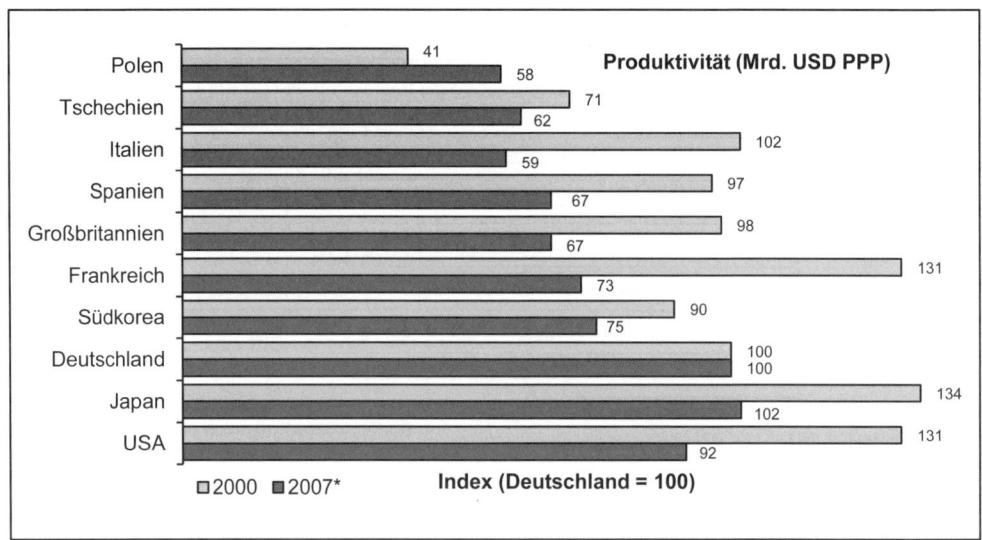

* Werte für Polen und Japan von 2006

Abbildung 41:   Produktivität in der Automobilindustrie im internationalen Vergleich
                 (Quelle: EU KLEMS; eigene Berechnungen)

Entscheidend für die preisliche Wettbewerbsfähigkeit sind letztlich die Lohnstückkosten, die sich aus der Division der Arbeitskosten durch die Produktivität ergeben. Hierfür muss ersatzweise auf die Zahlen für das gesamte Verarbeitende Gewerbe zurückgegriffen werden. Nach Experteneinschätzungen kann davon ausgegangen werden, dass diese Daten auch die Situation in der Automobilindustrie annähernd richtig erfassen.

Wie **Abbildung 42** deutlich macht, kann die hohe industrielle Produktivität in Deutschland die höheren Personalkosten nicht völlig ausgleichen. So sind die Lohnstückkosten, die sich aus der Division der Arbeitskosten mit der Produktivität ergeben, im Jahr 2010 in Großbritannien zwar am höchsten. Die deutschen Lohnstückkosten rangieren aber nur ganz knapp dahinter und liegen gegenüber den USA und Japan um rund 28 Prozent höher.

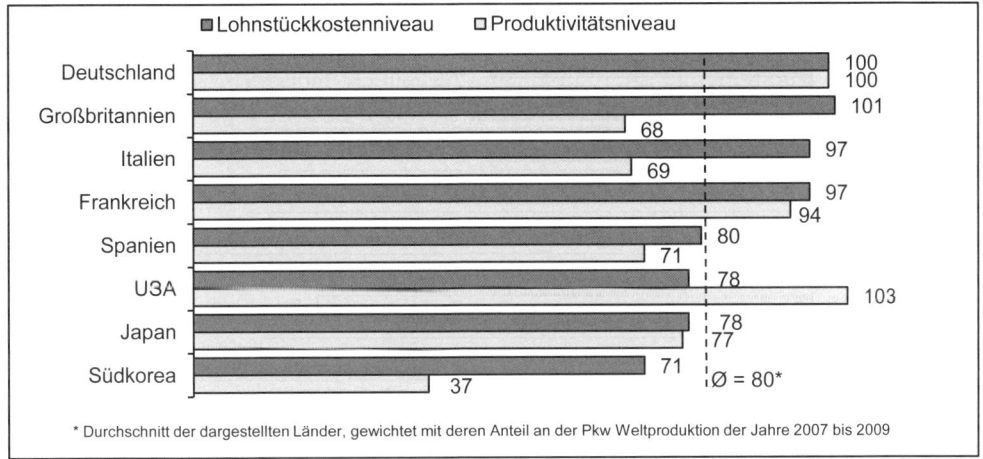

Abbildung 42: Produktivitäts- und Lohnstückkostenniveau im verarbeitenden Gewerbe 2009
(Quelle: Schröder 2010; Verband der Automobilindustrie VDA; eigene Berechnungen)

Die Relevanz der Personalkostennachteile zeigt sich insbesondere im Vergleich mit den geografisch naheliegenden Standorten in Osteuropa. So macht eine Analyse von Roland Berger Strategy Consultants deutlich, dass die durchschnittlichen Kosten eine Zulieferwerks an einem osteuropäischen Low-Cost-Standort trotz höherer Logistik- und Komplexitätskosten sowie einer niedrigeren Arbeitsproduktivität um 12 Prozent unter denen am Standort Deutschland liegen (**Abbildung 43**).

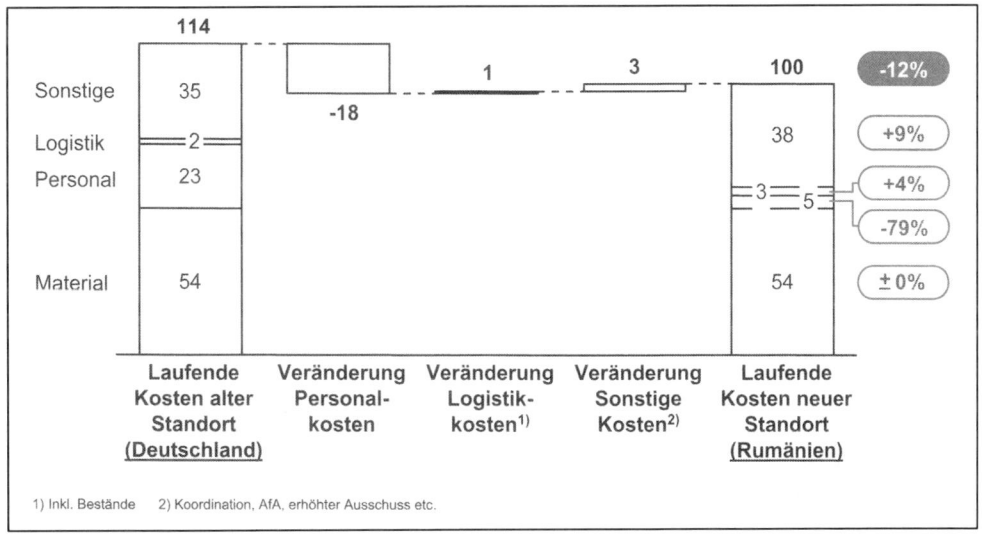

Abbildung 43: Vergleich der durchschnittlichen Kosten eines Zulieferwerks
(Quelle: Berret 2006)

Kostennachteile ergeben sich für die deutsche Automobilindustrie auch im Bereich der Energiekosten, die aufgrund der energieintensiven Produktion für diese Branche von besonderer
Relevanz sind. **Abbildung 44** zeigt Strompreise für mittlere Industriebetriebe mit und ohne
Steuern in ausgewählten europäischen Ländern. Demnach liegen die Strompreise für deutsche Industrieunternehmen mit an der Spitze und sind deutlich höher als in wichtigen Wett-
bewerbsländern.

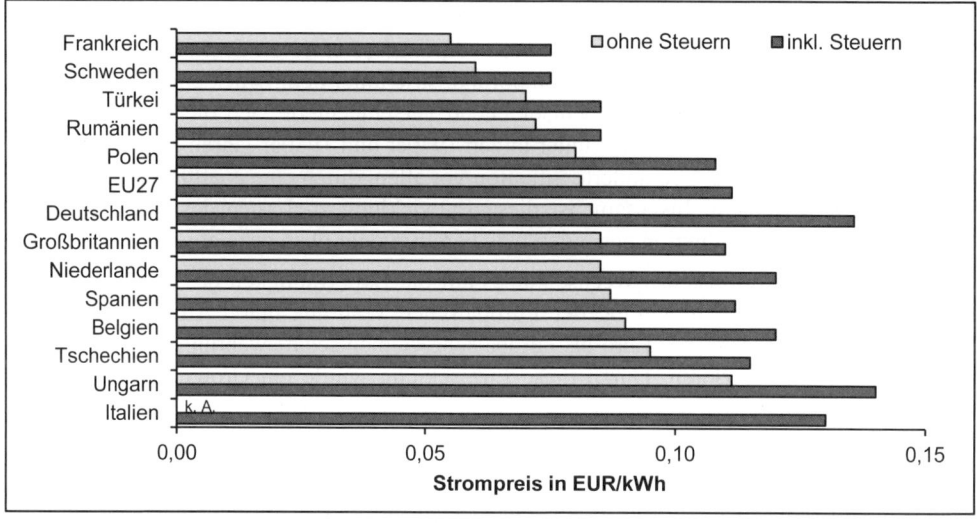

Abbildung 44:   Strompreise im internationalen Vergleich
                 (Quelle: Eurostat 2010)

Das hohe Kostenniveau in Deutschland hat sich über viele Jahre aufgebaut, was bei den
Automobilherstellern zu entsprechenden Anpassungen sowohl bei der Produktionsstruktur
wie auch bei der Standortwahl geführt hat. Die Kostensituation am Automobilstandort
Deutschland bleibt dennoch eine offene Flanke für die deutschen Automobilhersteller und
ihre Zulieferer im internationalen Wettbewerb.

5.2.5   Wechselkursentwicklung

Eine der wichtigsten zugleich aber auch am schwierigsten zu beeinflussenden Determinanten
der Wettbewerbsfähigkeit ist der Wechselkurs. Gerade für einen Automobilstandort wie
Deutschland mit einer Exportquote von rund 70 Prozent hat der Wechselkurs einen großen
Einfluss auf die internationale preisliche Positionierung der Fahrzeuge. Zwar können durch
entsprechende Absicherungsstrategien im Devisenmarkt die kurzfristigen Auswirkungen auf
die preisliche Wettbewerbsfähigkeit gemildert werden. Allerdings sind diese mit höheren
Kosten für die Unternehmen verbunden und bei einem länger anhaltenden Aufwertungstrend
nicht durchzuhalten. In der Konsequenz bleibt dann nur die Strategie des Natural Hedgings,
also die Verlagerung von Produktionsumfängen in die jeweiligen Zielländer oder eine verstärkte Beschaffung aus diesen Zielländern *(vgl. Garcia Sanz 2007, S. 5)*.

Der Aufstieg der deutschen Automobilindustrie nach dem Zweiten Weltkrieg ist sehr eng mit der bis Anfang der 1970er Jahre bestehenden chronischen Unterbewertung der D-Mark verbunden gewesen. Sie hat ganz wesentlich zur Wettbewerbsstärke der deutschen Automobilhersteller sowohl auf den europäischen wie auch überseeischen Märkten, insbesondere in Nordamerika, beigetragen. Allerdings steht die deutsche Automobilindustrie damit weltweit nicht alleine: Auch die Exportstärke der japanischen und südkoreanischen Automobilhersteller basierte lange Zeit auf unterbewerteten Währungen. Nicht zuletzt aus diesem Grund sträubt sich China bis heute gegen eine Entkopplung seiner Währung vom US-Dollar.

Spätestens seit dem Zusammenbruch des Weltwährungssystems von Bretton Woods Anfang der 1970er Jahre stand die deutsche Automobilindustrie unter dem Druck einer Währung mit starken Aufwertungstendenzen. Dementsprechend verschlechterte sich die preisliche Wettbewerbsfähigkeit der deutschen Hersteller in den 1970er und 1980er Jahren auf vielen Märkten. Sie haben sich an diese veränderte Situation vor allem durch eine qualitative Aufwertung ihrer Produkte angepasst. Insgesamt ist diese Entwicklung zu Lasten des Wachstums der deutschen Automobilproduktion gegangen, wie bereits weiter oben gezeigt wurde.

Zweifellos hat der Einfluss des Wechselkurses auf die Exportfähigkeit der deutschen Automobilindustrie seit der Einrichtung der Europäischen Währungsunion Anfang der 1990er Jahre und der Einführung des Euro als europäische Gemeinschaftswährung zum 01. Januar 2002 an Bedeutung verloren. Durch diese Entwicklung wurde ein Großteil der deutschen Exporte in die europäischen Nachbarstaaten dem Wechselkursrisiko entzogen. Parallel dazu hat der Ausbau der Auslandsproduktion und der weltweiten Beschaffung („global sourcing") die Wechselkursabhängigkeit der deutschen Automobilhersteller und ihrer Zulieferer reduziert.

Dennoch lässt sich – wie **Abbildung 45** zeigt – auch für die jüngere Vergangenheit ein Einfluss der Wechselkursentwicklung auf die Exporte der deutschen Automobilindustrie nachweisen. So hat der starke Aufschwung der PKW-Exporte aus Deutschland ab Mitte der 1990er Jahre zweifellos zahlreiche Gründe. Neben der Erholung der weltweiten Automobilkonjunktur und der Ausweitung der Modellprogramme hat dazu aber sicher auch der Rückgang des realen effektiven Außenwertes der D-Mark in dieser Phase dazu beigetragen. Auffällig ist jedenfalls, dass mit dem im Jahr 2000 einsetzenden Aufwertungstrend, der im Zusammenhang mit dem Einführung des Euro steht, sich der Exportanstieg der deutschen Automobilhersteller deutlich abschwächt. Auch hier spielte allerdings das Abflachen der Weltkonjunktur eine wichtige Rolle.

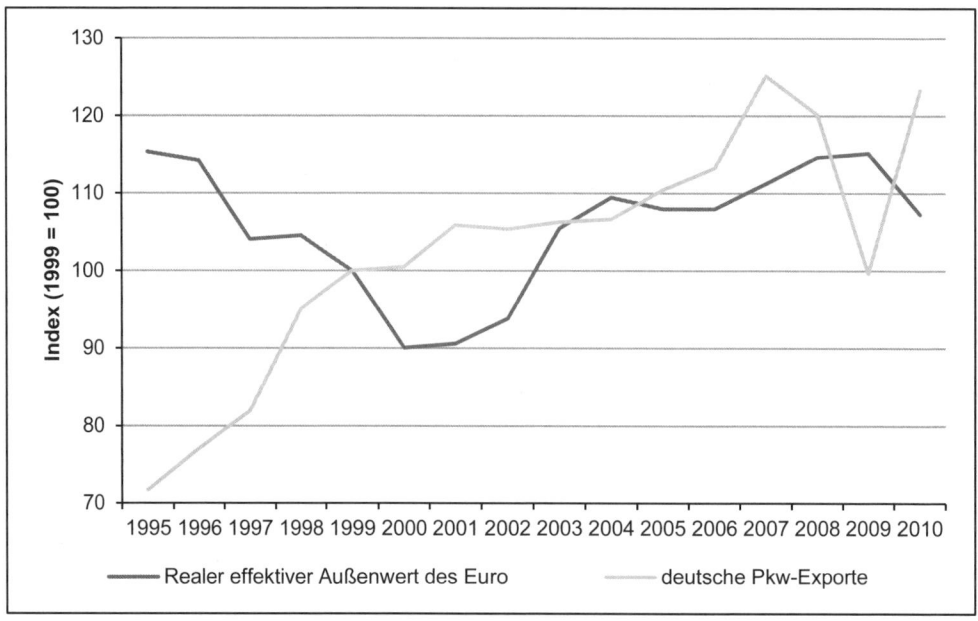

Abbildung 45:   Entwicklung des realen Außenwertes des Euro sowie der deutschen PKW-Exporte
                 (Quelle: Deutsche Bundesbank; Verband der Automobilindustrie VDA; eigene Berechnungen)

Mit der ab dem Jahr 2004 einsetzenden Abwertung des Euro stiegen die Exporte wieder an, wobei ein Time-Lag zwischen der Entwicklung beider Größen von etwa einem Jahr erkennbar ist. Die Entwicklung der PKW-Exporte von 2008 bis 2010 ist dann sehr stark durch die Turbulenzen der weltweiten Finanzkrise beeinflusst. Die Euro-Schwäche seit dem Jahr 2010 dürfte mit zum Export-Boom der deutschen Automobilindustrie in diesem und im Jahr 2011 beigetragen haben.

Eine mittel- und längerfristige Prognose des Euro-Wechselkurses ist angesichts der extremen Volatilität der Finanzmärkte, der Euro-Schuldenkrise sowie der globalen politischen Interventionen in den Devisenmarkt nicht möglich. Tendenziell zeichnet sich jedoch ein Szenario ab, in dem der Euro neben dem US-Dollar eine wichtige Rolle als weltweite Leitwährung spielt. Ein solches Szenario macht eine drastische Abwertung des Euro gegenüber dem US-Dollar über die nächsten Jahre wenig wahrscheinlich.

5.2.6   Zwischenfazit: Der Einfluss der standortbedingten Faktoren auf die Wettbewerbsfähigkeit der deutschen Automobilindustrie

Das Profil des Wirtschaftsstandorts Deutschland und sein Einfluss auf die Wettbewerbsfähigkeit der deutschen Automobilindustrie lässt sich relativ klar und eindeutig bestimmen: Den unbestreitbaren Stärken im Hinblick auf politische Stabilität, Mitarbeiterqualifikation und Infrastruktur stehen vor allem die deutlichen Nachteile im Bereich der Personal- und Energiekosten gegenüber.

Es spricht wenig dafür, dass sich das aufgezeigte Profil mittel- und längerfristig gravierend verändern wird. Dementsprechend können Produktion und Beschäftigung am Standort Deutschland auch künftig nur über qualitativ hochwertige und technisch fortschrittliche Produkte gesichert werden. Angesichts der globalen Verschiebungen auf dem Weltautomobilmarkt und dem voraussehbaren Auftreten neuer Wettbewerber kann jedoch die Prognose gewagt werden, dass der internationale Standortwettbewerb in Zukunft an Intensität zunehmen wird. Dem wird sich auch der Automobilstandort Deutschland nicht entziehen können.

Tabelle 17 zeigt zusammengefasst das Stärken-Schwächen-Profil des Industriestandorts Deutschland.

Standortbezogene Determinanten	Stärken	Schwächen
Politische Rahmenbedingungen	hohe politische Stabilität und sozialer Frieden	Rigiditäten auf dem Arbeitsmarkt, hohe Steuerbelastung
Ausbildung und Qualifikation	breite Basisqualifikation	unterdurchschnittliche Zahl von Akademikern, Ingenieurmangel
Infrastruktur	gut ausgebaute Verkehrs-, Energie- und Kommunikationsinfrastruktur	zunehmende Überlastung des Straßennetzes, Verteuerung des Gütertransports auf der Straße
Standortkosten	hohe Produktivität	hohe Personal- und Energiekosten
Wechselkursentwicklung	Wechselkurssicherheit im Euro-Raum	hohe Volatilität gegenüber Dollar und Yen

Tabelle 17:   Stärken und Schwächen des Wirtschaftsstandortes Deutschland
(Quelle: Eigene Darstellung)

5.3   Branchenspezifische Faktoren

5.3.1   Historische und kulturelle Faktoren

Die deutsche Automobilindustrie war und ist seit ihren Anfängen von einer hohen Werk-Ethik gekennzeichnet. Anders etwa als Henry Ford in den USA oder André Citroën in Frankreich, denen es vor allem darum ging, das Auto auch für den Durchschnittsbürger bezahlbar zu machen und die sich daher sehr stark auf die Optimierung der Produktionsabläufe zur Steigerung der Produktivität konzentrierten, lag der Fokus vieler deutscher Unternehmensgründer eher auf der technischen Vervollkommnung des Produktes *(vgl. Eckermann 1984, S. 68 ff.)*. Legendär schon hat dieses Streben in einer apodiktischen Feststellung eines der Erfinder des Automobils, Gottlieb Daimler, Ausdruck gefunden: Mit seinem Grundsatz „Das Beste oder Nichts" hat er einen hohen Anspruch an sich und seine Mitarbeiter formuliert, der die Branchenkultur über den Kreis seines Unternehmens hinaus geprägt hat. Auch die Maxime von Robert Bosch „Lieber Geld verlieren als Vertrauen" zielt in die Richtung, die weitere Verbesserung der Produkte ganz in den Mittelpunkt der unternehmerischen Tätigkeit zu stellen.

Selbst als der Siegeszug der in Massenfertigung hergestellten Fahrzeuge in den UDA sichtbar war, hatten deutsche Ingenieure noch große Vorbehalte gegen derart „seelenlose" Produkte: „Carl Benz kritisierte 1929 den amerikanischen Autobau und war sich mit vielen deutschen Herstellern einig im Beharren auf ingenieurmäßig ´durchkonstruierte Fahrmaschinen´ ohne Rücksicht auf massenhafte Vermarktung oder wirtschaftliche Fertigung" *(Möser 2002, S. 166).*

Ursache wie auch Folge dieser historischen Entwicklung ist eine sehr starke Technikorientierung, die die deutsche Automobilindustrie in ihrer 125-jährigen Geschichte geprägt hat. Dies hat zuweilen dazu geführt, dass betriebswirtschaftliche Überlegungen in der Firmenpolitik eine nur untergeordnete Rolle spielten – mit teilweise tragischen Konsequenzen für die betroffenen Unternehmen. Andererseits beruht das Renommee des „Made in Germany" oder „German Engineering" ganz wesentlich auf der starken Technik-Dominanz, die nicht nur das Image der deutschen Automobilhersteller, sondern auch deren Management bis hinein in die Besetzung der Führungsgremien prägt. Solidität und Seriosität sind bis heute weltweit anerkannte Markenzeichen der deutschen Automobilhersteller. Gleichzeitig bestimmen sie aber auch die Unternehmenskultur und erzeugen ein starkes Commitment der Mitarbeiter in Richtung Qualität und Innovation.

5.3.2   Innovations- und Technologieorientierung

Vor dem genannten historischen Hintergrund ist es wenig überraschend, dass die deutsche Automobilindustrie durch eine starke Innovations- und Technologieorientierung bis heute geprägt ist. Eine Entwicklung wie sie etwa in den USA in den 1960er Jahren feststellbar war, nämlich der Trend zur „planned obsolescence", also zur Ankurbelung der Automobilnachfrage durch einen „geplanten Verschleiß", wäre für die deutsche Automobilindustrie nie denkbar gewesen. Statt bloßer Designwechsel stand die technische und qualitative Weiterentwicklung der Fahrzeuge immer im Mittelpunkt der Modellwechselstrategien *(vgl. Diez 2006, S. 136).*

Die Innovationskraft der deutschen Automobilhersteller und ihrer Zulieferer unterstreicht ein Blick in die Patentstatistik (**Abbildung 46**). Der Anteil Deutschlands an den weltweiten Patentanmeldungen in der Automobilindustrie liegt mit nur geringen Schwankungen seit Mitte der 1990er Jahre bei gut 30 Prozent. Die anderen traditionellen Automobilnationen folgen mit deutlichem Abstand.

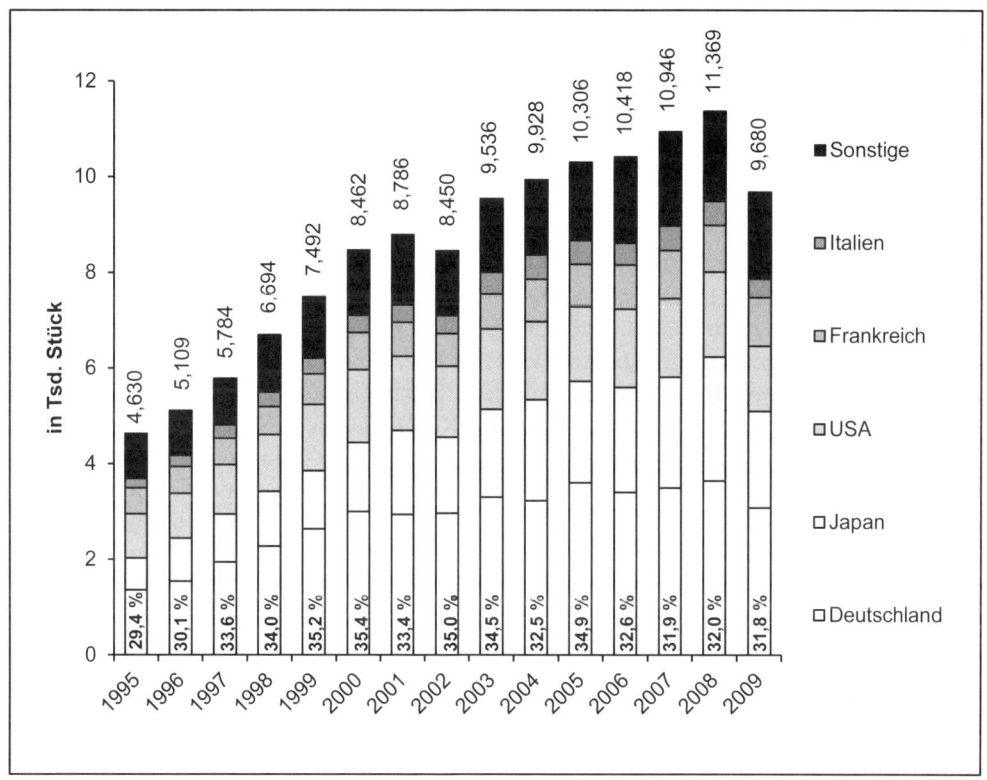

Abbildung 46: Entwicklung der Patentanmeldungen in der Automobilindustrie
(Quelle: Verband der Automobilindustrie VDA)

Basis dieser starken Innovationskraft sind die hohen und im Zeitablauf noch gestiegenen Aufwendungen der deutschen Automobilindustrie für Forschung und Entwicklung. Sie haben sich seit dem Jahr 1998 fast verdoppelt und lagen trotz der Verwerfungen durch die Finanzkrise im Jahr 2010 mit 19,62 Mrd. Euro fast auf dem Spitzenniveau des Jahres 2008 (siehe Kapitel 3.7.1).

Ein Indikator für die Technologie- und Innovationsorientierung der deutschen Automobilindustrie ist die F&E-Intensität, hier definiert als Anteil der Ausgaben für Forschung und Entwicklung am Umsatz. Wie eine Übersicht über die größten Automobilhersteller und -zulieferer deutlich macht, lag die F&E-Intensität der großen deutschen Automobilhersteller im Jahr 2010 zwischen 4,8 und 5,0 Prozent und damit auf einem vergleichsweise hohen Niveau. Weltmarktführer Toyota wies im gleichen Zeitraum eine F&E-Intensität von 3,8 Prozent auf (**Tabelle 18**). Bezieht man die Zulieferindustrie mit ein, so lag die F&E-Intensität der deutschen Automobilindustrie im Jahr 2010 im Durchschnitt bei 6,2 Prozent.

No.	Company	Country	F&E-Investitionen	Umsatz	Beschäftigte	F&E-Intensität	
			2010	2010	2010	2010	2009
			in Mio. EUR	in Mio. EUR		in % vom Umsatz	in % vom Umsatz
1	Toyota Motor	Japan	6.666,69	174.179,65	320.590	3,8	4,4
2	Volkswagen	Germany	6.258,00	126.875,00	351.907	4,9	5,7
3	General Motors	USA	5.189,60	101.072,63	202.000	5,2	5,3
4	Daimler	Germany	4.852,00	97.761,00	258.120	5,0	5,3
5	Honda Motor	Japan	4.258,72	78.851,76	176.815	5,5	5,6
6	Robert Bosch	Germany	3.824,00	47.259,00	276.418	8,1	9,4
7	Ford Motor	USA	3.727,09	96.124,55	164.000	3,9	4,1
8	Nissan Motor	Japan	3.542,75	69.091,79	169.298	5,1	5,4
9	BMW	Germany	2.773,00	58.365,00	94.446	4,8	5,1
10	Denso	Japan	2.482,30	27.359,13	120.812	9,1	9,5
11	Peugeot (PSA)	France	2.402,00	56.061,00	198.220	4,3	4,8
12	Fiat	Italy	1.936,00	57.222,00	196.723	3,4	3,4
13	Renault	France	1.728,00	38.158,00	124.749	4,5	5,0
14	Hyundai Motor	South Korea	1.587,04	73.952,60	k. A.	2,2	2,4
15	Continental	Germany	1.524,90	26.046,90	142.695	5,9	7,0
16	Suzuki Motor	Japan	999,84	22.693,32	51.503	4,4	3,8
17	Aisin Seiki	Japan	929,24	18.882,81	73.213	4,9	5,2
18	Porsche	Germany	924,00	46.349,00	148.199	2,0	11,3
19	Mazda Motor	Japan	783,13	19.889,00	38.987	3,9	3,8
20	Bridgestone	Japan	782,66	26.301,29	139.822	3,0	3,3
21	Delphi Automotive	USA	745,42	10.299,43	99.700	7,2	8,8
22	ZF	Germany	621,00	12.907,00	62.558	4,8	6,5
23	Valeo	France	557,00	9.632,00	57.930	5,8	6,8
24	Michelin	France	545,00	17.891,00	110.007	3,1	3,4
25	Yamaha Motor	Japan	507,19	11.894,44	52.184	4,3	5,4
26	Fuji Heavy Industries	Japan	341,68	13.131,19	27.586	2,6	3,0
27	Hella	Germany	322,80	3.549,55	22.852	9,1	10,6
28	Tata Motors	India	311,92	20.527,49	k. A.	1,5	1,3
29	MAHLE	Germany	309,99	5.260,57	44.151	5,9	6,4
30	Johnson Controls	USA	304,13	25.571,54	137.000	1,2	1,2
31	Dongfeng Motor	Hong Kong	296,38	13.845,54	96.255	2,1	2,3
32	Toyota Boshoku	Japan	275,93	8.765,79	27.613	3,2	3,0
33	Autoliv	USA	269,32	5.345,09	34.600	5,0	6,3
34	Visteon	USA	262,39	5.544,91	26.500	4,7	4,9
35	Goodyear	USA	254,93	14.037,70	72.000	1,8	2,0
36	Toyoda Gosei	Japan	239,57	4.549,60	26.084	5,3	4,6
37	Rheinmetall	Germany	214,00	3.989,00	20.079	5,4	5,8
38	Behr	Germany	209,00	3.349,50	16.522	6,2	8,4
39	Mitsubishi Motors	Japan	206,61	13.286,75	31.003	1,6	1,8
40	Calsonic Kansei	Japan	194,82	5.693,40	15.119	3,4	4,1
41	Hyundai Mobis	South Korea	180,62	14.544,93	k. A.	1,2	1,2
42	Toyota Industries	Japan	179,06	12.663,17	38.903	1,4	2,1

No.	Company	Country	F&E-Investitionen	Umsatz	Beschäftigte	F&E-Intensität	
			2010	2010	2010	2010	2009
			in Mio. EUR	in Mio. EUR		in % vom Umsatz	in % vom Umsatz
43	Sumitomo Rubber Industries	Japan	171,86	5.556,45	22.242	3,1	3,4
44	SAIC Motor	China	161,54	15.795,87	4.373	1,0	2,6
45	Koito Manufacturing	Japan	159,01	3.753,91	15.041	4,2	4,7
46	Spyker Cars	The Netherlands	154,26	822,86	3.888	18,8	148,4
47	Tokai Rika	Japan	152,64	3.042,37	15.028	5,0	5,3
48	Pirelli	Italy	150,00	5.143,69	30.329	2,9	3,1
49	ZF Lenksysteme	Germany	139,80	3.002,30	10.480	4,7	5,2
50	BorgWarner	USA	137,90	4.213,70	17.500	3,3	3,9

Tabelle 18:   F&E-Intensität ausgewählter Automobilhersteller und -zulieferer
(Quelle: EU Scoreboard)

5.3.3   Ausrichtung auf Importkonkurrenz

Im Gegensatz zu vielen anderen Automobilmärkten war und ist der deutsche Markt ein für ausländische Anbieter sehr offener Markt. Dementsprechend war die deutsche Automobilindustrie immer einer starken Importkonkurrenz ausgesetzt.

Zwar wirkte die unterbewertete D-Mark in den 50er und 60er Jahren in gewisser Weise als Schutz gegen Importe. Dieser Effekt hat sich jedoch mit der Aufwertung der D-Mark und der Einführung des Euro umgekehrt. Im Gegensatz zu einer Reihe von anderen Ländern hat Deutschland auf Einfuhrbeschränkungen und zeitweise weit verbreitete „Selbstbeschränkungsabkommen" gegenüber anderen Automobilländern, wie etwa Japan, verzichtet. So versuchten zum Beispiel die USA, aber auch Italien und Frankreich viele Jahre Importe aus Japan mit Hilfe von Selbstbeschränkungsabkommen zu begrenzen – mit allerdings nur mäßigem Erfolg. In den USA führte das Selbstbeschränkungsabkommen in den 1980er Jahren zu einem beschleunigten Aufbau von Produktionskapazitäten durch japanische Hersteller und einer schrittweisen Verdrängung der originär US-amerikanischen Automobilhersteller. Lediglich der Außenzoll der Europäischen Gemeinschaft von 10 Prozent auf importierte Fahrzeuge stellt heute eine gewisse Einfuhrbeschränkung und damit einen Schutz des europäischen Marktes dar.

Für viele ausländische Automobilhersteller ist Deutschland sowohl ein Leit- wie auch Testmarkt, denn noch immer gelten die deutschen Autofahrer als besonders anspruchsvoll. Erfolge im deutschen Markt sind daher für viele global aufgestellte Automobilhersteller ein Indikator für international wettbewerbsfähige Produkte.

Die Importquote, also der Anteil ausländischer Fahrzeuge an den gesamten Neuzulassungen, lag in den letzten Jahren bei 30 Prozent (**Abbildung 47**). Der starke Anstieg der Importquote im Jahr 2009 war vor allem auf die „Abwrackprämie" zurückzuführen, die die ausländischen Hersteller von preisgünstigen Kleinwagen tendenziell begünstigt hat. Im Jahr 2010 ist die Importquote wieder auf 30,1 Prozent gefallen (im Vorjahr: 34,1 Prozent).

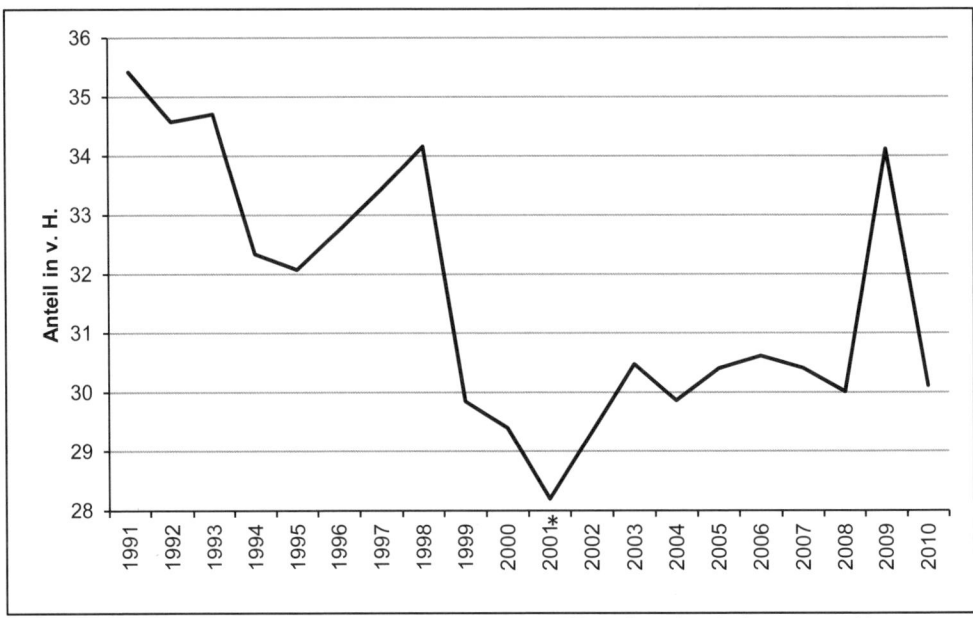

* Seit 1999 werden die im Ausland beheimateten Marken deutscher Automobilhersteller nicht mehr als Importe gezählt.

Abbildung 47:   Entwicklung des Anteils der Importmarken an den PKW-Neuzulassungen in Deutschland
                 (Quelle: Verband der Automobilindustrie VDA)

Im Hinblick auf die gesunkene Importquote ist zu berücksichtigen, dass nach VDA-
Abgrenzung seit dem Jahr 1999 die im Ausland beheimateten Marken deutscher Automobilhersteller nicht mehr als Importe gezählt werden. Dennoch zeigt der Verlauf der Importquote, dass die deutschen Hersteller trotz eines weitgehend offenen Marktes ihre Dominanz auf
ihrem Heimatmarkt behaupten konnten. Dabei spielt auch die starke Position der deutschen
Automobilhersteller im Flottengeschäft eine wichtige Rolle.

Noch vor wenigen Jahren wurden die japanischen Hersteller als die gefährlichsten Angreifer
auf dem deutschen Automobilmarkt angesehen. Tatsächlich verfügten japanische Marken
Anfang der 1990er Jahre über einen Marktanteil von fast 15 Prozent (**Abbildung 48**). In der
zweiten Hälfte der 1990er Jahre machte sich jedoch die Produktoffensive der deutschen
Hersteller bemerkbar, in deren Verlauf gezielt die von japanischen Herstellern dominierten
Nischen wie etwa Geländewagen besetzt wurden, was zu einem deutlichen Rückgang des
Marktanteils der Japaner führte.

In der ersten Hälfte des zurückliegenden Jahrzehnts konnten sie ihren Marktanteil dann wieder steigern, da die zunehmend schwierige Situation auf dem US-Markt zu einer stärkeren
Konzentration auf den europäischen Automobilmarkt führte. Seit dem Jahr 2006 ist er jedoch wieder rückläufig, was auch auf die wachsende Bedeutung des chinesischen Marktes in
den strategischen Überlegungen der japanischen Hersteller zurückzuführen sein dürfte. Insgesamt wurde und wird die Entwicklung der japanischen Importe nach Deutschland auch durch
den Yen-Kurs stark beeinflusst. So war die starke Aufwertung des Yen gegenüber dem Euro
sicher auch eine der Ursachen für die Marktanteilsverluste des Jahres 2010.

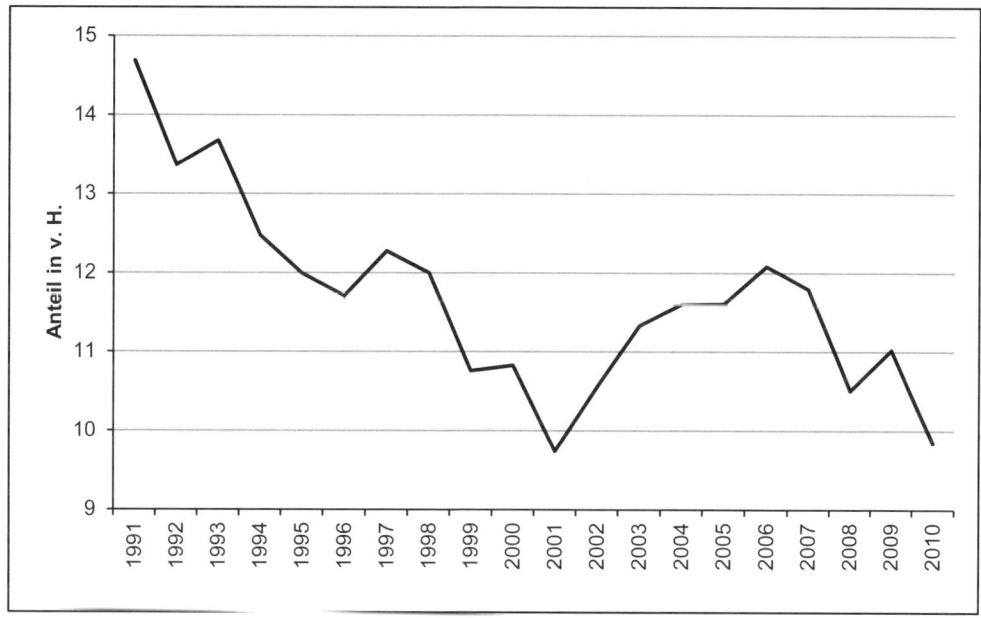

Abbildung 48:   Entwicklung des Anteils japanischer Importmarken an den PKW-Neuzulassungen in Deutschland
(Quelle: Verband der Automobilindustrie VDA)

Die starke Importkonkurrenz hat indirekt zur Steigerung der Wettbewerbsfähigkeit der deutschen Automobilindustrie beigetragen, wobei das, was hier für die Automobilhersteller gesagt wurde, auch und vielleicht sogar noch stärker für die deutschen Automobilzulieferer
Gültigkeit hat. Erfolgreich konnten Hersteller und Zulieferer in einem solchen Umfeld nur
sein, wenn sie die besseren Produkte im Angebot hatten. Dieser „Stachel des internationalen
Wettbewerbs" ist einer der ganz wesentlichen Gründe für die hohe Innovationsdynamik, die
die deutsche Automobilindustrie kennzeichnet.

5.3.4   Zusammenarbeit zwischen Herstellern und Zulieferern

Ein derart komplexes Produkt wie das Automobil erfordert die Zusammenführung unterschiedlicher Technologien im Entwicklungs- und Wertschöpfungsprozess. Die Fertigungstiefe bezeichnet dabei den prozentualen Anteil der Eigenfertigung an der Gesamtfertigung *(vgl.
Krcal 2007, S. 5)*. Ihre Gestaltung ist eine strategische Frage, die einen großen Einfluss auf
die Wettbewerbsstärke von Unternehmen hat *(vgl. Benkenstein 1994, S. 483 ff.)*.

In der deutschen Automobilindustrie ist die Fertigungstiefe in den letzten Jahrzehnten deutlich gesunken. So lag die Fertigungstiefe der deutschen Automobilhersteller im Jahr 1980 bei
53 Prozent. Im Jahr 2010 erreichte sie nur noch 25 Prozent (**Abbildung 49**). Gründe für
diese Entwicklung sind *(vgl. Diez 2001, S. 60 ff.)*:

- Kostenwirtschaftliche Determinanten: (1) die Ausnutzung von Faktorpreisdifferenzen
zwischen Herstellern und Zulieferern, (2) die Nutzung von Economies-of-Scale-Effekten
auf Aggregate- und Teileebene sowie (3) die Variabilisierung fixer Kosten.

- Absatzwirtschaftliche Determinanten: (1) die Sicherung von Innovationen durch Fremd-bezug, (2) die Verbesserung der Qualität durch die Nutzung von Spezialisierungsvortei-len bei den Zulieferern sowie (3) die Realisierung von Zeitvorteilen durch Übernahme von Innovationen von Zulieferern.

- Strategische Determinanten: (1) das Streben nach einer Reduktion der Komplexität bei den Automobilherstellern sowie (2) die Risikoüberwälzung auf nachgelagerte Wert-schöpfungsstufen.

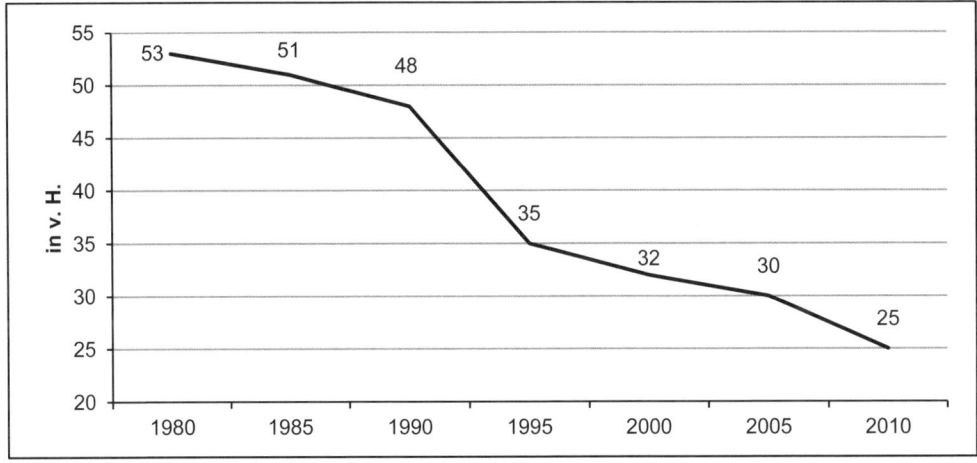

Abbildung 49:   Entwicklung der Fertigungstiefe in der deutschen Automobilindustrie
                 (Quelle: Arnold 2004; eigene Schätzungen)

Gleichzeitig wird das Risiko einer Abhängigkeit von Zulieferern aufgrund der starken Wett-bewerbsintensität auf den Beschaffungsmärkten und der mögliche Verlust an Know-How geringer als in der Vergangenheit eingeschätzt. Darüber hinaus sichern sich die Automobil-hersteller bei strategisch wichtigen Komponenten ihr Know-How durch eine parallele bau-reihenspezifische Eigenfertigung *(vgl. Diess 2011)*.

Angesichts eines Wertschöpfungsanteils von rund 75 Prozent am gesamten Fahrzeugwert ist die Leistungsfähigkeit der Automobilzulieferer ganz wesentlich für die Wettbewerbsfähigkeit der Automobilhersteller. Die deutschen Automobilzulieferer verfügen heute über eine welt-weit führende Position in zahlreichen Technologiebereichen, insbesondere im Bereich der Fahrzeugelektronik und der Antriebstechnik. Ganz besonders zu erwähnen ist hier der Be-reich der Diesel-Technik, der für die deutsche Automobilindustrie insgesamt ein wichtiges Alleinstellungsmerkmal im weltweiten Wettbewerb ist. Selbstverständlich profitieren davon auch ausländische Automobilhersteller, wie umgekehrt die deutschen Automobilhersteller das Know-How ausländischer Lieferanten nutzen. Gleichwohl wäre der Aufstieg der deut-schen Automobilindustrie nach dem Zweiten Weltkrieg und ihre heutige Wettbewerbsstärke nicht ohne eine enge Symbiose zwischen Herstellern und heimischen Zulieferern möglich gewesen.

Kennzeichnend für die deutsche Automobilzulieferindustrie ist die große Zahl mittelständischer Unternehmen, die sich häufig noch mehrheitlich im Familienbesitz befinden oder als Stiftungen organisiert sind. Unter den weltweit 50 größten Automobilzulieferern befinden sich 9 Unternehmen aus Deutschland, darunter auch der weltweit größte Automobilzulieferer, die Robert Bosch GmbH. Bereits auf dem dritten Platz folgt die Continental AG (**Tabelle 19**).

Rang	Firma	Umsatz 2010 (in Mio. USD)	Rang	Firma	Umsatz 2010 (in Mio. USD)
1	**Robert Bosch GmbH**	**34.565**	11	TRW Automotive	14.400
2	Denso Corp.	32.850	12	Delphi Automotive	13.817
3	**Continental AG**	**24.819**	13	Yazaki Corp.	12.531
4	Aisin Seiki Co.	24.613	14	Lear Corp.	11.955
5	Magna International Inc.	23.600	15	Sumitomo	11.228
6	Faurecia	18.220	**16**	**BASF SE**	**10.400**
7	Johnson Controls Inc.	16.600	17	Toyota Boshoku Corp.	10.400
8	**ZF Friedrichshafen AG**	**15.748**	18	Calsonic Kansei Corp.	8.775
9	LG Chem Ltd.	15.500	19	JTEKT Corp.	8.285
10	Hyundai Mobis	14.433	20	Hitachi Automotive	8.011

Tabelle 19:   Top 20 der globalen Automobilzulieferer
                  (Quelle: Automotive News 2011)

Besonders bemerkenswert ist die starke Position deutscher Unternehmen im Bereich der Entwicklungsdienstleister. Dabei handelt es sich um Unternehmen, die in ausgewählten Technologiefeldern über ein spezifisches Know-How verfügen und dies im Rahmen von Entwicklungsprozessen bei den Automobilherstellern einsetzen. Immerhin 21 der weltweit 25 größten Entwicklungsdienstleister kommen aus Deutschland (**Tabelle 20**).

Rang	Unternehmen	Automotive Umsatz 2010		Mitarbeiter		Entwicklungsschwerpunkte
1	AVL List (A)		650,0		4.570	Entwicklung, Simulation, Prüftechnik
2	Edag Engineering (D)		574,1		6.515	Gesamtfahrzeug, Produktionsanlagen, Prototypenbau
3	Bertrandt (D)	ca.	396,0		6.523	Gesamte Prozesskette vom Konzept bis zum Derivat
4	IAV (D)		375,0	ca.	4.000	Elektronik-, Antriebsstrang- und Fahrzeugentwicklung
5	Magna Steyr (A)		315,0		2.400	Gesamtfahrzeug, Prototypen, alternative Antriebe
6	MBtech Group (D)		280,0		2.600	Gesamtfahrzeug, Motor- und Antriebsstrang, E/E
7	Bosch Engineering (D)		270,0	ca.	1.400	Software- u. Funktionsentwicklung, Vernetzung E/E-Systeme
8	R & D Consulting (Altran) (F)	ca.	220,0		17.000	Emissions- und Verbrauchsoptimierung, Infotainment
9	FEV (D)		190,0		1.800	Motoren, alternative Antriebe, E/E-Mess- und Prüftechnik
10	Vector-Gruppe (D)		140,0		930	Steuergeräteentwicklung, -testing, -diagnose, -software
11	Ricardo (GB)		135,3		1.530	Motor, Getriebe, Gesamtfahrzeug, Elektronik
12	Rücker (D)	ca.	130,0	ca.	2.200	Konstruktion, E/E, Versuch, Styling / Berechnung
13	Semcon Holding (D)		129,2		2.700	Gesamtfahrzeug, Module, E/E, Safety, Qualitätssicherung
14	ETAS (D)		121,6		680	Software, Testing, Messungen und Kalibrierungen
15	ESG (D)		84,0		1.500	Integration und Test von E/E- und Embedded-Systemen
16	RLE (D)		80,8	ca.	1.000	Fahrzeugentwicklung, Elektronik, Windindustrie-Engineering
17	Applus IDIADA Fahrzeugtechnik (D)		74,5	ca.	1.050	Gesamtfahrzeug-, Modul- und Bauteileentwicklung
18	Continental Engineering (D)	ca.	70,0	ca.	600	Bremsen, Antriebe, Fahrerassistenz, Fahrzeugintegration
19	Mahle Powertrain (D)		66,0		550	Entwicklung, Konstruktion, Test- und Kontrollsysteme
20	Ferchau (D)		63,0		4.100	Karosserie, Fahrwerk, Motoren, Systeme
21	GIF (D)		46,6		460	Getriebe, Antriebsstrang, Testing, Prüfstände, Messtechnik
22	Benteler Engineering Services (D)		43,0		600	Packaging, virtuelle Prototypen, Automation, Simulation
23	Euro Engineering (D)	>	40,0	>	2.000	Antriebsstrang, Interieur, Exterieur, E/E, Fahrwerk
24	IndustrieHansa (D)		40,0		920	Produktentwicklung, Konstruktion, Prozessplanung, E/E
25	P+Z Engineering (D)		36,0		560	Konstruktion, technische Berechnung & Simulation, E/E

Tabelle 20:   Ranking der umsatzstärksten Entwicklungsdienstleister
               (Quelle: Flörecke, K.-D. 2011)

Anders als in Japan und Südkorea, wo es eine starke, auch kapitalmäßige Verflechtung zwischen den Automobilherstellern und ihren Zulieferern gibt („Keiretsu"), basierte die Zusammenarbeit der deutschen Automobilhersteller mit ihren Lieferanten immer auf einer klaren unternehmerischen Selbständigkeit beider Partner. Dieses „deutsche Modell" mag aufgrund des geringeren vertikalen Integrationsgrades zu höheren Transaktionskosten in der Zusammenarbeit führen. Andererseits fördert es den vertikalen wie auch horizontalen Wettbewerb in der Branche. So werden zum Beispiel „Make or Buy"-Entscheidungen im „deutschen Modell" allein nach betriebswirtschaftlichen Kriterien getroffen. Auch bei Bezugsquellenentscheidungen spielen ausschließlich Aspekte der qualitativen, technologischen und preislichen Wettbewerbsfähigkeit eine Rolle und nicht etwa Überlegungen hinsichtlich der kapitalmäßigen Verbindung mit einzelnen Zulieferern, die dann zur Privilegierung dieser Lieferanten führen könnten. Umgekehrt zwingt ein solches Modell der Zusammenarbeit die Zulieferer dazu, ihre Wettbewerbsfähigkeit ständig zu steigern, um für die Automobilhersteller ein attraktiver Partner zu bleiben.

Es liegt auf der Hand, dass das „deutsche Modell" der Zusammenarbeit zwischen Herstellern und Zulieferern tendenziell konfliktanfälliger ist als das japanische. Insbesondere besteht im „deutschen Modell" die Gefahr, dass Zulieferer in eine starke Abhängigkeit von einzelnen Herstellern und dementsprechend in die Situation eines existenzgefährdenden Preisdrucks kommen können. Auch die Finanzierung von Vorleistungen in Entwicklung und Produktion stellt viele, insbesondere mittelständische Zulieferer vor große Probleme. Dem können und müssen die Zulieferer durch eine möglichst breit diversifizierte Abnehmerstruktur soweit wie möglich entgegenwirken.

Außerdem müssen sich die Zulieferer verstärkt über eigene Innovationsleistungen im Markt differenzieren und sich gegenüber den Automobilherstellern positionieren. Tatsächlich haben die deutschen Automobilzulieferer in den letzten Jahren in einigen Technologiebereichen ein sehr großes, für Automobilhersteller unverzichtbares Know-How aufbauen und damit auch ihre Verhandlungsposition gegenüber den Herstellern stärken können. Längst sind die Zulieferer nicht mehr nur die verlängerte Werkbank des Herstellers, sondern deren Entwicklungspartner *(vgl. Bohr 2011)*.

Um sich das Know-How von Zulieferern zu sichern, spielt die Lieferantenintegration durch eine spezifische Projektarbeit und Lieferantenforen eine zunehmend wichtige Rolle *(vgl. Garcia Sanz 2007, S. 19 f.)*. Ein Instrument, um mit Lieferanten, die über eine große technische Kompetenz verfügen, „auf Augenhöhe" zusammenzuarbeiten, sind sogenannte Partnerschaftsabkommen *(vgl. Semmler/Mahler 2007, S. 43)*. Wichtige Punkte solcher Partnerschaftsabkommen sind:

- Vereinbarung von Mehrjahresverträgen,

- Integration des Lieferanten in den Entwicklungsprozess sowie

- Generierung von Kosteneinsparungen durch gemeinsame Erschließung von Sourcing-Märkten.

Da damit die Abhängigkeit der Hersteller von ihren Lieferanten tendenziell zunimmt, ist im Sinne eines präventiven Risikomanagements eine umfassende Lieferantenbewertung notwendig. Dazu werden heute umfassende Systeme wie etwa die Balanced-Scorecard eingesetzt *(vgl. Garcia Sanz 2007, S. 16)*. Damit soll eine Zusammenarbeit mit technisch und qualitativ überforderten oder wirtschaftlich gefährdeten Lieferanten, die ein Risiko für den Automobilhersteller darstellen, vermieden werden.

In der Zusammenarbeit zwischen Herstellern und Zulieferern hat sich in den 1990er Jahren ein Wandel vollzogen. Die einseitig auf eine Senkung der Einkaufskosten ausgerichteten Strategien („Lopez"-Effekt) sind einer mehrdimensionalen Zielorientierung gewichen, da erkannt wurde, dass es zwischen hoher Qualität und niedrigen Kosten keinen trade-off gibt. Dennoch ist der Kostendruck auf die Zulieferindustrie weiter hoch wie **Abbildung 50** zeigt. So liegt die Preisentwicklung für Teile und Komponenten deutlich unter der von kompletten Fahrzeugen bzw. Motoren

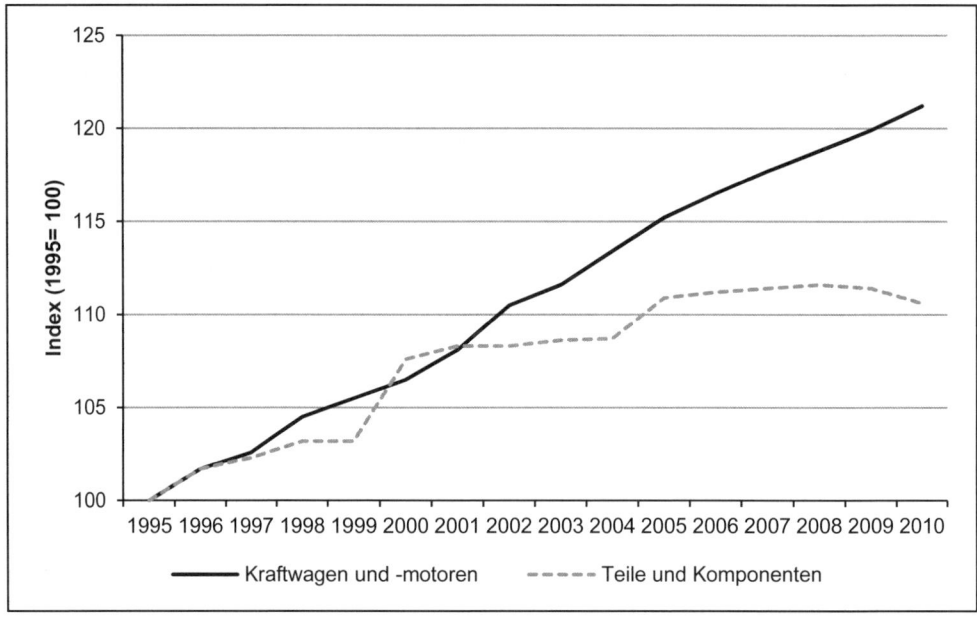

Abbildung 50:   Entwicklung der Erzeugerpreise in der Automobilindustrie
                 (Quelle: Statistisches Bundesamt; eigene Berechnungen)

Ausgelöst wurde dieser Wandel nicht nur durch teilweise erhebliche Qualitätsprobleme einiger Hersteller, sondern auch durch die Einsicht, dass eine schlechte Qualität hohe direkte und indirekte Qualitätskosten verursacht, die sich zum Beispiel durch Produktivitätseinbußen aufgrund von Lieferverzögerungen, zusätzliches gebundenes Kapital für Puffer- und Sicherheitsbestände, außerplanmäßige Produktanlaufkosten etc. ergeben. Der Anteil solcher Qualitätskosten kann bei bis zu 20 Prozent liegen *(vgl. Semmler/Mahler 2007, S. 32)*. Gerade für die deutschen Premiumhersteller ist eine durchgängige Qualitätssicherung von besonderer Bedeutung für ihre Wettbewerbsfähigkeit. Sie umfasst neben dem Monitoring auch das aktive Eingreifen in die Produktionsprozesse der Zulieferer (**Abbildung 51**).

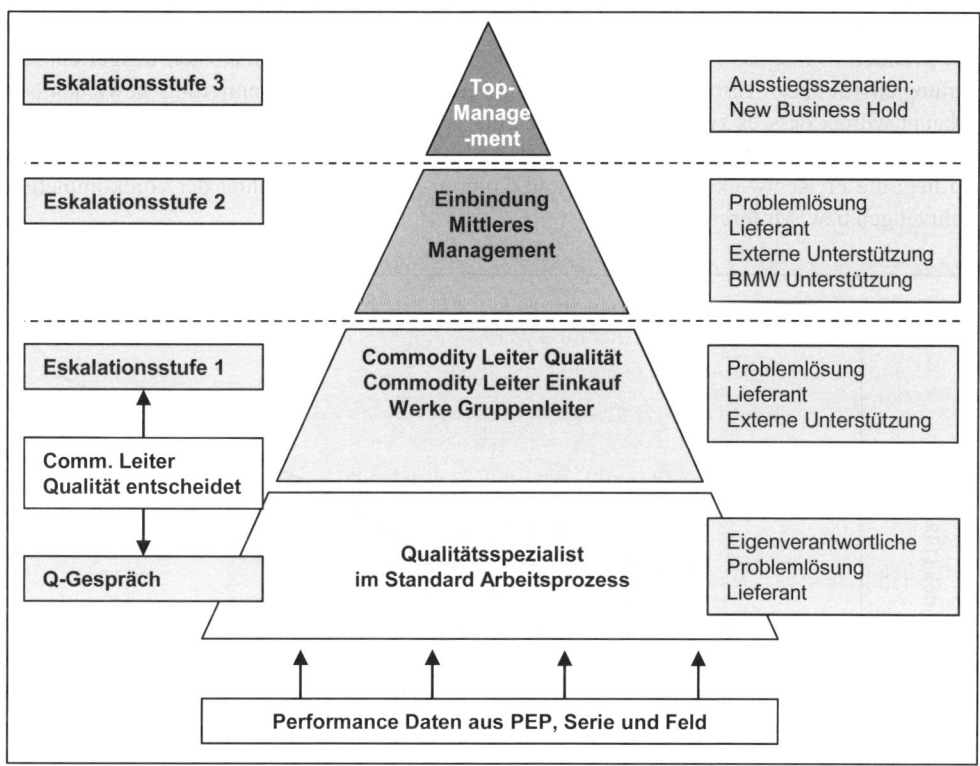

Abbildung 51:   Qualitätsmanagement Hersteller/Zulieferer am Beispiel der BMW Group
(Quelle: Diess 2011)

Angesichts der weiter steigenden Komplexität des Automobils ist davon auszugehen, dass der Wertschöpfungsanteil der Automobilzulieferer in Zukunft weiter steigen wird. Die wachsende Globalisierung der Zulieferstrukturen stellt dabei für die deutschen Automobilzulieferer nicht nur ein Risiko, sondern angesichts ihrer technologischen Stärke auch eine große Chance für eine weitere Expansion dar.

5.3.5   Unternehmenskultur und das „Prinzip guter Unternehmensführung"

Im Rahmen der Erfolgsfaktorenforschung rückte vor allem in den 1980er und 1990er Jahren verstärkt die Unternehmenskultur in den Blickpunkt des Interesses. So sprachen zum Beispiel Peters/Waterman in ihrer vielbeachteten Studie „In Search of Excellence" dem sichtbar gelebten Wertesystem eine zentrale Bedeutung für den Unternehmenserfolg zu *(vgl. Heinen/Dill 1986, S. 203)*. Diese damals neue und überraschende Feststellung darf heute zum Standardwissen über „gute Unternehmensführung gezählt werden *(vgl. Simon/Maessen 2003)*.

Unter Unternehmenskultur ist die „Grundgesamtheit gemeinsamer Wert- und Normenvorstellungen sowie geteilter Denk- und Verhaltensmuster" in einem Unternehmen zu verstehen *(vgl. Heinen/Dill 1986, S. 207).* Wesentlich an dieser Definition ist, dass es bei der Unternehmenskultur nicht nur um Einstellungen, sondern auch um Verhaltensweisen geht, die ein Unternehmen prägen.

Die Führung deutscher Automobilhersteller (und teilweise auch die der Automobilzulieferer) ist in den letzten Jahren häufig unter zwei Aspekten in die öffentliche Kritik geraten:

•   Zum einen wurde und wird bei vielen Unternehmen eine zu starke „Technikorientierung" kritisiert, die dazu geführt habe, dass deutsche Automobile „over-engineered" und zu teuer geworden seien.

•   Darüber hinaus wurde und wird deutschen Automobilherstellern insbesondere im Zusammenhang mit alternativen Antriebstechnologien häufig der Vorwurf gemacht, bestimmte Entwicklungen „verschlafen" zu haben.

Beide Vorwürfe, die miteinander zusammenhängen, berühren das in der deutschen Automobilindustrie zweifellos dominante Grundverständnis von „guter Unternehmensführung", nämlich die langfristige Ausrichtung aller unternehmerischer Aktivitäten. Technikorientierung führt in einer Branche, die durch vergleichsweise lange Modellzyklen geprägt ist, zu einer eher evolutionären Technologiestrategie, die mitunter als ein Hinterherhinken hinter bestimmten aktuellen Trends erscheinen mag.

Tatsächlich kann man in diesem Grundverständnis aber auch eine Stärke der deutschen Automobilindustrie sehen. Denn die langfristige Orientierung in der Unternehmenspolitik ist die Voraussetzung für eine wirklich nachhaltige Strategie, sei es nun in der Modell- und Technologiepolitik, wie auch in der Erschließung neuer Märkte und der Markenpolitik. Überblickt man die Branche in einem etwas größeren Zeitraum, so wird man nicht umhinkommen festzustellen, dass Automobilhersteller und auch Zulieferer vor allem dann in wirtschaftliche Schwierigkeiten geraten sind, wenn ihre Unternehmenspolitik auf kurzfristige finanzielle Resultate ausgerichtet war.

Die die deutsche Automobilindustrie insgesamt kennzeichnende langfristige Ausrichtung der Unternehmenspolitik hat ihre Gründe sicher in der bereits erwähnten starken Technologieorientierung. Darüber hinaus dürfte aber auch die Tatsache, dass es sich bei vielen Unternehmen der Branche noch immer um Familienunternehmen handelt, eine wichtige Rolle spielen. Hat eine Familie einen starken Einfluss auf ein Unternehmen, dominiert in der Regel die langfristige Bestandssicherung als Ziel vor der kurzfristigen Gewinnmaximierung. Dies mag auch darauf zurückzuführen sein, dass die Verweildauer des Managements in Familienunternehmen auf allen Führungsebenen tendenziell länger ist als in Unternehmen mit Streubesitz *(vgl. Keese et al. 2010, S. 8 ff.).* Dies bewährt sich – wie zahlreiche Beispiele belegen – insbesondere in wirtschaftlich schwierigen Zeiten.

Neben zwei originär deutschen Herstellern mit starkem Familieneinfluss (Volkswagen und BMW) spielen Familien (und Familienstiftungen) vor allem in der deutschen Zulieferindustrie eine wichtige Rolle. So sind 72 der 500 größten deutschen Familienunternehmen in der Automobilbranche tätig (**Abbildung 52).** Sie erzielen einen Umsatzanteil von 16,4 Prozent und haben einen Beschäftigungsanteil von 19,0 Prozent.

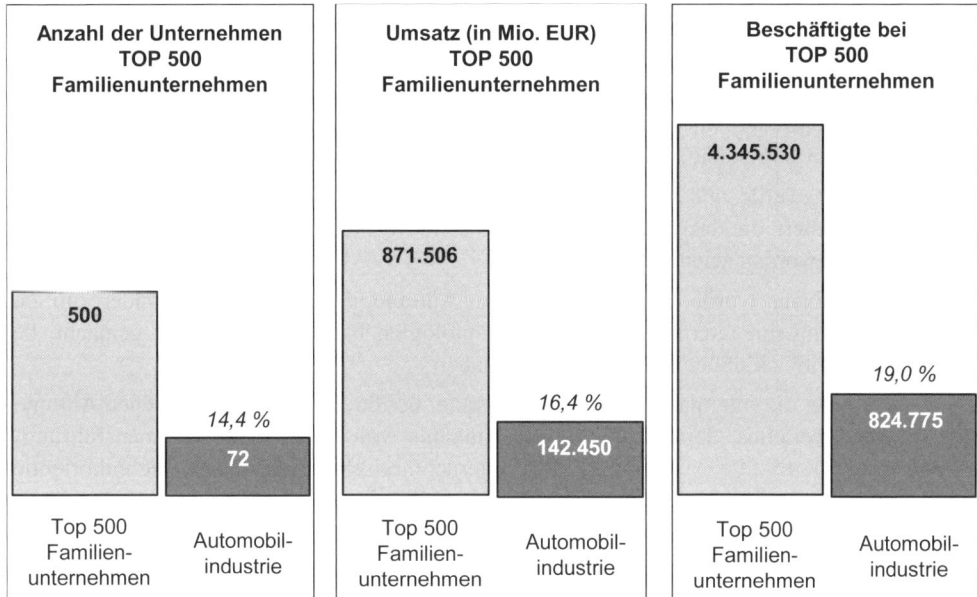

Abbildung 52:   Bedeutung von Familienunternehmen in der deutschen Automobilindustrie
                 (Quelle: Stiftung Familienunternehmen 2010; eigene Berechnungen)

Zweifellos stellt die Abhängigkeit eines Unternehmens von einer Familie nicht nur eine Stärke, sondern auch ein Gefährdungspotenzial dar. Dies gilt insbesondere für die Finanzierung
von Vorleistungen und die Wachstumsfinanzierung durch Fremdkapitalgeber. Hier stellen die
hohen Rating-Anforderungen möglicherweise eine Expansionsbarriere für familiengeführte
Unternehmen dar, die zur Aufnahme neuer Mitgesellschafter zwingen können. Die Erhaltung
der Wettbewerbsfähigkeit einer möglichst großen Zahl von familiengeführten Automobilzulieferern stellt insofern eine nicht nur wirtschaftliche, sondern auch gesellschaftspolitische
Herausforderung dar.

5.3.6   Abstrahleffekt Premium

Eines der wesentlichen Merkmale der deutschen Automobilindustrie ist der hohe Anteil von
Premiumautomobilen an Produktion und Absatz *(vgl. dazu Diez 2001b, S. 67 ff.;
Diez/Merten 2005, S. 50 f.)*. Insgesamt waren im Jahr 2010 55,6 Prozent der in Deutschland
produzierten Automobile dem Premiumsegment zuordenbar (**Tabelle 21**). Dabei ist besonders bemerkenswert, dass es den deutschen Premiumherstellern im Rahmen der Abrundung
ihrer Modellprogramme gelungen ist, ihr Premiumimage auch auf Klein- und Kompaktwagen zu übertragen („Modern Premium").

Anteile in v. H.	1995		2000		2005		2010	
	Volu-men	Premi-um	Volu-men	Premi-um	Volu-men	Premi-um	Volu-men	Premi-um
Mini	---	---	1,90	---	---	---	---	---
Kleinwagen	10,68	---	5,37	0,63	9,53	0,19	9,34	---
Kompaktklasse	37,83	---	31,31	6,30	20,18	10,28	17,70	8,56
Mittelklasse	8,84	22,91	10,03	18,71	9,91	18,21	7,06	19,03
Obere Mittelklasse	3,87	10,27	1,36	11,94	---	12,51	---	12,49
Oberklasse	---	2,93	---	2,93	---	2,99	---	3,58
Geländewagen	---	---	---	0,22	---	0,84	4,76	7,19
Sportwagen	---	0,85	---	3,31	---	3,38	---	2,62
Mini-Vans	---	---	---	---	2,50	1,42	0,77	2,13
Großraum-Vans	---	---	4,24	---	6,69	---	3,37	---
Utilities	1,66	0,14	1,60	0,15	1,22	0,15	1,33	---
Sonstige	---	---	---	---	---	---	0,08	---
Total	62,89	37,11	55,81	44,19	50,02	49,98	44,41	55,59
PKW-Produktion	4.360.235		5.131.918		5.350.187		5.552.409	

Tabelle 21:   Entwicklung der Produktionsstruktur in Deutschland
(Quelle: Verband der Automobilindustrie VDA)

Unter einem Premiumautomobil ist dabei – in Anlehnung an Kapferer – ein Fahrzeug zu verstehen, bei dem es gelingt, bei vergleichbaren tangiblen Funktionen einen höheren Preis im Markt durchzusetzen *(vgl. Kapferer 2000, S. 320)*. Quellen dieser überdurchschnittlichen Preisbereitschaft von Kunden können der Prime Value (Technologie und Material), der Labor Value (Herstellungsprozess) sowie der Symbolic Value (psychografischer Markenwert) sein *(vgl. Karmasin 1998, S. 253 ff.)*. Vor allem die Schaffung eines Symbolic Value führt bei Premiummarken zu einigen Besonderheiten in der Markenführung *(vgl. Diez 2003, S. 137 ff.; Lasslop 2005, S. 481 ff.)*.

Die deutsche Automobilindustrie spielt eine weltweit führende Rolle im Bereich der Premiumautomobile. Der Marktanteil deutscher Hersteller im Premium-Segment liegt bei rund 75 Prozent (siehe Kapitel 4.4.3). Diese Dominanz deutscher Marken bei Premiumautomobilen hat viele Gründe. Einer ist sicherlich die bereits mehrfach erwähnte Technikdominanz, der Wunsch, etwas Gutes noch besser zu machen, die die Branche in Deutschland von Anbeginn an geprägt hat. Zweifellos haben aber auch die hohen Kosten am Standort Deutschland dazu geführt, dass der Entwicklung und Produktion von Premiumfahrzeugen besonders große Aufmerksamkeit gewidmet wurde. Denn Unternehmen an einem Hochkostenstandort können nur mit technologisch und qualitativ überlegenen Produkten mit einem starken Markenimage international überleben. Insofern ist die deutsche Automobilindustrie einem typischen, auch in anderen Branchen verbreiteten Lebenszyklus gefolgt.

Ein weiterer Grund für die starke Position der deutschen Automobilindustrie verfügt über eine hohe empirische Evidenz, ist aber wissenschaftlich nur schwer nachweisbar: das historisch hohe Anspruchsniveau der deutschen Autofahrer an Automobile. Der Faktor „Anspruchsniveau der Kunden" spielt auch im Diamant-Modell von Porter eine wichtige Rolle zur Erklärung der Wettbewerbsfähigkeit von Branchen in unterschiedlichen Ländern *(vgl. Porter 1991, S. 109 ff.)*. Ein möglicher Beleg für diese These ist der hohe und im weltweiten Vergleich deutlich überdurchschnittliche Anteil von Premiumautomobilen an den Neuzulassungen in Deutschland *(vgl. NIW/ ZEW 2009, S. 130 ff.)*.

Zahlreiche Studien belegen, dass die Wahrnehmung und Beurteilung eines Produktes vom Image des Herkunftslandes beeinflusst wird *(vgl. Verlegh/Steenkamp 1999, S. 538)*. Dieser als Country-of-Origin-Effekt bezeichnete Einfluss ist auch bei Automobilen nachweisbar: Kaum ein anderes Land wird so stark mit dem Bau technisch und qualitativ hochwertiger Automobile in Verbindung gebracht wie Deutschland. So dominieren bei einer Befragung junger Menschen zwischen 20 und 26 Jahren aus drei Ländern (Italien, Frankreich und Deutschland) bei der Frage nach Luxusmarken, die sie mit einem Land spontan in Verbindung bringen, im Falle Deutschlands ganz eindeutig Automobilmarken (**Tabelle 22**) Demgegenüber werden mit Ländern wie Italien und Frankreich eher Modemarken assoziiert *(vgl. Aiello et al. 2008, S. 19)*. Dies bestätigt eine schon etwas ältere Studie zum „Made-in-Image" Deutschlands, in der ebenfalls Automobile als ein Leitprodukt für Deutschland identifiziert werden konnten *(vgl. Kühn 1993, S. 125)*.

Country	General Brands		Luxury Brands	
Italy	1. Fiat 2. Barilla 3. Ferrari	4. Gucci 5. Valentino	1. Ferrari 2. Armani 3. Gucci	4. Dolce & Gabbana 5. Ferragamo
France	1. Renault 2. Peugeot 3. Citroen	4. Danone 5. Carrefour	1. Chanel 2. Dior 3. Louis Vuitton	4. Yves Saint Laurent 5. Cartier
Germany	1. Volkswagen 2. Bosch 3. Adidas	4. Mercedes-Benz 5. Siemens	1. Mercedes-Benz 2. BMW 3. Porsche	4. Audi 5. Escada
Japan	1. Sony 2. Toyota 3. Toshiba	4. Mitsubishi 5. Honda	1. Lexus 2. Kenzo 3. Sony	4. Issey Miyake 5. Yamamoto
USA	1. McDonald´s 2. Nike 3. GM	4. Coca Cola 5. Ford	1. Ralph Lauren 2. Tiffany 3. Chevrolet	4. DKNY 5. Tommy Hilfiger

Tabelle 22:   Der Country-of-Origin-Effekt bei ausgewählten Ländern
(Quelle: Aiello et al. 2008, S. 19)

Zweifellos profitieren auch andere Marken von der starken Verbindung des Automobilstandorts Deutschland mit Premiumautomobilen. Premiumautomobile werden weltweit besonders stark beachtet und können einen Standort insgesamt aufwerten. So wie heute der Standort

Schweiz mit der Produktion hochwertiger Uhren oder Norditalien mit der Produktion hochwertiger Bekleidung in Verbindung gebracht wird, steht der Standort Deutschland weltweit in
ganz besonderer Weise für hochwertige Automobile. „Made in Germany" oder „German
Engineering" sind daher Attribute, die allen Automobilen, die in Deutschland entwickelt und
gefertigt werden, zugutekommen.

5.3.7   Zwischenfazit: Der Einfluss der branchenbezogenen Faktoren auf die Wettbewerbsfähigkeit der deutschen Automobilindustrie

Wie kein anderes Land wird Deutschland mit der Erfindung und Weiterentwicklung des
Automobils in Verbindung gebracht. Die Automobilbranche galt und gilt als eine der Vorzei-
gebranchen der deutschen Wirtschaft weltweit. So unterschiedlich die in Deutschland tätigen
Automobilhersteller und –zulieferer im Hinblick auf ihre Struktur, ihr Modellprogramm und
ihr Markenimage sein mögen, lassen sich doch auch wichtige Gemeinsamkeiten wie etwa die
starke Technologieorientierung, die Ausrichtung auf die Importkonkurrenz sowie das spezifische Hersteller-Zulieferer-Verhältnis erkennen. Hinzu kommen Faktoren, die die internationale Wahrnehmung der Branche prägen, wie etwa Gründerpersönlichkeiten, die große Bedeutung von Familienunternehmen und die weltweite Positionierung einzelner Premiummarken.

Die Herausbildung und Relevanz der hier identifizierten branchenbezogenen Faktoren ist eng
mit den weiter oben behandelten Standortfaktoren verknüpft. So zwingen die hohen Standortkosten beispielsweise alle Unternehmen zu einer starken Innovations- und Technologieorientierung, um international wettbewerbsfähig zu sein – gleichgültig, ob sie nun
eher im Premiumsegment oder eher im Volumenmarkt ihren Absatzschwerpunkt haben. Mit
der weiter zunehmenden Globalisierung wird sich die Bedeutung der branchenspezifischen
Faktoren nicht abschwächen, wohl aber verändern. Unterschiedliche Märkte erfordern unterschiedliche Marktbearbeitungsstrategien. Das wird eine stärkere Aufspreizung und Differenzierung der Branche und der in ihr agierenden Unternehmen zur Folge haben. Die prägende
und vereinheitlichende Kraft des Standorts verliert gegenüber global ausgerichteten Unternehmensstrategien an Bedeutung.

Eine zusammenfassende Bewertung der branchenbezogenen Stärken und Schwächen der
deutschen Automobilindustrie zeigt **Tabelle 23**.

Branchenbezogene Determinanten	Stärken	Schwächen
Historische und kulturelle Faktoren	lange Tradition, starke „Werk"-Ethik	zeitweise Vernachlässigung von Kosten und Produktivität
Innovations- und Technologie-orientierung	hohe F&E-Aufwendungen und große Zahl von Patentanmel-dungen	Gefahr des Over-Engineerings
Ausrichtung auf die Importkonkurrenz	starke Wettbewerbs-orientierung	Position im Heimatmarkt abhängig vom Flottengeschäft
Zusammenarbeit Hersteller/Zulieferer	langjährige Entwicklungspart-nerschaften bei einer gleich-zeitig offenen Lieferanten-struktur	Finanzierungsprobleme der Zulieferindustrie bei Entwick-lungsvorleistungen für Her-steller
Unternehmenskultur	langfristige Ausrichtung der Unternehmenspolitik	schwieriger Zugang zum Kapitalmarkt für Familien-unternehmen der Zuliefer-industrie
Abstrahleffekt Premium	positives Image von „German Engineering" und „Made in Germany"	Hochpreis-Image

Tabelle 23:   Stärken und Schwächen der deutschen Automobilindustrie hinsichtlich branchenbezogener Faktoren
(Quelle: Eigene Darstellung)

5.4 Unternehmensbezogene Faktoren

5.4.1 Produktmanagement

Das Produktmanagement umfasst die Gesamtheit aller Entscheidungen, die das Marktleis-tungsangebot eines Unternehmens betreffen. Im Mittelpunkt steht dabei die Produktgestal-tung einschließlich der jeweiligen Variantenbildung. Die Produktpolitik ist in der Automo-bilwirtschaft vor allem aus drei Gründen von herausragender Bedeutung *(vgl. Diez 2006, S. 109 f.)*:

- Konkrete Produktmerkmale sind für die Automobilkunden nach wie vor zentrale Kauf-entscheidungskriterien.

- Produktpolitische Entscheidungen sind aus wirtschaftlichen und technischen Gründen kurzfristig kaum reversibel und binden daher ein Unternehmen über viele Jahre.

- Produkte sind die Basis der Markenbildung: Eine Marke ist nur so stark wie die Produk-te, die unter ihrem Namen angeboten werden.

Es ist daher sicher keine Übertreibung, wenn man die Automobilindustrie als eine im beson-deren Maße „produktgetriebe Branche" bezeichnet.

An Automobile werden vielfältige und teilweise auch gegensätzliche Anforderungen gestellt, wie beispielsweise Zuverlässigkeit bei gleichzeitig innovativer Technik, Sportlichkeit bei hoher Alltagstauglichkeit, ansprechende Fahrleistungen bei niedrigem Verbrauch und hoher Umweltverträglichkeit, hoher Komfort bei niedrigen Preisen. Betrachtet man die bei Kundenbefragungen ermittelten Kaufentscheidungskriterien, zeigt sich ein ebenso breites wie hohes Anforderungsniveau. Auffällig ist aber auch die Konstanz der genannten Kaufgründe (**Tabelle 24**). So stehen Faktoren wie Zuverlässigkeit, Aussehen, Anschaffungspreis, Ausstattung und Kraftstoffverbrauch seit vielen Jahren an der Spitze der Kaufentscheidungskriterien.

Kriterien	2010	2005	2000
Zuverlässigkeit	1,3	1,2	1,2
Aussehen	1,6	1,6	1,6
Anschaffungspreis	1,6	1,6	1,6
Serienausstattung	1,6	1,6	1,7
Kraftstoffverbrauch	1,6	1,6	1,6
Reparatur- und Wartungskosten	1,9	1,8	1,7
Ersatzteilversorgung	1,9	k. A.	k. A.
Nähe des Händlers	1,9	k. A.	k. A.
Lieferzeit	1,9	2,1	2,0
Umweltverträglichkeit	1,9	k. A.	k. A.
Dichte des Kundendienstnetzes	2,0	2,0	2,0
Paketlösungen	2,1	k. A.	k. A.
Wiederverkaufswert	2,1	2,1	1,9
Finanzierungsangebot	2,2	k. A.	k. A.
Prestigewert	2,4	2,5	2,4
Günstige Inzahlungnahme des Vorwagens	2,7	2,5	2,5

1 = sehr wichtig; 4 = unwichtig

Tabelle 24:   Kriterien beim Neuwagenkauf in Deutschland
                (Quelle: Deutsche Automobiltreuhand DAT)

Die Automobilentwicklung stellt die Breite der gestellten Anforderungen vor große Herausforderungen. Abgesehen von wenig hochspezialisierten Nischenfahrzeugen wie Supersportwagen oder traditionellen Off-Roadern stellt jedes Auto letztlich einen Kompromiss aus unterschiedlichen Anforderungen dar. Der Erfolg eines Modells ist daher nicht davon abhän-

gig, ob es eine Anforderung in besonders hohem Maße erfüllt, sondern von der Summe seiner Eigenschaften.

Kennzeichnend für die deutschen Hersteller und einer der Gründe für ihre hohe Wettbewerbsfähigkeit ist – wie zahlreiche Vergleichstests in Fachzeitschriften und von Verbrau-
cherverbänden zeigen – das ganzheitliche Produktverständnis. Dies trägt deutschen Automobilherstellern zuweilen den Vorwurf ein, in dem einen oder anderen Technologiefeld nicht
auf Höhe des Wettbewerbs zu sein. Allerdings entspricht diese Sichtweise □ wie gezeigt □
nicht der Kundenperspektive. Letztlich vergleicht der Kunde das Gesamtpackage eines Produktes aus Qualität, Design und Preis-Leistungsverhältnis.

Die Produktstärke der deutschen Automobilhersteller belegt das aus verschiedenen Teilindi-
zes zusammengestellte Ranking des ADAC. Auf den vorderen Plätzen liegen hier fast ausschließlich deutsche Fabrikate (**Tabelle 25**).

Marke	Teil-Note ADAC-Autotest	Teil-Note PKZ	Teil-Note TÜV	Teil-Note DEKRA	Gesamt-Note	Rang Dez 10
Audi	1,31	1,21	2,29	1,24	1,40	1
Mercedes-Benz	1,33	1,19	2,59	1,93	1,53	2
BMW	1,28	1,30	2,87	1,81	1,55	3
Volkswagen	1,31	1,47	2,38	2,46	1,62	4
Porsche	2,25	1,72	1,00	1,11	1,82	5
Skoda	1,81	1,58	2,70	2,03	1,89	6
Toyota	2,55	1,60	1,55	1,28	2,03	7
Seat	2,15	1,55	2,91	2,32	2,12	8
Volvo	2,35	1,80	2,66	1,67	2,17	9
Ford	2,10	1,97	2,62	2,40	2,17	9
Mitsubishi	2,88	1,00	2,22	1,63	2,17	9
Mazda	2,60	1,68	2,03	1,72	2,19	12
Mini	2,17	1,12	3,20	3,90	2,25	13
Opel	2,18	2,14	2,54	2,58	2,27	14
Honda	2,75	1,96	2,17	1,56	2,33	15
Subaru	3,44	1,43	1,34	1,44	2,43	16
Peugeot	2,25	1,91	3,20	3,72	2,47	17
Citroen	2,52	1,91	3,00	2,99	2,49	18
Suzuki	3,28	1,33	2,54	1,71	2,50	19
Nissan	3,19	1,75	2,56	2,55	2,67	20
Renault	2,39	2,35	3,24	4,01	2,69	21
Saab	2,08	5,00	1,99	1,43	2,72	22
Jaguar	2,87	2,73	k. A.	2,22	2,73	23

Marke	Teil-Note ADAC-Autotest	Teil-Note PKZ	Teil-Note TÜV	Teil-Note DEKRA	Gesamt-Note	Rang Dez 10
Hyundai	3,32	2,15	2,79	2,51	2,86	24
Smart	3,13	2,60	2,08	3,11	2,86	24
Daihatsu	3,64	1,44	2,75	2,80	2,87	26
Kia	3,16	1,98	5,00	2,57	3,02	27
Fiat	3,15	2,49	3,66	4,11	3,17	28
Lancia	3,09	3,75	3,66	1,82	3,17	28
Chevrolet	4,75	2,83	3,32	2,24	3,78	30
Alfa Romeo	3,41	4,44	3,84	4,24	3,82	31
Land Rover	3,93	3,95	k. A.	3,23	3,84	32
Chrysler	3,69	5,00	4,89	4,61	4,28	33

Tabelle 25:   Produktstärke ausgewählter Automobilhersteller im Vergleich
(Quelle: ADAC 2011)

In dem heute in der öffentlichen Wahrnehmung sehr stark im Vordergrund stehenden Bereich Verbrauch und CO_2-Emissionen haben die deutschen Hersteller, was die Flottenverbrauchswerte anbelangt, aufgrund des hohen Verkaufsanteils von Premiumautomobilen einen strukturellen Nachteil gegenüber Herstellern, die im Schwerpunkt Klein-und Kompaktwagen verkaufen. Dies mag auch zu dem Eindruck beitragen, dass die deutschen Hersteller hier einen Rückstand aufzuweisen hätten. Hinzu kommt das relativ späte Angebot an Hybrid-Fahrzeugen oder auch von batterieelektrischen Fahrzeugen durch deutsche Hersteller, was ihnen den Vorwurf eingetragen hat, diese Entwicklung „verschlafen" zu haben.

Fakt ist, dass die deutschen Hersteller ihre CO_2-Emissionen kontinuierlich reduziert haben, trotz einer noch zunehmenden Nachfrage nach Premiumautomobilen und SUVs aus deutscher Produktion. So sind die CO_2-Emissionen deutscher Konzernmarken seit dem Jahr 2006 von 175,2 auf 152,4 g CO_2/km gesunken, was einem Rückgang um 13 Prozent entspricht (**Abbildung 53**).

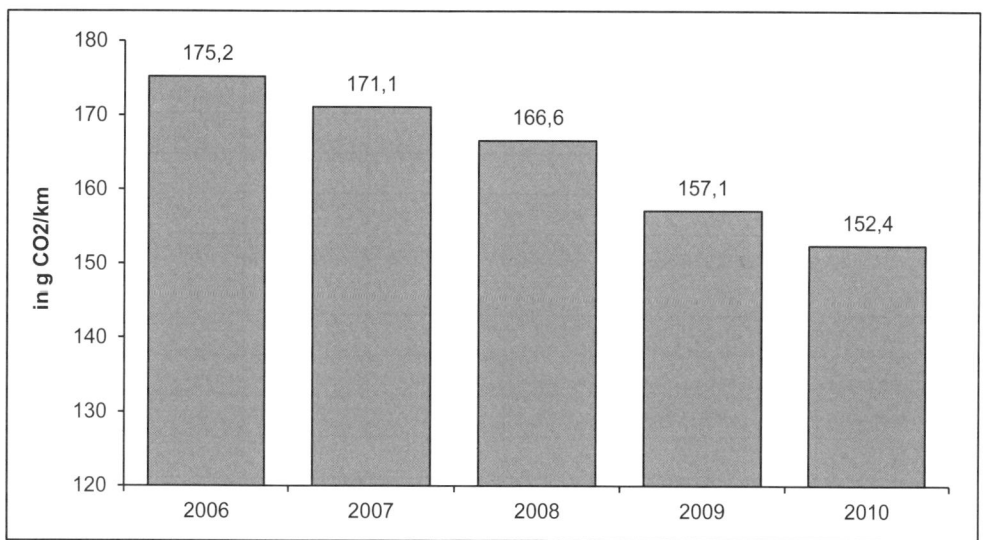

Abbildung 53:   CO$_2$-Emissionsreduktion der deutschen Konzernmarken
                 (Quelle: Verband der Automobilindustrie VDA)

Bemerkenswert ist weiterhin, dass die deutschen Automobilhersteller in wichtigen Markt-segmenten geringere CO$_2$-Emissionswerte aufweisen als die Modelle ausländischer Wettbe-werber. Besonders groß ist diese Differenz bei Fahrzeugen der Oberklasse (**Abbildung 54**).

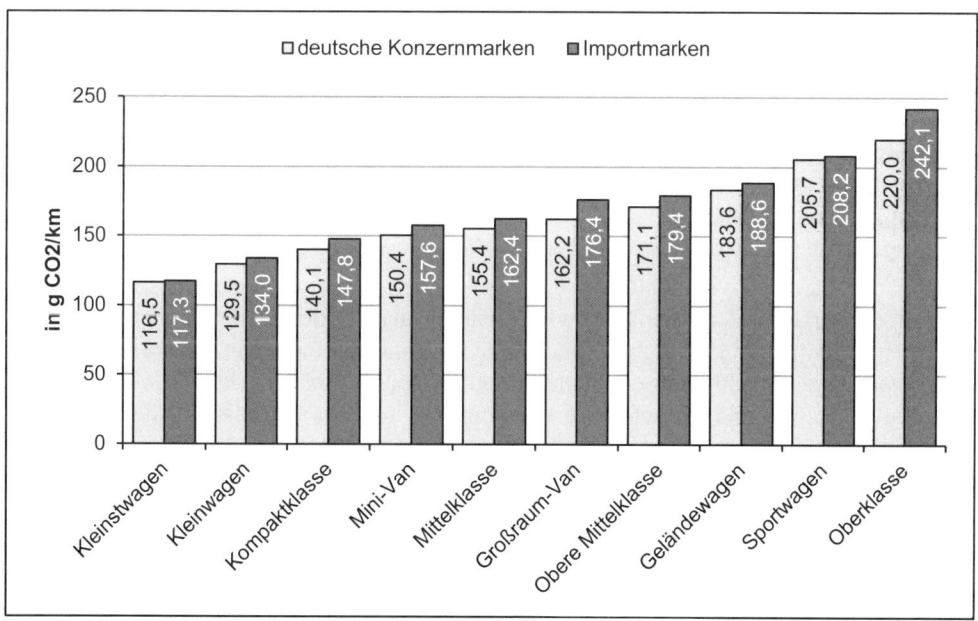

Abbildung 54:   CO$_2$-Emissionen der deutschen Konzernmarken, 2010
                 (Quelle: Verband der Automobilindustrie VDA)

Was die Hybridtechnologie anbelangt, ist festzustellen, dass Hybrid-Fahrzeuge zum Teil höhere Verbrauchswerte als Diesel-Fahrzeuge aufweisen. Dies gilt vor allem dann, wenn ein hoher Anteil von Autobahnfahrten vorliegt. Aber auch im EU-Verbrauchsmix schneiden Hybrid-Fahrzeuge – selbstverständlich auch die deutscher Hersteller – häufig schlechter ab als Fahrzeuge mit Dieselantrieb. Dennoch erfolgt mit Blick auf den nordamerikanischen Markt und viele asiatische Märkte eine Ausweitung des Angebots an Hybrid-Modellen.

Batterieelektrische Fahrzeuge und auch sogenannte Plug-in-Hybride stehen erst am Anfang ihrer Entwicklung. Die bislang aus Serienproduktion angebotenen rein batterieelektrischen Fahrzeuge, weisen – neben den hohen Kosten – im Hinblick auf Reichweiten und Betankungszeiten eine geringe Alltagstauglichkeit auf *(vgl. Diez 2010)*. Insofern ist die Marktresonanz auf solche Fahrzeuge bislang gering. Interessanter erscheint hier das Plug-in-Hybrid-Konzept, das einen höheren Grad der Alltagstauglichkeit aufweist. Die Elektrifizierung des Antriebsstrangs wird in Zukunft sicher zu den Entwicklungsprioritäten der deutschen Hersteller gehören.

5.4.2   Modellprogramm und Modellzyklen

Der Automobilmarkt ist in den letzten Jahren durch eine starke Ausdifferenzierung in eine wachsende Zahl von Marktsegmenten gekennzeichnet. Neben den klassischen vertikalen Marktsegmenten (Ober-, Mittel-, Kompakt- und Kleinwagenklasse) haben sich aufgrund innovativer Aufbauformen eine Vielzahl neuer horizontaler Marktsegmente herausgebildet *(vgl. Diez 2006, S. 27 ff.)*. Beispielhaft sei hier nur das Geländewagen-Segment angesprochen, das sich mittlerweile in eine Vielzahl von Sub-Segmenten aufteilt (klassischer Off-Road, Sport Utility Vehicles, Sport Activity Vehicles etc.). Für die Wettbewerbsfähigkeit eines Herstellers ist die Besetzung der markenrelevanten Segmente im Sinne einer möglichst großen Marktabdeckung von großer strategischer Bedeutung.

Die Modellpolitik der deutschen Automobilhersteller ist in den letzten Jahren durch eine deutliche Ausweitung der Modellprogramme (Produktproliferation) und die Besetzung nahezu aller Marktnischen gekennzeichnet. Tatsächlich war dies lange Zeit eine ihrer großen Schwächen. Insbesondere in den 1980er Jahren waren die Produktlücken der deutschen Hersteller etwa im Bereich der Geländewagen und Großraum-Limousinen sowie bei Kleinwagen unverkennbar. Hier zeigten sich vor allem die japanischen Hersteller als wesentlich schneller und innovativer.

Mittlerweile wurden – wie **Abbildung 55** zeigt – diese Lücken weitgehend geschlossen. Der Umfang der durch die deutschen Automobilhersteller abgedeckten Marktsegmente hat sich in der zweiten Hälfte der 1990er Jahre und in diesem Jahrzehnt erheblich vergrößert. Signifikante Defizite sind nicht mehr erkennbar. Im Gegenteil: In einigen Marktsegmenten haben deutsche Hersteller eine Vorreiterrolle übernommen, so etwa im Segment der Mid-Size-SUVs oder der Premium Kompakt- und Kleinwagen.

1990	Steil- / Schräg- / Fließheck	Stufenheck	Kombi	Van	SUV	CUV	Coupé	Cabrio	Roadster
Luxussegment									
Oberklasse									
obere Mittelklasse									
Mittelklasse									
untere Mittelklasse									
Kleinwagen									
Minis									

2011	Steil- / Schräg- / Fließheck	Stufenheck	Kombi	Van	SUV	CUV	Coupé	Cabrio	Roadster
Luxussegment									
Oberklasse									
obere Mittelklasse									
Mittelklasse									
untere Mittelklasse									
Kleinwagen									
Minis									

Abbildung 55: Segmentbesetzung der deutschen Automobilmarken in Westeuropa, 1990 und 2011
(Quelle: Eigene Darstellung)

Die **Abbildungen 56** zeigen die Ausdehnung der Modellprogramme ausgewählter deutscher Marken im Zeitraum 1990 bis 2011.

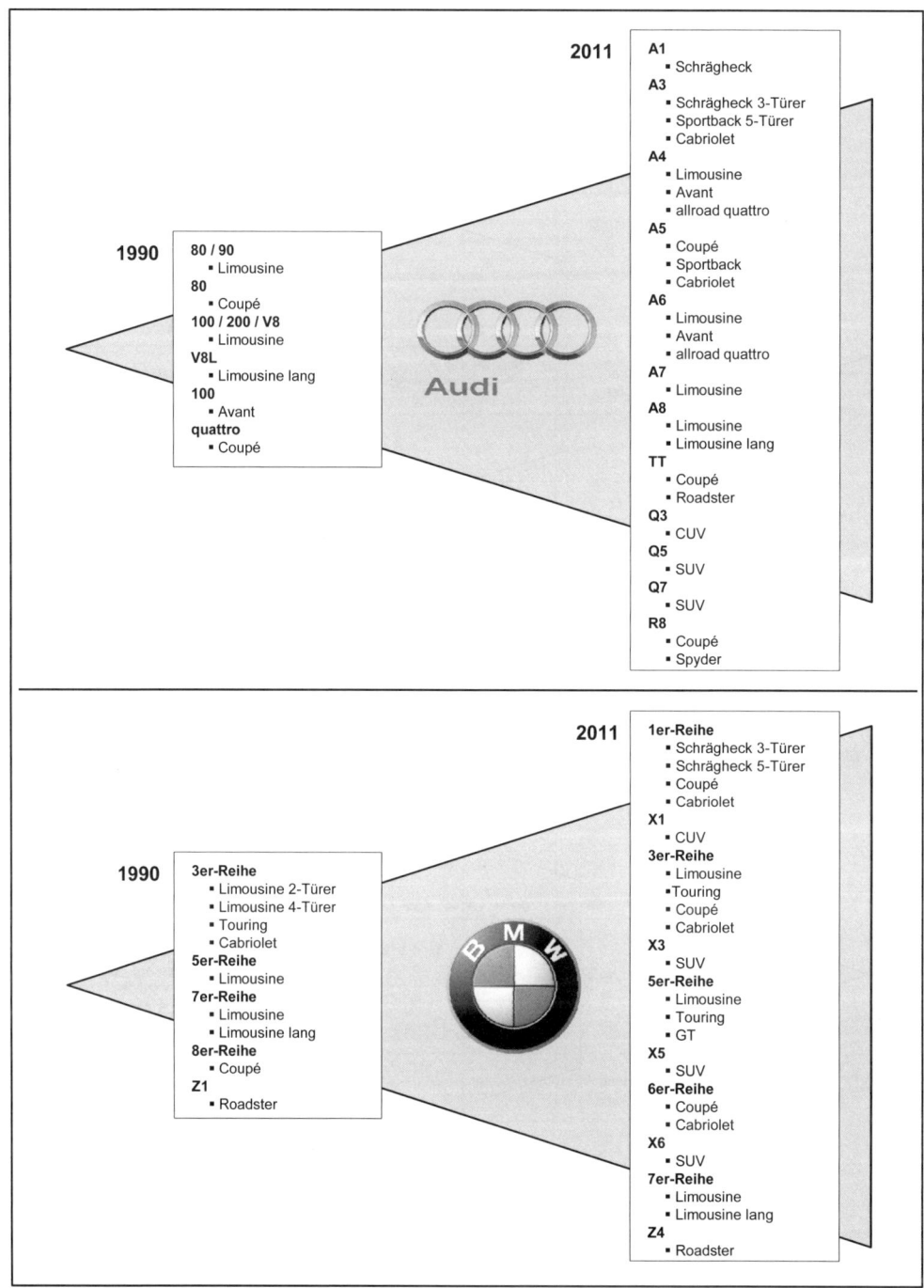

2011 · A1
· Schrägheck
A3
· Schrägheck 3-Türer
· Sportback 5-Türer
· Cabriolet
A4
· Limousine
· Avant
· allroad quattro
A5
· Coupé
· Sportback
· Cabriolet
A6
· Limousine
· Avant
· allroad quattro
A7
· Limousine
A8
· Limousine
· Limousine lang
TT
· Coupé
· Roadster
Q3
· CUV
Q5
· SUV
Q7
· SUV
R8
· Coupé
· Spyder

1990 · 80 / 90
· Limousine
80
· Coupé
100 / 200 / V8
· Limousine
V8L
· Limousine lang
100
· Avant
quattro
· Coupé

2011 · 1er-Reihe
· Schrägheck 3-Türer
· Schrägheck 5-Türer
· Coupé
· Cabriolet
X1
· CUV
3er-Reihe
· Limousine
· Touring
· Coupé
· Cabriolet
X3
· SUV
5er-Reihe
· Limousine
· Touring
· GT
X5
· SUV
6er-Reihe
· Coupé
· Cabriolet
X6
· SUV
7er-Reihe
· Limousine
· Limousine lang
Z4
· Roadster

1990 · 3er-Reihe
· Limousine 2-Türer
· Limousine 4-Türer
· Touring
· Cabriolet
5er-Reihe
· Limousine
7er-Reihe
· Limousine
· Limousine lang
8er-Reihe
· Coupé
Z1
· Roadster

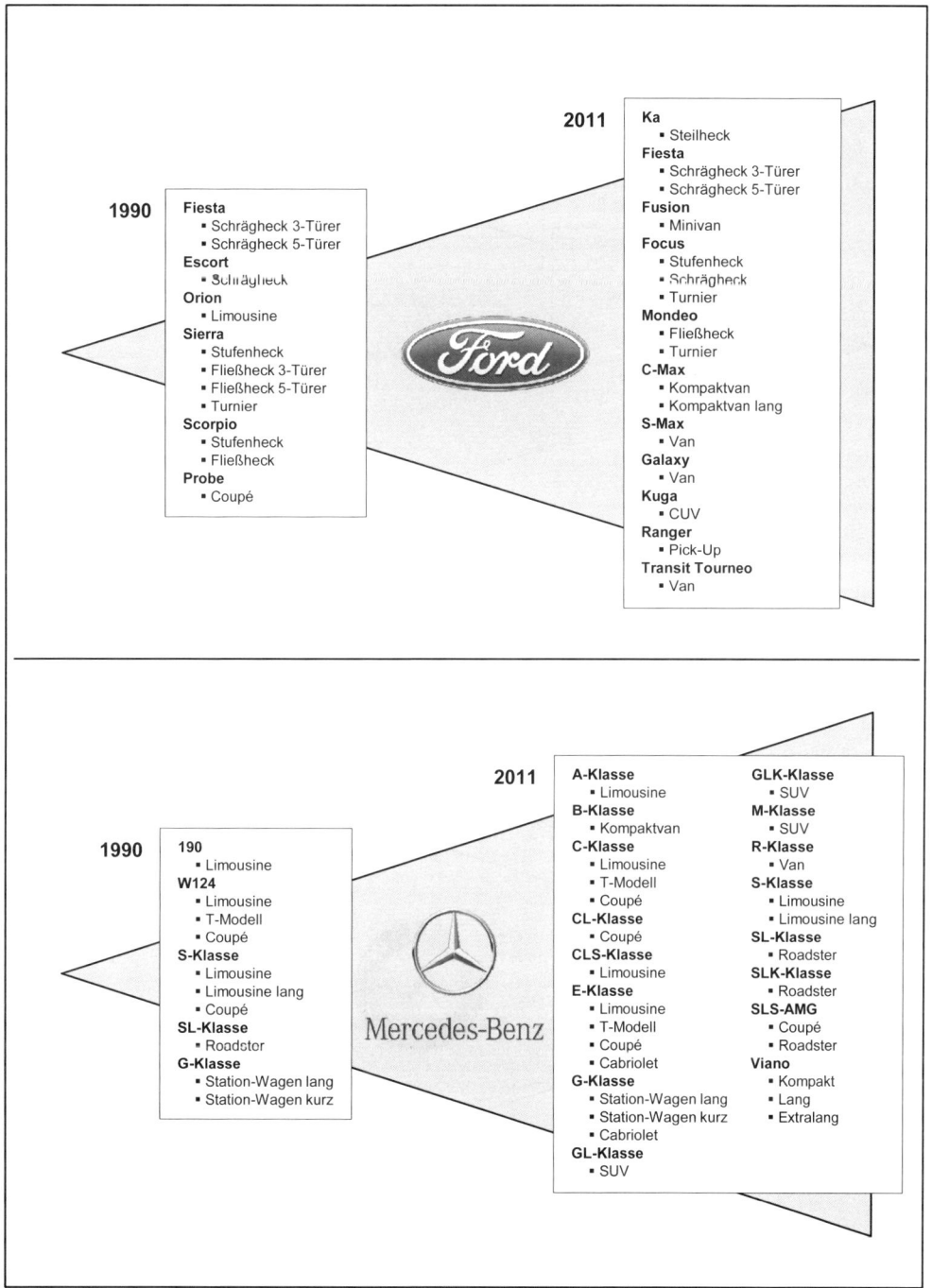

2011

Ka
- Steilheck

Fiesta
- Schrägheck 3-Türer
- Schrägheck 5-Türer

Fusion
- Minivan

Focus
- Stufenheck
- Schrägheck
- Turnier

Mondeo
- Fließheck
- Turnier

C-Max
- Kompaktvan
- Kompaktvan lang

S-Max
- Van

Galaxy
- Van

Kuga
- CUV

Ranger
- Pick-Up

Transit Tourneo
- Van

1990

Fiesta
- Schrägheck 3-Türer
- Schrägheck 5-Türer

Escort
- Schrägheck

Orion
- Limousine

Sierra
- Stufenheck
- Fließheck 3-Türer
- Fließheck 5-Türer
- Turnier

Scorpio
- Stufenheck
- Fließheck

Probe
- Coupé

2011

A-Klasse
- Limousine

B-Klasse
- Kompaktvan

C-Klasse
- Limousine
- T-Modell
- Coupé

CL-Klasse
- Coupé

CLS-Klasse
- Limousine

E-Klasse
- Limousine
- T-Modell
- Coupé
- Cabriolet

G-Klasse
- Station-Wagen lang
- Station-Wagen kurz
- Cabriolet

GL-Klasse
- SUV

GLK-Klasse
- SUV

M-Klasse
- SUV

R-Klasse
- Van

S-Klasse
- Limousine
- Limousine lang

SL-Klasse
- Roadster

SLK-Klasse
- Roadster

SLS-AMG
- Coupé
- Roadster

Viano
- Kompakt
- Lang
- Extralang

1990

190
- Limousine

W124
- Limousine
- T-Modell
- Coupé

S-Klasse
- Limousine
- Limousine lang
- Coupé

SL-Klasse
- Roadster

G-Klasse
- Station-Wagen lang
- Station-Wagen kurz

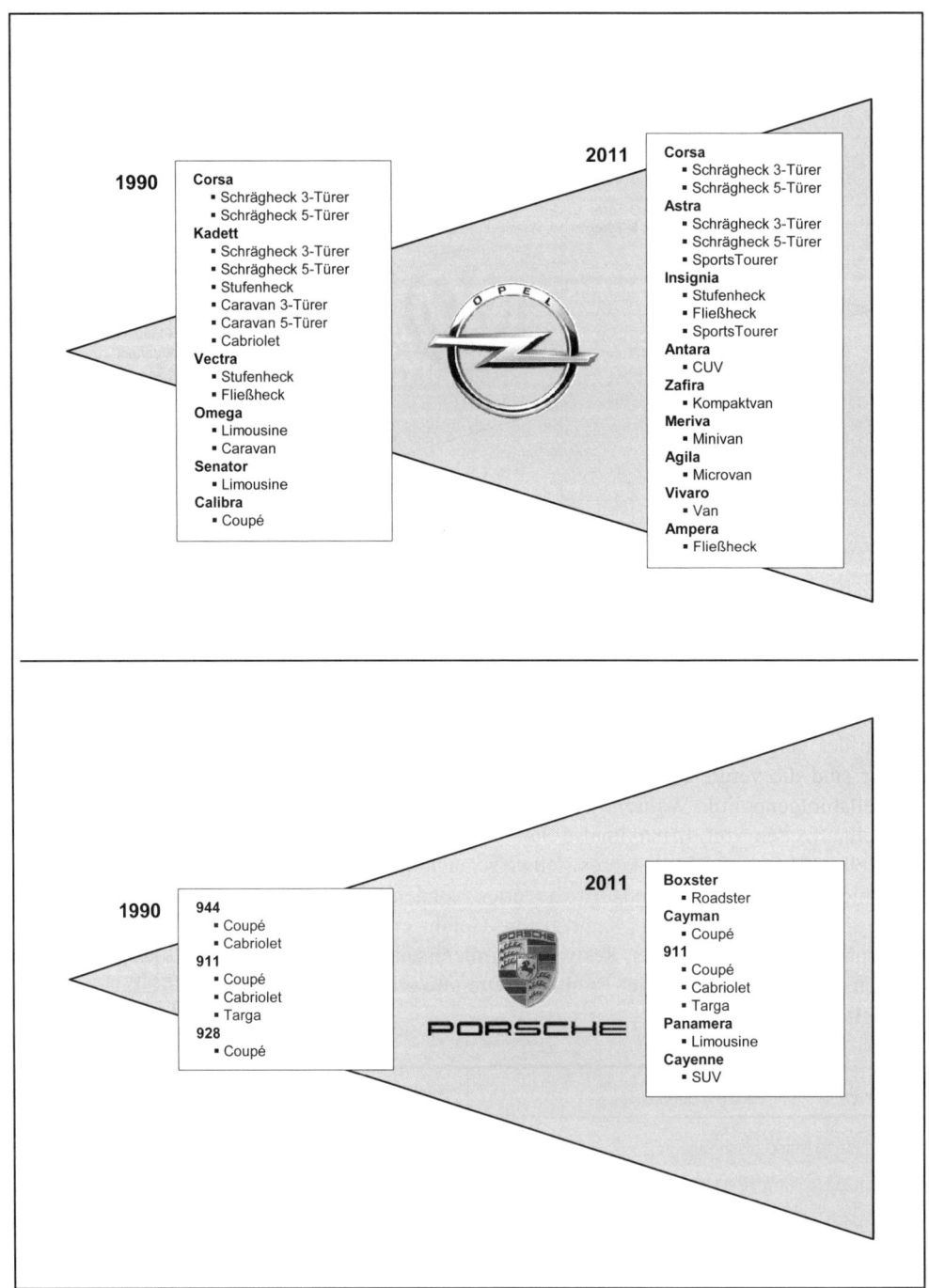

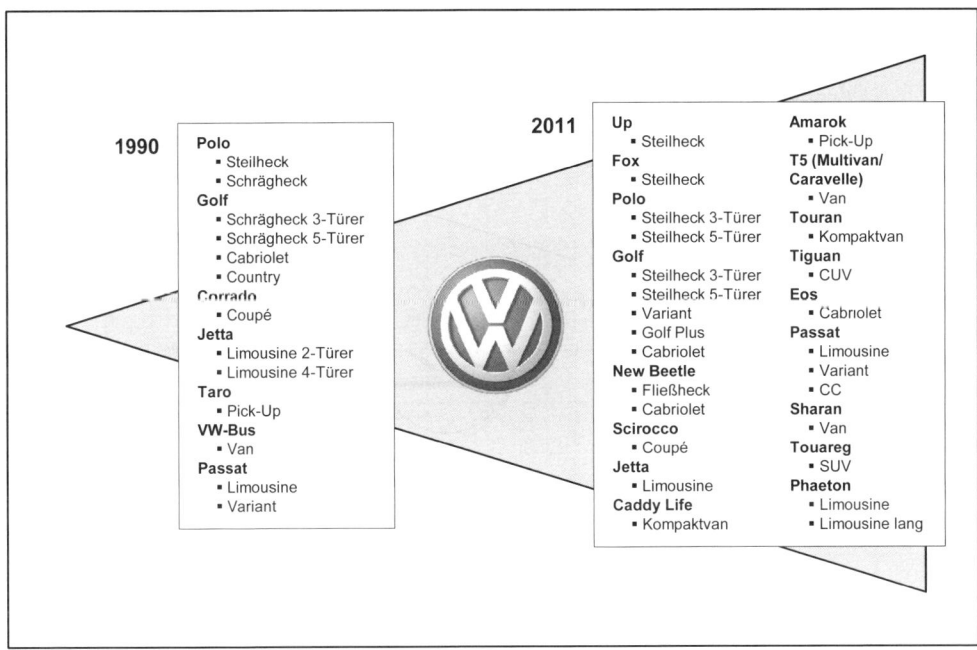

Abbildung 56:   Ausdehnung der Modellprogramme deutscher Automobilhersteller
                 (Quelle: Eigene Darstellung)

Ein in der Vergangenheit häufig kritisiertes Kennzeichen der Modellpolitik deutscher Hersteller sind die vergleichsweise langen Modellzyklen und eine eher evolutionär angelegte Modellabfolgenpolitik. Während die japanischen Hersteller in den 1980er und 1990er Jahren Modelllaufzeiten von 4, maximal 5 Jahren hatten, lagen die Modellzyklen der deutschen Hersteller häufig bei 7 bis 9 Jahren, teilweise auch noch darüber. Zwar sind kurze Modellzyklen nicht uneingeschränkt positiv zu werten, sondern haben auch zahlreiche Nachteile wie etwa die Verunsicherung der Kunden, die Gefahr einer technischen Ausdünnung der Produktsubstanz und niedrigerer Restwerte. Andererseits sichern kurze Modelllaufzeiten eine hohe technische Aktualität der Produktpalette und ermöglichen eine aktive Marktgestaltung (**Tabelle 26**).

Vorteile kurzer Modellzyklen	Nachteile kurzer Modellzyklen
• aktive Marktgestaltung • hohe technische Aktualität • Dynamisierung des Markenimages	• Verunsicherung der Kunden • geringere Restwerte • Beeinträchtigung des Markenimages • technische Ausdünnung • steigende Produktkosten

Tabelle 26:   Bewertung von Modelllaufzeiten in der Automobilindustrie
               (Quelle: Diez 2006, S. 135 ff.)

Wie **Tabelle 27** zeigt, ist bei wichtigen Volumenmodellen ausgewählter deutscher Hersteller eine Reduktion der teilweise extrem langen Modelllaufzeiten erkennbar. Damit wird auch der generellen Beschleunigung des Innovationstempos in der Automobilbranche Rechnung getragen.

VW Golf	Modelllaufzeit			BMW 3er	Modelllaufzeit			MB 190/ C-Klasse	Modelllaufzeit		
	von	bis	Dauer in Jahren		von	bis	Dauer in Jahren		von	bis	Dauer in Jahren
1	1974	1983	9	E21	1975	1982	7	W201	1983	1992	10
2	1983	1991	8	E30	1982	1991	9	W202	1993	1999	7
3	1991	1997	6	E36	1991	1998	7	W203	2000	2006	7
4	1997	2003	6	E46	1998	2005	7				
5	2003	2008	5	E90	2005	2012	7				
6	2008	2013	5								

Tabelle 27:   Entwicklung der Modellzyklen ausgewählter Modelle
                   (Quelle: Verband der Automobilindustrie VDA)

5.4.3   Kundenbeziehungsmanagement und Dienstleistungen

Bei einem Produkt, das nur in verhältnismäßig langen Kaufintervallen erworben wird, stellt die Sicherstellung einer hohen Kundenbindung, vor allem in den reifen Märkten der Triade (Westeuropa, Nordamerika und Japan) einen wichtigen strategischen Erfolgsfaktor dar *(vgl. Diez 2004, S. 673 f.)*. Darüber hinaus erwartet der Kunde bei einem High-Involvement-Produkt, wie es das Automobil zweifellos darstellt, eine umfassende und individuelle Kundenbetreuung. Dementsprechend spielt die Steigerung der Kundenzufriedenheit und der Einsatz von CRM-Systemen in der Automobilindustrie eine große Rolle.

Vor dem Hintergrund der starken Technologie- und Produktorientierung, wurde die strategische Relevanz des Kundenbeziehungsmanagements in der deutschen Automobilindustrie lange Zeit nicht erkannt. Erst seit den 1990er Jahren zeichnet sich eine Höhergewichtung der Kundenbetreuung und der Dienstleistungsqualität in der Unternehmenspolitik ab. Indikatoren dieses Wandels sind *(vgl. Diez 2006, S. 332 ff.)*:

- Hohe Investitionen in die Optimierung und Weiterentwicklung der Vertriebs- und Handelsorganisationen,
- Einführung und Bonifizierung anspruchsvoller Standards am Point-of-Sale sowie ein
- systematisches Management der Kundenbeziehung durch die Implementierung von CRM-Systemen.

Welchen Beitrag diese Maßnahmen zur Steigerung der Wettbewerbsfähigkeit der deutschen Automobilhersteller in den letzten Jahren geleistet haben, ist aus naheliegenden Gründen nur schwer messbar. Erfolgswirkungen lassen sich am ehesten punktuell, d. h. bezogen auf einzelne Maßnahmen feststellen.

Neben ihrem Beitrag zur Kundenzufriedenheit und zur Kundenbindung sind vor allem zwei Dienstleistungsbereiche für die Profitabilität von Automobilherstellern von herausragender Bedeutung:

- Finanzdienstleistungen und

- After Sales Dienstleistungen.

Finanzdienstleistungen dienen sowohl der Kaufanbahnung wie auch der Markenbindung. Mit attraktiven Finanzierungsangeboten kann die Kaufschwelle reduziert und gleichzeitig ein größerer Ausstattungsumfang verkauft werden *(vgl. Stenner 2010, S 11 f.)*.

Die deutschen Automobilhersteller haben in den letzten Jahren ihr Angebot an Finanzdienstleistungen über ihre herstellereigenen Banken deutlich ausgebaut. Dabei spielte nicht nur die Unterstützung des Neuwagenverkaufs eine Rolle, sondern auch die Tatsache, dass Finanzdienstleistungen einen erheblichen Ergebnisbeitrag leisten.

Die herstellergebundenen Finanzdienstleister („Captives") haben in den letzten Jahren zahlreiche innovative Finanzdienstleistungsprodukte in den Markt eingeführt und damit nicht nur ihren Absatz, sondern vor allem auch die Kundenbindung erhöhen können. Erwähnt seien hier die sogenannten Schlussratenfinanzierungen und die Flat Rates, die auch zu einer Reduktion von Barrabatten beim Neuwagenverkauf beigetragen haben. Sie beinhalten neben der Fahrzeugfinanzierung z. B. auch Garantieverlängerungen und Wartungen. Heute kommen auf jeden Leasing- und Finanzierungsvertrag rund 1,6 zusätzliche Dienstleistungsverträge *(vgl. VDA 2011, S. 212)*.

Die Qualität und Nähe des technischen Kundendienstes ist trotz deutlich verlängerter Wartungsintervalle und sinkender Reparaturhäufigkeiten noch immer ein wichtiges Kaufentscheidungskriterium (siehe Tabelle 22, Seite 103). Der Kundendienst hat nicht nur einen wesentlichen Einfluss auf die Betriebsbereitschaft des Fahrzeuges, sondern auch auf die sogenannten Total Cost of Ownership (TCO).

Im Gegensatz zu vielen anderen Herstellern haben die deutschen Automobilhersteller dem Aufbau eines flächendeckenden und qualitativ hochwertigen Kundendienstes im Rahmen von Markterschließungsstrategien immer einen hohen Stellenwert eingeräumt. Dabei dienten die in Deutschland realisierten Standards als Orientierungsgröße für andere Märkte.

Wie **Abbildung 57** zeigt, erzielen die deutschen Hersteller sowohl in Deutschland wie auch international überdurchschnittlich gute Bewertungen bei der Kundendienstqualität.

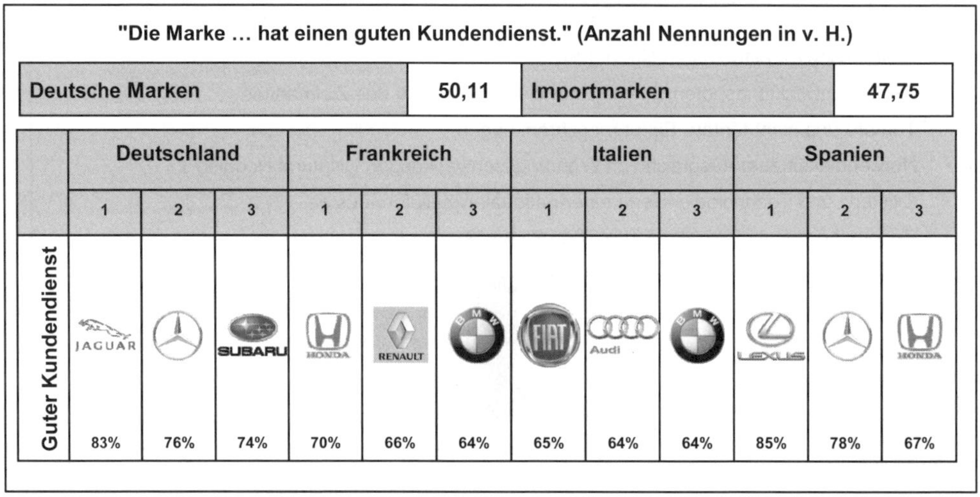

Abbildung 57:   Bewertung der Kundendienstqualität deutscher Automobilhersteller im internationalen Vergleich
                 (Quelle: Motor Presse Stuttgart 2011)

5.4.4   Internationalisierung und Globalisierung

Die Internationalisierung von Branchen vollzieht sich im Spannungsfeld von Globalisie-
rungsvorteilen und Lokalisierungsnotwendigkeiten. Globalisierungsvorteile können insbesondere die Realisierung von Scale-Effekten bei einer technischen Vereinheitlichung der
Produkte sein. Lokalisierungsnotwendigkeiten ergeben sich in der Regel aus international
unterschiedlichen Kundenanforderungen oder auch institutionellen Besonderheiten eines
Marktes (z. B. große Bedeutung der öffentlichen Hand als Nachfrager). Im Spektrum dieser
beiden Extremen bewegt sich die Automobilindustrie im Mittelfeld, wobei die Globalisierungsvorteile bei PKW größer sind, während bei Nutzfahrzeugen, insbesondere schweren
LKW, eher Lokalisierungsnotwendigkeiten auftreten. Dem stehen vier grundsätzliche Inter-
nationalisierungsstrategien gegenüber (**Abbildung 58**):

•   die Strategie der internationalen Differenzierung,

•   die Strategie des Multidomestic,

•   die multinationale Globalisierungsstrategie sowie

•   die Strategie der internationalen Standardisierung.

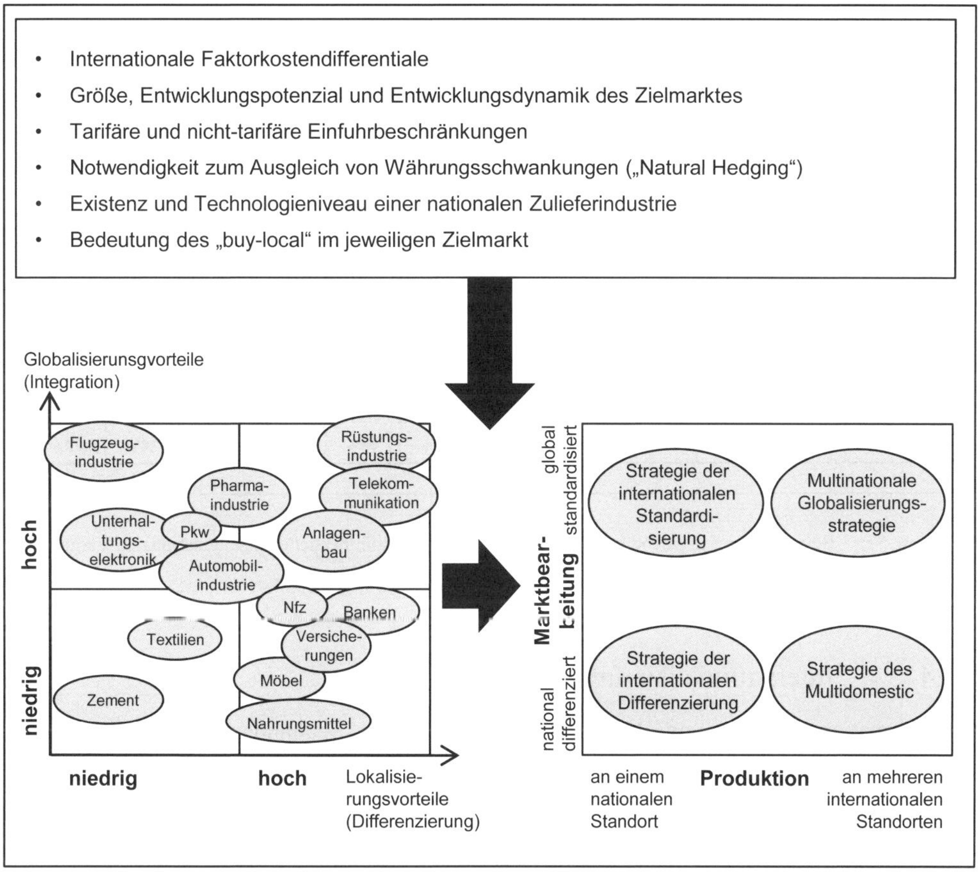

- Internationale Faktorkostendifferentiale
- Größe, Entwicklungspotenzial und Entwicklungsdynamik des Zielmarktes
- Tarifäre und nicht-tarifäre Einfuhrbeschränkungen
- Notwendigkeit zum Ausgleich von Währungsschwankungen („Natural Hedging")
- Existenz und Technologieniveau einer nationalen Zulieferindustrie
- Bedeutung des „buy-local" im jeweiligen Zielmarkt

Abbildung 58:   Internationalisierung im Spannungsfeld von Globalisierung und Lokalisierung
                (Quelle: Eigene Darstellung)

Welche dieser Strategien für die Erschließung von Märkten eingeschlagen wird, hängt von einer Reihe von weiteren Faktoren ab, und zwar:

- Vorhandensein internationaler Faktorkostendifferentiale,
- Größe, Entwicklungspotenzial und Entwicklungsdynamik des Zielmarktes,
- Tarifäre und nicht-tarifäre Einfuhrbeschränkungen (z. B. Zölle, Local-Content-Vor-schriften),
- Notwendigkeit zum Ausgleich von Währungsschwankungen („Natural Hedging"),
- Existenz und Technologieniveau einer nationalen Zulieferindustrie sowie
- Bedeutung des „buy-local" im jeweiligen Zielmarkt.

Insofern ist es schwierig für eine Branche, ein typisches Strategiemuster zu identifizieren. Je nach Zielregion werden unterschiedliche Strategieansätze gewählt, so dass sich auf einer höheren Aggregationsstufe ein Strategie-Mix ergibt.

Typisch für die Automobilindustrie insgesamt ist eine in der Regel schrittweise Erschließung von Auslandsmärkten (**Abbildung 59**): Am Anfang steht zumeist der klassische Export. Stößt dieser z. B. aufgrund von Handelsbeschränkungen an Grenzen, folgt häufig eine CKD- oder SKD-Montage. Das heißt Fahrzeugteile unterschiedlichen Zerlegungsgrades werden im jeweiligen Zielland zusammengebaut *(vgl. Diez 2001a, S. 110)*. Darüber hinaus werden in der Regel einfache Teile und Komponenten lokal im Land eingekauft. Entwickelt sich ein Markt und die Lieferantenstruktur, so erfolgt meist der Übergang zu einer voll integrierten Produktion, die neben der Montage auch den Rohbau und die Lackierung umfasst. Gleichzeitig steigt der Anteil an lokal bezogenen Aggregaten und Komponenten. Weist ein Markt Spezifika auf (z. B. besondere Kundenwünsche hinsichtlich Ausstattung und Design) wird neben der Produktion auch die Entwicklung zumindest teilweise lokalisiert.

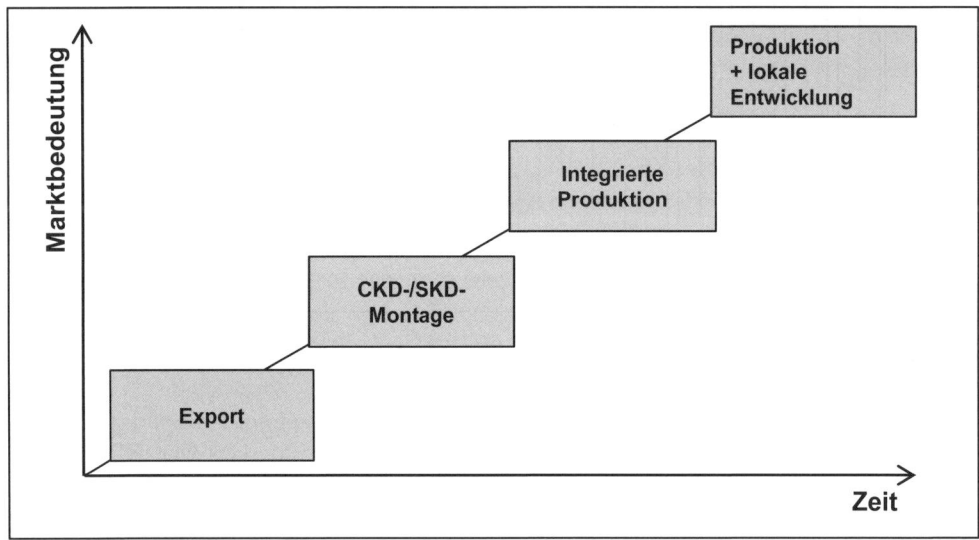

Abbildung 59:   Stufen der Globalisierung in der Automobilindustrie
                 (Quelle: Eigene Darstellung)

Die deutschen Automobilhersteller haben schon früh den Weg in den Export gesucht, um Produktion und Absatz zu steigern. Zwar ist der deutsche Automobilmarkt der größte in Europa, andererseits aber doch erheblich kleiner als etwa der nordamerikanische Markt. Eine Expansion war daher nur über ein aktives Exportgeschäft möglich. Außerdem reicht die Größe des deutschen Marktes nicht aus, um die im internationalen Wettbewerb notwendigen Skalen-Effekte zu erreichen. Mit der zunehmenden Sättigung des deutschen Marktes stieg die Exportquote der deutschen Automobilhersteller in den vergangenen Jahrzehnten kontinuierlich an und erreichte im Jahr 2010 76,3 Prozent (**Abbildung 60**).

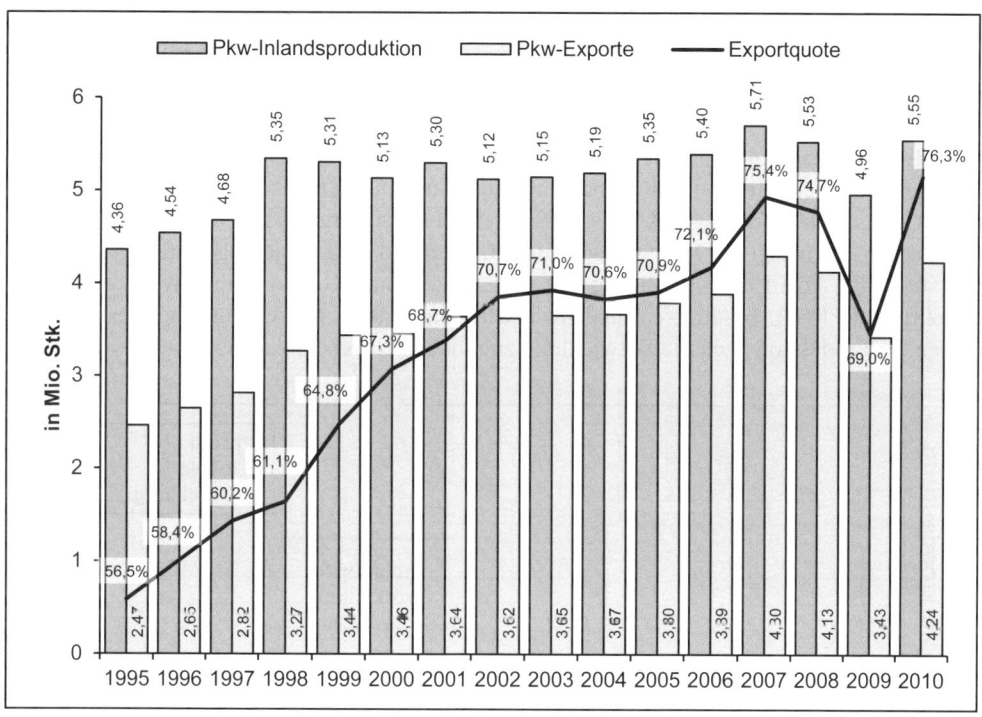

Abbildung 60:   Entwicklung der Exportquote der deutschen Automobilindustrie
                (Quelle: Verband der Automobilindustrie VDA)

Die zunehmende Erschließung der stark wachsenden Emerging Markets war aufgrund von
bestehenden Einfuhrbeschränkungen nur begrenzt über das klassische Exportgeschäft möglich. Neben der Exportstrategie hat daher die Globalisierung der Produktion eine wachsende
Bedeutung für die deutschen Automobilhersteller bekommen. Wie bereits in Kapitel 4.1.1
gezeigt wurde, ist die Auslandsproduktion der deutschen Automobilhersteller in den letzten
Jahren deutlich stärker als die Inlandsproduktion gestiegen.

Abbildung 61 zeigt die Verschiebung des Gesamtumsatzes der deutschen Automobilindustrie in den letzten Jahren. Seit dem Jahr 1997 liegt der Auslandsumsatz der deutschen Automobilindustrie über dem Inlandsumsatz. So entfielen im Jahr 2010 62,8 Prozent des Gesamtumsatzes auf das Ausland. Im Jahr 1995 hatte er noch bei 47,6 Prozent gelegen.

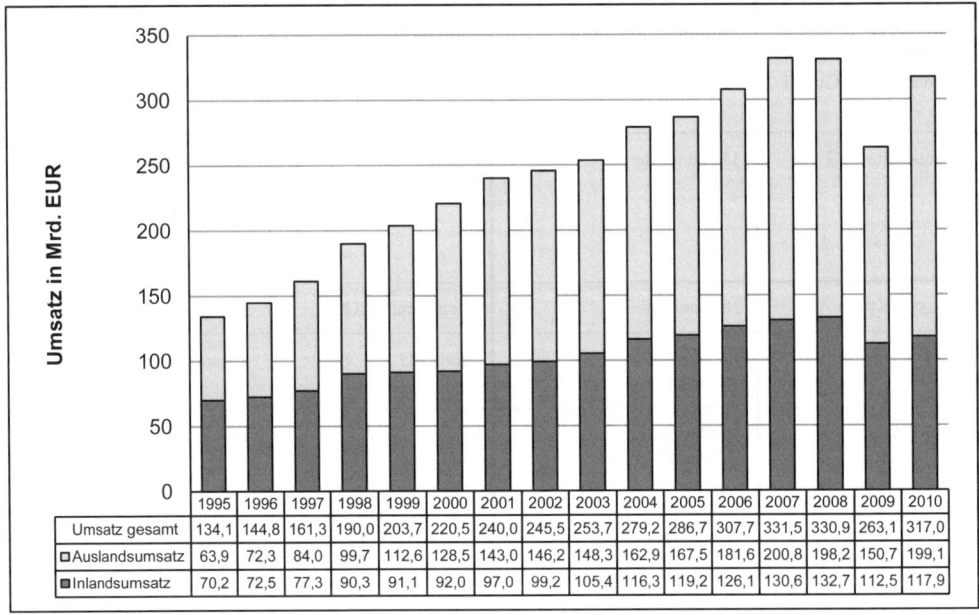

Abbildung 61:   Umsatzentwicklung in der deutschen Automobilindustrie
                 (Quelle: Verband der Automobilindustrie VDA)

Die deutsche Automobilzulieferindustrie weist insgesamt einen geringeren Globalisierungsgrad auf. So lag der Anteil des Auslandsumsatzes bei den Zulieferern im Jahr 2010 bei lediglich 33,7 Prozent (**Tabelle 28**). Zweifellos spielt hier die Tatsache eine Rolle, dass die deutsche Automobilzulieferindustrie nach wie vor sehr mittelständisch geprägt ist und kleinere
und mittlere Unternehmen sich bei einem Engagement im Ausland schwerer tun als Groß-
unternehmen.

Jahr	Inlandsumsatz in TEUR	Auslandsumsatz in TEUR	Gesamtumsatz in TEUR	Auslandsanteil in v. H.
2008	46.030.696	23.617.939	69.648.635	33,9
2009	35.113.024	16.564.445	51.677.469	32,1
2010	42.532.857	21.585.454	64.118.310	33,7

Tabelle 28:   Umsatzentwicklung in der deutschen Automobilzulieferindustrie
                 (Quelle: Statistisches Bundesamt)

Demgegenüber zeigt sich bei den großen deutschen Zulieferern eine starke internationale
Ausrichtung sowohl was die Kunden als auch die Entwicklungs- und vor allem Produktionsstandorte anbelangt. So sind alle größeren deutschen Automobilzulieferer beispielsweise auf
dem chinesischen Markt präsent, teilweise mit mehreren Standorten (**Tabelle 29**).

Zulieferer	Standorte in China	Zulieferer	Standorte in China
Robert Bosch GmbH	Shanghai	Evonik Industries AG	2 Standorte (davon 1 auch R&D)
Continental AG	11 Standorte	Freudenberg & Co. KG	8 reine Produktions-standorte + 30 Sales Offices + 11 Produktions- und Vetriebsstandorte
ThyssenKrupp AG	28 Standorte	Rheinmetall AG	3 Standorte
ZF Friedrichshafen AG	19 Standorte	Leoni AG	9 Standorte
BASF SE	29 Standorte + 9 Joint Ventures	Mann+Hummel GmbH	4 Standorte
Schaeffler AG	5 Production Bases + 20 Sales Offices	Dräxlmaier GmbH	3 Standorte
Mahle GmbH	13 Standorte	Bayer AG	23 Companies (Greater China)
Benteler International AG	8 Standorte	Eberspächer GmbH & Co. KG	3 Standorte
Hella KGaA Hueck & Co.	4 Standorte	Webasto AG	4 Produktionsstandorte + 1 Landesgesellschaft + 1 Repräsentanz + 1 Entwicklung und Produktion
Brose Fahrzeugteile GmbH & Co. KG	4 Produktionsstandorte + 1 R&D		
Behr GmbH & Co. KG	2 Standorte + 4 Joint Venture-Standorte	Knorr-Bremse AG	13 Standorte
Lanxess AG	10 Standorte	Peguform GmbH	1 Produktionsstandort
GETRAG GmbH & Cie KG	3 Standorte	Leopold Kostal GmbH & Co. KG	1 Standort

Tabelle 29:   Präsenz deutscher Automobilzulieferer in China
(Quelle: Automobil Produktion 2010; Webseiten; Geschäftsberichte)

Der mangelnde Globalisierungsgrad war in den 1980er und 1990er Jahren zweifellos eine Schwachstelle vieler deutscher Automobilhersteller, insbesondere im Vergleich mit ihren US-amerikanischen, vor allem aber auch japanischen Wettbewerbern. So war der Fokus vieler Hersteller bis weit in die 1990er Jahre hinein sehr stark auf die europäischen Märkte, bei den Premiumherstellern auch noch auf den nordamerikanischen Markt gerichtet. Außerdem be-schränkte sich die Bearbeitung vieler ausländischer Märkte auf reine Exportstrategien.

Während sich die Situation für die deutschen Tochterunternehmen der beiden US-Hersteller General Motors und Ford aus konzernstrategischen Gründen anders darstellt, haben die ori-

ginär deutschen Hersteller seit Beginn des letzten Jahrzehnts die Globalisierung von Produktion und Absatz erheblich vorangetrieben. Vor allem die Expansion des chinesischen Marktes
hat den Absatz in den letzten Jahren beflügelt. Wie **Tabelle 30** zeigt, ist der Absatzanteil von
China bei allen deutschen Automobilherstellern in den letzten Jahren sprunghaft angestiegen.

Anteile am Gesamtabsatz - in v. H. -	Audi		BMW		Mercedes-Benz[1]		Porsche		Volkswagen	
	2002	**2010**	**2002**	**2010**	**2002**	**2010**	**2002**	**2010**[2]	**2002**	**2010**
Europa	71,0	59,3	60,6	52,6	67,9	49,8[3]	50,4	38,7	50,9	34,3
Nordamerika	11,6	9,3[4]	25,8	20,2	18,8	20,1	40,5	27,9	17,2	5,7
Asien	6,6	25,3[5]	8,4	21,1	8,8	22,0[5]	4,4	20,6[5]	18,1[5]	36,7[5]
dar.: China	5,0	20,9	1,5	12,9	0,4	12,5	1,2	15,4	15,5	33,6
RoW	10,9	6,1	5,1	6,1	4,5	8,1	4,7	12,8	13,8	23,3
Welt	100,0	100,0	100,0	100,0	100,0	100,0	100,0	100,0	100,0	100,0

[1] Mercedes-Benz Cars inkl. Smart und Maybach; [2] Geschäftsjahr 2009/2010; [3] ausschl. Westeuropa; [4] ausschl. USA; [5] Asien Pazifik

Tabelle 30:   Globalisierung der deutschen Automobilmarken
                 (Quelle: Eigene Berechnungen)

Ein wichtiger Grund für den Erfolg ihrer Globalisierungsstrategien ist die gestiegene Bereit-
schaft der deutschen Hersteller, ihre Produkte an die nationalen Besonderheiten der Märkte
anzupassen. Die mangelnde Flexibilität in diesem Bereich hat die Expansionsspielräume
über viele Jahre beschränkt. So bieten die deutschen Hersteller zum Beispiel für einzelne Pre-
miummodelle spezielle Langversionen in China an. Sie tragen damit der Tatsache Rechnung,
dass es sich bei solchen Fahrzeugen in China um Chauffeurs-Fahrzeuge handelt, so dass das
Raumangebot im Fond von großer Bedeutung für die Kundenakzeptanz ist.

Zusammenfassend ist festzustellen, dass sich in der deutschen Automobilindustrie im Laufe
des letzten Jahrzehnts ein beschleunigter Übergang von einer Strategie der internationalen
Standardisierung hin zu einer multinationalen Globalisierungsstrategie bzw. zu einer Strategie des Multidomestic vollzogen hat. Dies hängt zweifellos mit der wachsenden Bedeutung
des asiatischen, vor allem des chinesischen Marktes zusammen, dessen Erschließung nicht
nur eine Produktion vor Ort zwingend vorschreibt, sondern aufgrund der Besonderheiten des
Marktes auch erfordert und mittlerweile auch wirtschaftlich sinnvoll ist. Der Grad der Globalisierung in der deutschen Automobilindustrie zeigt sich eindrucksvoll am Produktionsnetzwerk des Volkswagen-Konzerns mit weltweit 62 Produktions- und Montagestandorten (**Abbildung 62**). Aber auch die deutschen Premiumhersteller haben in den letzten Jahren globale
Produktionsnetzwerke aufgebaut, wobei der chinesische, aber auch der US-amerikanische
Markt von besonderer Bedeutung ist (z. B. BMW Spartanburg, Mercedes-Benz Tuscaloosa).

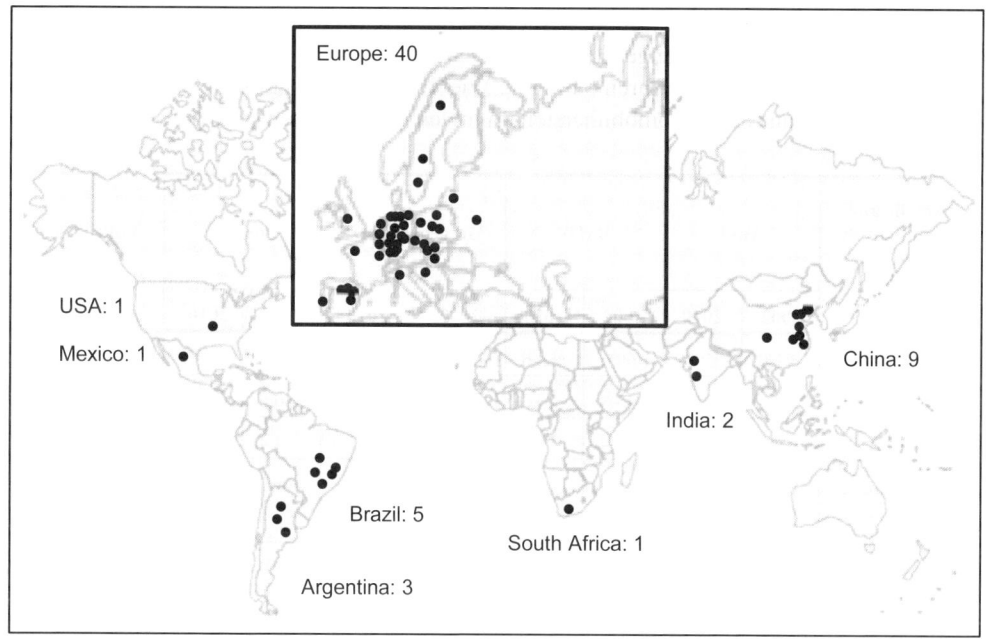

Abbildung 62:   Produktions- und Montagestandorte der Volkswagen AG
                 (Quelle: Volkswagen AG 2011, S. 49)

Nicht nur auf der Absatzseite, sondern auch in der Beschaffung hat sich in den letzten Jahren eine deutliche Globalisierung vollzogen, die einen wichtigen Beitrag zur Steigerung der internationalen Wettbewerbsfähigkeit der deutschen Automobilindustrie geleistet hat. Global Sourcing ist eine für die deutsche Automobilindustrie wichtige strategische Option *(vgl. Wildemann 2006, S. 259 ff.)*. Dabei stand zunächst das Ziel im Vordergrund, durch die Ausnutzung internationaler Faktorpreisdifferentiale und eine verstärkte Beschaffung in Low-Cost-Ländern die standortbedingten Kostennachteile am Automobilstandort Deutschland zu kompensieren. Dementsprechend waren die Beschaffungsmärkte in Osteuropa besonders attraktiv, „weil sich hier ein Optimum aus günstigen Lohnkosten, Transportkosten, Kosten für die Lieferantenbefähigung und wirtschaftlicher Stabilität" erreichen ließ *(Richter/Hartig 2007, S. 255)*.

In den letzten Jahren hat das Global Sourcing aber auch im Zusammenhang mit dem Risikomanagement der Unternehmen, insbesondere der Absicherung von Währungsschwankungen („Natural Hedging") sowie dem Aufbau von eigenen Produktionsanlagen im Ausland an Bedeutung gewonnen. Mit der Erhöhung der Wertschöpfungstiefe in Ländern mit eigener Montage oder Produktion wurde auch die Lieferantenstruktur entwickelt, so dass heute lokale Lieferanten in Auslandsmärkten auch die deutschen Werke der Automobilhersteller beliefern *(vgl. Garcia Sanz 2007, S. 17)*.

Vor dem Hintergrund der in Kapitel 5.2.4 aufgezeigten Kostendifferentiale, insbesondere bei den Personalkosten, hat in den letzten Jahren die Automobilproduktion in Zentral- und Osteuropa eine zunehmende Bedeutung gewonnen. Wie **Tabelle 31** zeigt, ist im Zeitraum 2000 bis 2010 die Produktion in den traditionellen westeuropäischen Automobilstandorten von

14,7 Mio. Einheiten auf 11,9 Mio. Einheiten, also um insgesamt 19 Prozent gesunken. Dem-gegenüber war an den neuen zentral- und osteuropäischen Ländern eine Produktionssteige-rung um 120 Prozent auf 3,1 Mio. Einheiten im Jahr 2010 zu verzeichnen. Verantwortlich dafür war nicht nur die Ansiedlung japanischer und koreanischer Automobilhersteller in diesen Ländern, wie zum Beispiel Toyota mit einem Gemeinschaftswerk mit Peugeot im tschechischen Kolin oder der Aufbau eines Automobilwerks durch Hyundai in der Slowakei. Auch westeuropäische Hersteller haben in den Auf- und Ausbau osteuropäischer Werke in-vestiert.

Traditionelle Produktions-länder	2010	2000	Veränd. in v. H.	Neue mittel- und osteuro-päische Pro-duktionsländer	2010	2000	Veränd. in v. H.
Belgien	528.996	912.233	-42	Tschechien	1.069.518	428.224	+150
Frankreich	1.924.171	2.879.810	-33	Ungarn	165.000	134.029	+23
Deutschland	5.552.409	5.131.918	+8	Polen	785.000	481.689	+63
Italien	573.169	1.422.284	-60	Rumänien	323.587	64.181	+404
Niederlande	48.025	215.085	-78	Slowakei	556.941	181.333	+207
Portugal	114.563	178.509	-36	Slowenien	201.039	122.949	+64
Spanien	1.913.513	2.366.359	-19				
Großbritannien	1.270.444	1.641.452	-23				
Summe	11.925.290	14.747.650	-19	Summe	3.101.085	1.412.405	+120

Tabelle 31:   Entwicklung der Automobilproduktion in West-, Zentral- und Osteuropa
                 (Quelle: OICA 2011; eigene Berechnungen)

Dies gilt auch für die deutschen Hersteller. So hat insbesondere der VW-Konzern seine Pro-duktion in Tschechien, der Slowakei aber auch in Ungarn kräftig gesteigert. Opel hat vor allem sein Engagement in Polen ausgebaut, Daimler verlagert einen Teil seiner künftigen Produktion nach Ungarn und Ford plant die Produktion eines Kleinwagens in Rumänien. Aus standortbezogener Sicht ist diese Entwicklung eine Schwächung des Automobilstandortes Deutschland und ein Indiz für die Kostenproblematik des Standortes. Andererseits stellt die verstärkte Produktion an Low-Cost-Standorten für die deutschen Automobilhersteller ein wichtiges Instrument zur Sicherung bzw. Steigerung ihrer Wettbewerbsfähigkeit dar.
Der Ausbau der Produktion in diesen Ländern, aber auch der Preis- und Kostendruck aus den etablierten Produktionsstandorten, hat auch in der deutschen Zulieferindustrie zu einem wachsenden Engagement in den zentral- und osteuropäischen Ländern geführt. So sind heute nahezu alle größeren deutschen Zulieferer mit Produktionswerken in dieser Region aktiv bzw. planen einen weiteren Ausbau ihrer Aktivitäten *(vgl. Gtai 2011)*.

5.4.5   Strategische Allianzen und Beteiligungen

Die deutschen Automobilhersteller haben in den letzten Jahren zahlreiche strategische Allianzen geschlossen. Unter einer strategischen Allianz ist dabei ein Netzwerkarrangement zwischen verschiedenen Unternehmen zu verstehen, das darauf abzielt durch eine Zusammenarbeit Wettbewerbsvorteile zu realisieren *(vgl. Schäfer 1994, S. 687)*. Sie ist damit zwischen einer rein marktlichen und einer rein hierarchischen Koordination wirtschaftlicher Aktivitäten einzuordnen (**Abbildung 63**).

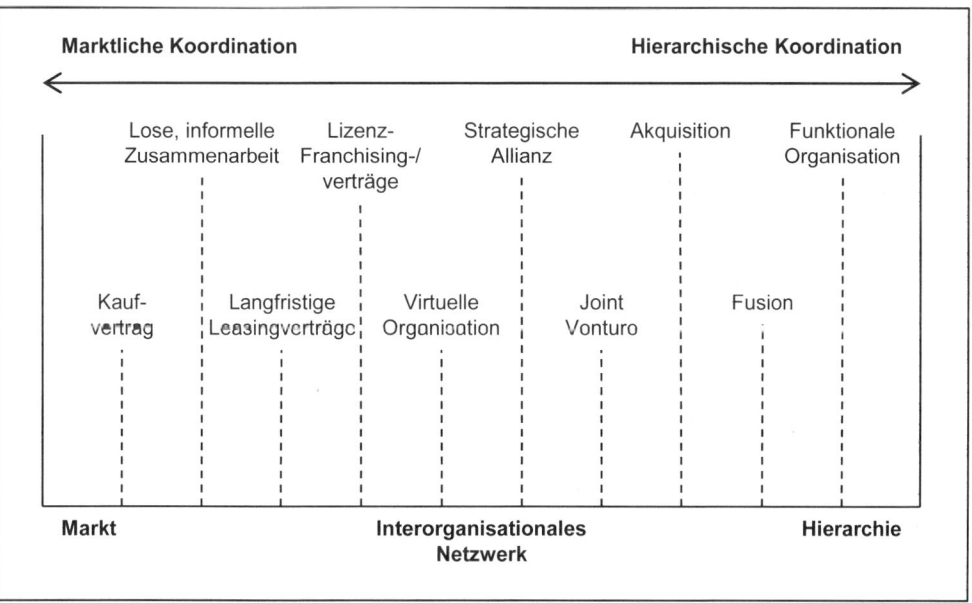

Abbildung 63:   Organisationsformen im Markt-Hierarchie Kontinuum
                 (Quelle: Zentes et al. 2003)

Ziele strategischer Allianzen sind vor allem die Erzielung von Scale-Effekten, die Markterschließung sowie die Realisierung von Synergie-Effekten. Sie können sich auf einzelne Unternehmensfunktionen wie Forschung und Entwicklung, Produktion und Beschaffung, Marketing und Vertrieb beziehen, aber auch funktionsübergreifend angelegt sein. Darüber hinaus können sie auch ein Instrument zur Diversifikation über das Kerngeschäft hinaus sein (z. B. automobilbezogene Dienstleistungen).

Eine Stärke der deutschen Automobilhersteller ist ihr Netzwerk von Kooperationen und Beteiligungen. Sie dienen zum einen der Realisierung von Synergie-Effekten in Forschung und Entwicklung, zum anderen der Markterschließung. **Abbildung 64** gibt einen Überblick über aktuelle Kooperations- und Beteiligungsprojekte sowie Joint-Ventures deutscher Hersteller.

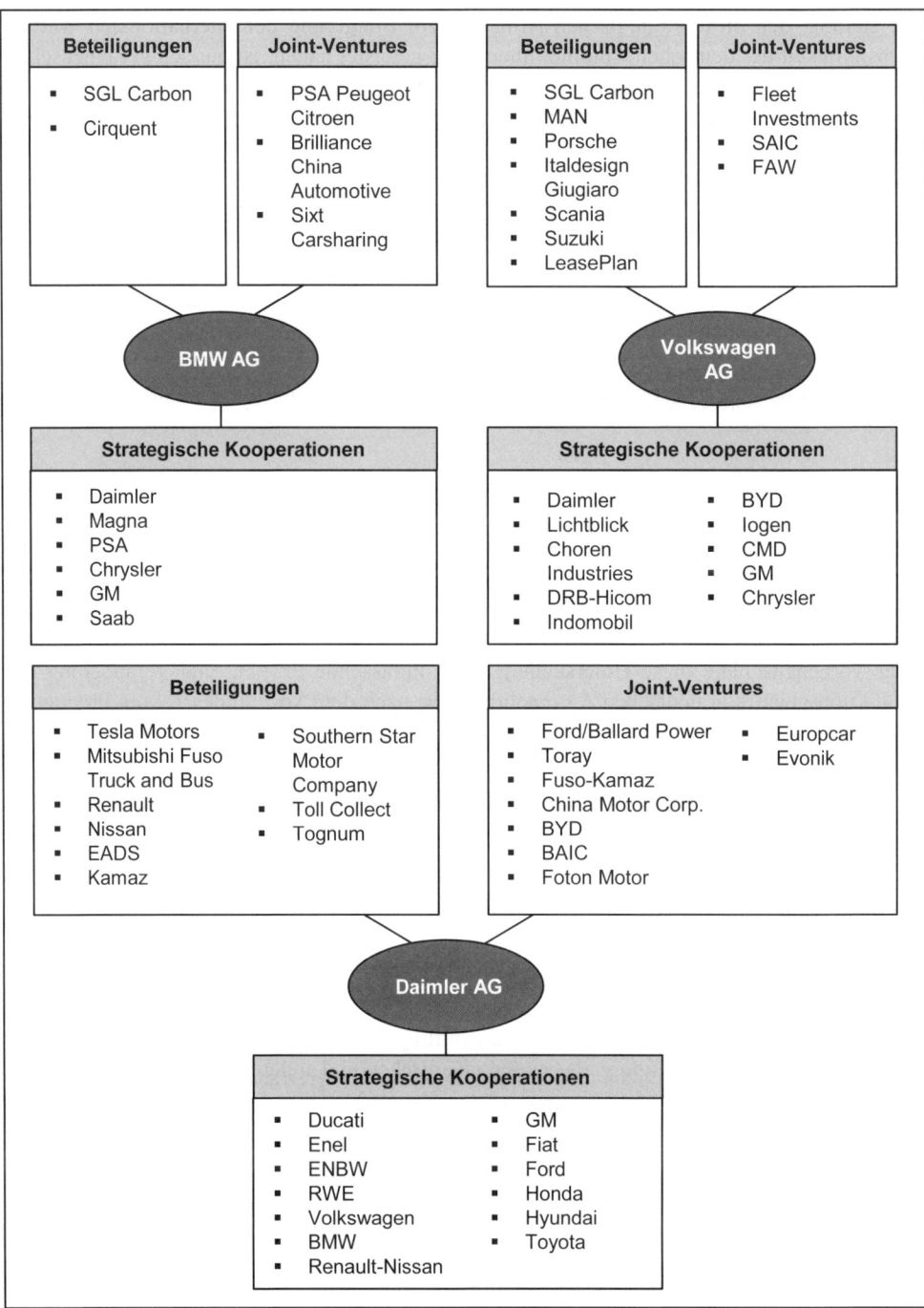

Abbildung 64:   Ausgewählte Beteiligungen, Kooperationen und Joint-Ventures deutscher Automobilhersteller
(Quelle: Meck/Heumann 2011; Hucko et al. 2011)

Der Beitrag, den diese strategischen Allianzen zur Steigerung der internationalen Wettbe-werbsfähigkeit der deutschen Automobilhersteller geleistet haben, ist nur schwer einzuschät-zen. Generalisierende Aussagen sind aufgrund der Heterogenität der Engagements und der unterschiedlichen Dauer seit diese Allianzen bestehen nicht möglich. Notwendig waren die strategischen Allianzen in Form von Joint-Ventures zur Erschließung des chinesischen Mark-tes, wo die deutschen Automobilhersteller mittlerweile alle sehr erfolgreich sind. Es liegt auf der Hand, dass strategische Allianzen und Beteiligungen auch mit Risiken verbunden sind, die zu einer zweitweisen Schwächung der Wettbewerbsfähigkeit führen können. Das Risiko eines Scheiterns ist umso höher, je enger die Allianz und je größer die kulturelle Distanz zwischen den Partnern ist. Zweifellos haben zahlreiche Allianzen aber dazu beigetragen, ein burden-sharing bei der Finanzierung langfristig angelegter Technologieprojekte wie etwa der Brennstoffzelle zu erreichen. Vor allem für die deutschen Premiumhersteller mit relativ klei-nen Stückzahlen sind und bleiben solche Kooperationen von einer großen strategischen Re-levanz.

5.4.6   Produktionssysteme und Supply Chain Management

In der bekannten Studie des MIT „Lean Management" wurde den deutschen Automobilher-stellern Ende der 1980er Jahre eine geringe Produktivität in ihren Fertigungsstätten attestiert. Auch hinsichtlich der Qualität lagen deutsche Automobilwerke zum Teil beträchtlich hinter denen ihrer japanischen Wettbewerber *(vgl. Womack et al. 1991, S. 88 ff.)*. Trotz methodi-scher Vorbehalte hatte diese Untersuchung eine umfassende Prüfung und Veränderung der Produktionsabläufe in deutschen Automobilwerken nach dem Vorbild des Toyota Production System (TPS) zur Folge. Wesentliche Prinzipien eines Lean Managements wurden umge-setzt, und zwar insbesondere

* die Vermeidung von Verschwendung durch die Ausrichtung aller wertschöpfenden Tätigkeiten auf die Kundenwünsche,

* die Stärkung der Eigenverantwortung der Mitarbeiter im Fertigungsprozess sowie

* die kontinuierliche Verbesserung.

Dabei mussten die deutschen Automobilhersteller vor allem im Premiumsegment die stei-genden Anforderungen ihrer Kunden nach Individualisierung berücksichtigen. Aufgrund der enormen Zahl an Sonderausstattungsoptionen und deren individueller Zusammenstellung durch den Kunden hatte und hat bei ihnen die auftragsbezogene Fertigung („Built-to-Order") eine sehr viel größere Bedeutung als bei den japanischen und anderen Massenherstellern.

Die Sicherstellung einer hohen Produktqualität ist für die deutschen Automobilhersteller aufgrund ihrer standortbedingten Kostennachteile überlebenswichtig. Nach einigen spektaku-lären Qualitätsproblemen zu Beginn des letzten Jahrzehnts haben alle Hersteller und Zuliefe-rer umfassende Qualitätssicherungssysteme eingeführt bzw. optimiert *(vgl. Brückner 2009)*. Da über 70 Prozent aller Teile in einem Fahrzeug Zukaufteile sind, ist die Qualitätssicherung an der Schnittstelle von Hersteller und Zulieferer von besonderer Bedeutung. Qualität ist daher für alle Automobilhersteller ein wichtiges Kriterium für die Vergabe von Aufträgen an Lieferanten und ihre Nichterfüllung zieht entsprechende Konsequenzen nach sich.

Die gleichzeitige Erzielung von hoher Produktivität, hoher Qualität und hoher Flexibilität stellt das Supply-Chain-Management vor große Herausforderungen. Durchgesetzt hat sich in der deutschen Automobilindustrie das Konzept der sogenannten Perlenkette. Es soll eine effiziente Fertigung von Produkten mit einer hohen Varianz sicherstellen. Voraussetzung für die Umsetzung ist, dass zu einem definierten Zeitpunkt vor Produktionsstart eine Auftragsreihenfolge für den Montagprozess festgelegt und bis zur Fertigstellung des Fahrzeuges eingehalten wird. Auf dieser Basis erfolgt eine Sequenzierung des gesamten Ablaufs, in den auch die Zulieferteile eingebunden werden. Die Anlieferung dieser Teile erfolgt dann Just-in-Sequence, so dass Lagerbestände vermieden werden. Die Umsetzung eines solchen Konzeptes stellt hohe Anforderungen an die Produktionssteuerung und die Gestaltung der Logistikprozesse *(vgl. Schindler/Anderlitschka 2008)*.

Insgesamt ist es den deutschen Automobilherstellern in den beiden letzten Jahrzehnten gelungen, trotz einer großen Variantenvielfalt Anschluss an die hohe Produktivität der japanischen Automobilhersteller zu finden. Leider werden die Daten des Harbour Reports, in dem die Produktivität anhand der Arbeitsstunden je Fahrzeug gemessen und international verglichen wird, nicht mehr veröffentlicht. Im jüngsten Report wird festgestellt, dass in Europa „some automakers have made substantial progress toward the types of sustainable manufacturing processes that characterize the world´s best competitors" *(Harbour 2009)*.

Dass die deutschen Hersteller über eine hohe Produktivität verfügen, zeigen die in Kapitel 5.2.4 ausgewiesenen Daten. Bestätigt wird dies auch durch eine repräsentative Befragung von 307 Unternehmen der europäischen Automobilindustrie im Rahmen des European Automotive Survey 2011 der Unternehmensberatung Ernst & Young *(vgl. Fuß 2011, S. 18 ff.)*. Danach nimmt der Automobilstandort Deutschland sowohl bei der Produktivität wie auch der Qualität eine Spitzenstellung ein (**Abbildung 65**).

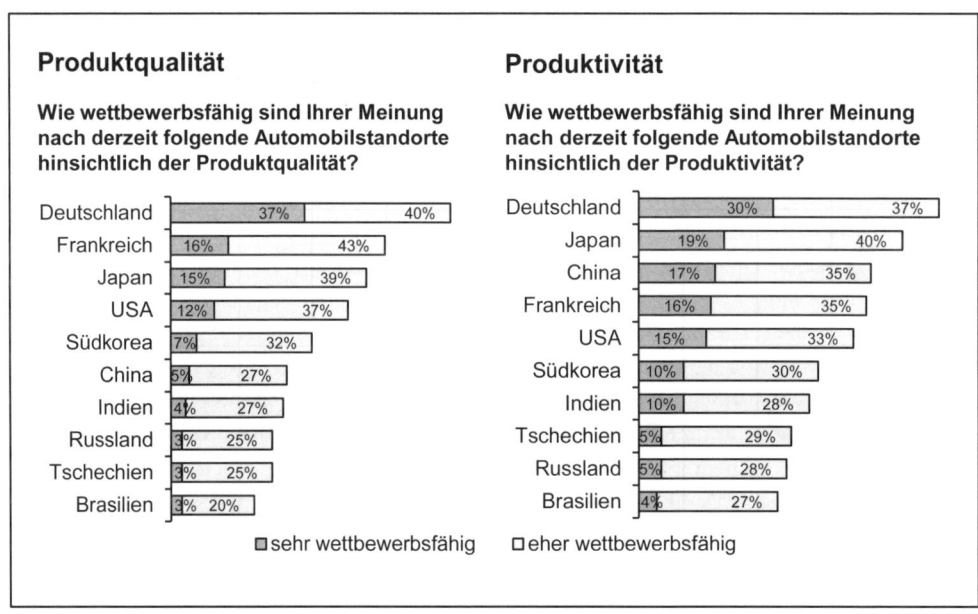

Abbildung 65:   Qualität und Produktivität am Produktionsstandort Deutschland (aus Expertensicht)
                 (Quelle: Fuß 2011, S. 18 ff.)

5.4.7 Marken-Image

Angesichts einer anhaltend großen und tendenziell noch steigenden Zahl von Automobilmarken stellt eine starke Marke einen wichtigen Faktor der Wettbewerbsfähigkeit dar. Unter einer Marke ist dabei ein in der Psyche des Konsumenten verankertes, unverwechselbares Vorstellungsbild von einem Produkt (oder einer Dienstleistung) zu verstehen *(vgl. Meffert et al. 2005, S. 6)*.

Deutsche Automobilmarken verfügen in vielen Teilen der Welt über eine anhaltend große Strahlkraft. Das gilt vor allem für die deutschen Premiummarken. Hier verbindet sich das Image des Automobilstandorts Deutschland mit dem spezifischen Markenimage des jeweiligen Herstellers. Wie **Abbildung 66** zeigt, belegen deutsche Automobilmarken vor allem in vier Bereichen Spitzenplätze im Hinblick auf das Markenimage, nämlich gute Verarbeitung, Erfüllung hoher Sicherheitsstandards, fortschrittliche Technik sowie Sportlichkeit.

	Deutschland			Frankreich			Italien			Spanien		
	1	2	3	1	2	3	1	2	3	1	2	3
gute Verarbeitung	Audi 93%	BMW 86%	Lexus 85%	Audi 96%	BMW 81%	Mercedes 75%	Audi 89%	BMW 77%	Mercedes 76%	Mercedes 87%	Audi 83%	BMW 75%
hohe Zuverlässigkeit	Lexus 88%	Mercedes 86%	Audi 85%	Honda 89%	Audi 82%	Mercedes 78%	BMW 80%	Audi 78%	Mercedes 76%	Mercedes 81%	Honda 80%	Subaru 77%
hohe Sicherheitsstandards	Mercedes 92%	Volvo 89%	BMW 80%	Volvo 88%	Mercedes 75%	Audi 71%	Volvo 93%	Mercedes 72%	Audi 66%	Volvo 96%	Mercedes 82%	Audi 63%
fortschrittliche Technik	BMW 86%	Audi 80%	Mercedes 74%	Audi 81%	Mercedes 79%	66%	BMW 77%	Audi 73%	Mercedes 58%	BMW 76%	Mercedes 75%	Audi 73%
baut umweltverträgliche Autos	Toyota 77%	BMW 60%	Honda 55%	Toyota 68%	BMW 50%	Honda 47%	Volvo 54%	Toyota 54%	Honda 50%	Toyota 68%	Honda 51%	Lexus 47%
gutes Preis-Leistungs-Verhältnis	Skoda 94%	Kia 80%	Hyundai 78%	Dacia 94%	Skoda 81%	Kia 73%	Ford 77%	Kia 75%	Hyundai 72%	Skoda 94%	Kia 74%	Seat 66%
hoher Wiederverkaufswert	Porsche 90%	Mercedes 82%	Audi 68%	Audi 83%	Mercedes 82%	BMW 81%	Porsche 79%	Audi 71%	VW 61%	Mercedes 86%	BMW 61%	Audi 59%

	Deutschland			Frankreich			Italien			Spanien		
	1	2	3	1	2	3	1	2	3	1	2	3
gutes Aussehen/Styling	93%	93%	84%	88%	77%	64%	83%	83%	78%	85%	67%	65%
baut sportliche Autos	97%	84%	77%	72%	66%	57%	98%	71%	67%	57%	49%	40%

Abbildung 66:   Das Image deutscher Automobilmarken im internationalen Vergleich
                 (Quelle: Motor Presse Stuttgart 2011)

Ein starkes Markenimage ist nicht nur deshalb ein wesentlicher Faktor der Wettbewerbsfähigkeit, weil von ihm eine kaufbeeinflussende Wirkung ausgeht, sondern weil dieses auch
einen direkten Einfluss auf den Werterhalt des Produktes hat. Produkte starker Marken
unterliegen einem geringeren Wertverlust als die Produkte schwacher Marken. Da der Wertverlust einen direkten Einfluss auf die Total Cost of Ownership hat, trägt ein hoher Markenwert dazu bei, eine überdurchschnittliche Preisstellung im Markt durchsetzen zu können.

Die hohe Strahlkraft deutscher Automobilmarken belegt auch eine Facebook-Auswertung:
So liegen unter den 10 Marken mit der größten Anzahl von Fans sechs Marken deutscher
Automobilhersteller (**Tabelle 32**).

Rang	Marke	Facebook Fans (Anzahl)	Rang	Marke	Facebook Fans (Anzahl)
1	BMW	5.299.449	11	Chevrolet	479.736
2	Ferrari	4.063.502	12	Toyota	366.791
3	Audi	3.559.052	13	Lamborghini	318.040
4	Mercedes-Benz	2.882.604	14	Alfa Romeo	251.668
5	Porsche	1.531.000	15	Citroen	218.674
6	Mini	1.015.004	16	Nissan	209.062
7	Honda	990.251	17	Volvo	192.390
8	Volkswagen	734.408	18	Mazda	185.050
9	Aston Martin	712.303	19	Chrysler	184.546
10	Kia	497.955	20	Mitsubishi	148.007

Tabelle 32:   Internationale Attraktivität von Automobilmarken
               (Quelle: Landau Media AG 2011)

Das international starke Markenimage deutscher Hersteller hat viele Gründe. Dazu zählen:

- technologisch fortschrittliche und qualitativ hochwertige Produkte,

- Tradition und Geschichte,

- klare Markenpositionierung und eine

- aktive, aber gleichzeitig auch kontinuierliche Markenkommunikation.

Der letzte Aspekt betrifft sowohl die klassische Mediawerbung als auch Kommunikationsaktivitäten im Bereich der neuen Medien sowie des Product Placements, des Event Marketings und des Sponsorings. Insbesondere der Motorsport hatte und hat einen großen Einfluss auf die Wahrnehmung der deutschen Automobilmarken. Ein wichtiger und in den letzten Jahren von den deutschen Hersteller verstärkt genutzter USP in der Markenpflege ist der Faktor „Tradition". Alle deutschen Hersteller verfügen über eine lange Tradition, die sich mit dem Status des „Erfinderlandes" verbinden lässt. Vor allem hinsichtlich der Glaubwürdigkeit und Authentizität von Marken ist der Rückgriff auf die Markenhistorie von zentraler Bedeutung *(vgl. Diez 2002, S. 18 f.)*. Mit dem Auf- und Ausbau ihrer Museen und der Traditionspflege insgesamt haben die deutschen Hersteller in den letzten Jahren ihr Markenprofil schärfen und weiterentwickeln können.

Die Stärke des Markenimages schlägt sich letztlich auch in einem hohen monetären Markenwert nieder. Dabei ist zu berücksichtigen, dass in die Berechnung des Markenwertes bei Interbrand auch die Verbreitung und ihre Absatzvolumen einer Marke mit einfließt. Trotz eines ungleich kleineren Absatzvolumens rangieren Mercedes-Benz und BMW in diesem Ranking direkt hinter Toyota (**Abbildung 67**).

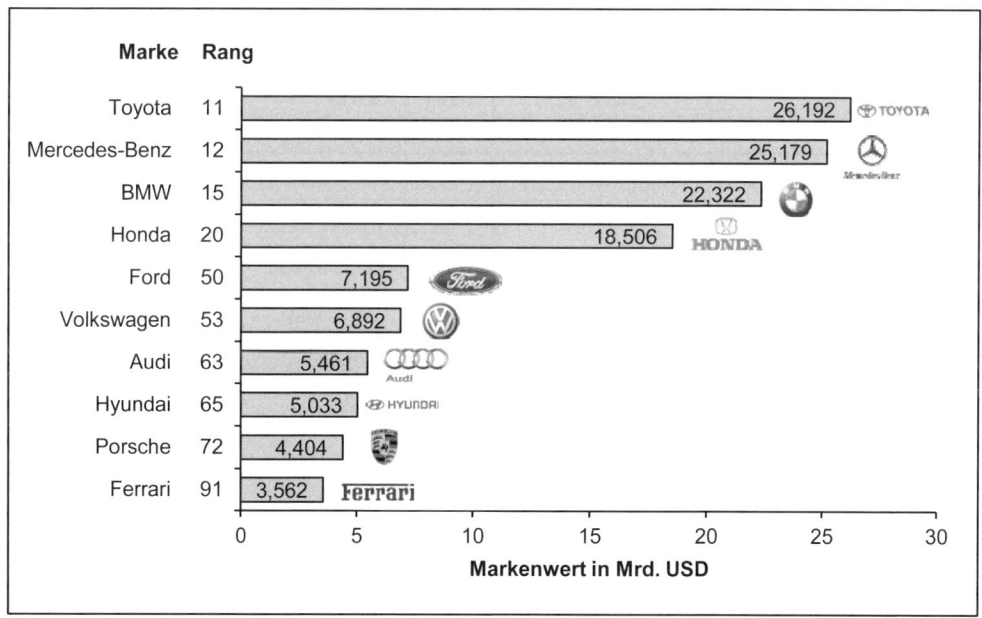

Abbildung 67:   Best Global Brands 2010 - Top 100 Automotive Brands
(Quelle: Interbrand 2011)

5.4.8   Zwischenfazit: Der Einfluss der unternehmensbezogenen
           Faktoren auf die Wettbewerbsfähigkeit der deutschen
           Automobilindustrie

Mit der zunehmenden Globalisierung entflechten sich die standort-, branchen- und unternehmensbezogenen Faktoren der Wettbewerbsfähigkeit. Für global agierende Unternehmen
sind nicht mehr die Standortbedingungen eines Landes allein für ihren Erfolg entscheidend,
sondern ihre Fähigkeit, ihre Stärken in den verschiedenen Märkten gezielt einzusetzen.

Letztlich sind es immer Unternehmen, und nicht Branchen oder ganze Volkswirtschaften, die
auf dem Weltmarkt miteinander konkurrieren. Wettbewerbsfähigkeit heißt dabei: Warum
kaufen die Kunden ein Produkt von Unternehmen A und nicht von Unternehmen B oder C?
Dementsprechend sind es unternehmensindividuelle Faktoren, die über den Erfolg oder
Misserfolg im Markt entscheiden. Die Wettbewerbsfähigkeit der in Deutschland tätigen
Automobilhersteller einschließlich der Tochtergesellschaften der beiden US-amerikanischen
Hersteller ist zweifellos differenziert einzuschätzen. Erfolg oder Misserfolg der Marken
spiegeln sich in den für die Wettbewerbsfähigkeit relevanten Indikatoren – Absatz, Produk-
tion und Profitabilität – wider. Generalisierende Aussagen zu den Stärken und Schwächen
der in Deutschland ansässigen Automobilhersteller sind daher nur schwer möglich.

Gleichwohl lassen sich einige wettbewerbsrelevante Faktoren klar identifizieren: Es sind dies
eine kundenorientierte Modellpolitik, ein umfassendes und qualitativ hochwertiges Dienstleistungsangebot, die Anpassung an global unterschiedliche Märkte effiziente und flexible
Produktionssysteme sowie eine konsequente Markenpflege. Dem stehen auch Schwächen
gegenüber, wie etwa das geringe Angebot an Entry-Level-Cars oder die geringe Marktpräsenz in Asien außerhalb Chinas (**Tabelle 33**).

Im Hinblick auf die künftige Entwicklung wird die Bedeutung der unternehmensbezogenen
Determinanten der Wettbewerbsfähigkeit weiter zunehmen. Die Herausforderung liegt dabei
darin, in einem globalen Wettbewerbsumfeld Unternehmensstrategien und Geschäftsmodelle
zu entwickeln, die sowohl den unternehmensindividuellen Kompetenzen und Potenzialen als
auch den Besonderheiten einzelner Märkte und Regionen Rechnung tragen.

Unternehmensbezogene Determinanten	Stärken	Schwächen
Produktmanagement	ganzheitliches Produktverständnis, Angebot an qualitativ hochwertigen und technisch fortschrittlichen Fahrzeugen in allen Klassen	anspruchsvolle Preispositionierung
Modellprogramm und Modellzyklen	breite Segmentabdeckung, Besetzung von Marktnischen, kontinuierliche Modellabfolgepolitik	geringes Angebot an preiswerten Einstiegsmodellen (Entry-Level-Cars)
Internationalisierung und Globalisierung	starke Position in den Triade-Märkten, zukunftsorientierte Positionierung in einigen Emerging Markets	geringe Marktpräsenz in Asien (außer China), schwache Position im nordamerikanischen Volumengeschäft
Kundenbeziehungsmanagement und Dienstleistungen	hohe Standards im After Sales, innovativ bei Finanz- und Mobilitätsdienstleistungen	geringe Fahrzeugbindung im After Sales hinsichtlich älterer Fahrzeuge, niedrige Finanzdienstleistungs-Penetration bei Gebrauchtwagen
Strategische Allianzen und Beteiligungen	strategisch ausgerichtete Entwicklungs- und Produktionspartnerschaften	Abhängigkeit von Kooperationspartnern
Produktionssysteme	effiziente und flexible Produktions-systeme	Hohe Komplexität aufgrund Variantenvielfalt und Sonderausstattungspolitik
Markenimage	starkes Markenimage hinsichtlich Qualität, Technik und Sportlichkeit	schwache Imageausprägung hinsichtlich Preis-Leistungs-Verhältnis und Ökologie

Tabelle 33:   Stärken und Schwächen der deutschen Automobilindustrie hinsichtlich unternehmensbezogener Faktoren
(Quelle: Eigene Darstellung)

6 Branchenlebenszyklus und internationale Wettbewerbsfähigkeit

6.1 Überblick

In diesem Kapitel soll die bisherige Analyse zur Wettbewerbsfähigkeit der deutschen Automobilindustrie nach zwei Dimensionen hin erweitert und vertieft werden:

- Anhand des Branchenlebenszyklus, beginnend im 19. Jahrhundert durch die geniale Erfindung von Carl Benz und Gottlieb Daimler, soll die Genese der internationalen Wettbewerbsfähigkeit der deutschen Automobilindustrie transparent gemacht werden.

- Gleichzeitig sollen im Rahmen dieser dynamischen Analyse die wesentlichen wechselseitigen Wirkungen der in Kapitel 5 dargestellten standort-, branchen- und unternehmensbedingten Determinanten der Wettbewerbsfähigkeit aufgezeigt werden.

Die folgenden Ausführungen haben nicht den Anspruch, die historische Entwicklung der deutschen Automobilindustrie nachzuzeichnen. Sie sollen vielmehr in einer stark strukturierten Form die einzelnen Abschnitte der Branchenentwicklung charakterisieren und so deutlich machen, wie sich verschiedene Determinanten der Wettbewerbsfähigkeit einzeln und in ihrem Verhältnis zueinander entwickeln. Erst diese dynamische Betrachtungsweise erlaubt es, die Wettbewerbsfähigkeit der deutschen Automobilindustrie und ihrer Determinanten modellhaft darzustellen, wie dies im Kapitel 6.5 erfolgen soll. Als historische Quellen für die folgende Darstellung wurden vor allem die Veröffentlichungen von Diez, Edelmann, Eckermann, Möser und von Fersen genutzt *(vgl. Diez 1988; Edelmann 1989; Eckermann 1984; Möser 2002 sowie Fersen 1986).*

6.2 Modelle des Branchenlebenszyklus

6.2.1 Begriff und Relevanz von Branchenlebenszyklen

Im Gegensatz zu Produkt- und Unternehmenslebenszyklen gibt es – wie der umfassende Überblick bei Höft zeigt – vergleichsweise wenige Modelle für Branchenlebenszyklen *(vgl. Höft 1992, S. 103 ff.).* Häufig handelt es sich dabei lediglich um auf Branchenniveau hoch aggregierte Produktlebenszyklus-Modelle.

Unter einer Branche ist eine Gruppe von Unternehmen zu verstehen, die Produkte oder Dienstleistungen anbieten, die Substitutionscharakter haben. Dies impliziert, dass Unternehmen innerhalb einer Branche durch eine ähnliche Produkt/Markt-Kombination gekennzeichnet sind und auch darüber hinausgehend Ähnlichkeiten hinsichtlich der praktizierten Geschäftsmodelle aufweisen.

Ziel der Formulierung von Branchenlebenszyklus-Modellen ist es, phasentypische Problemlagen von Unternehmen zu erkennen und Normstrategien für deren Lösung zu entwickeln. Der Branchenlebenszyklus stellt also strukturelle Merkmale, die die Entwicklung einer Branche kennzeichnen, dynamisch, das heißt im Zeitablauf, dar.

6.2.2   Das Modell von Arthur D. Little (ADL)

Ein relativ allgemeines Modell für Branchenlebenszyklen ist das von der Unternehmensberatung Arthur D. Little (ADL) entwickelte Vier-Phasen-Modell *(vgl. Höft 1992, S. 103 ff.)*. Es verwendet den Umsatz als unabhängige Variable und unterscheidet die Phasen Entstehung, Wachstum, Reife und Alter. Diese verschiedenen Phasen werden durch eine Vielzahl von Merkmalen voneinander abgegrenzt (**Tabelle 34**).

Bestimmung der Lebenszyklusphase einer Industrie				
Lebenszyklus-phase / Kriterium	Entstehung	Wachstum	Reife	Alter
Wachstumsrate	Unbestimmt	Hoch	Gering	Null
Marktpotential	Unklar	Klarer	Überschaubar	Bekannt
Sortiment	Klein	Rasche Erweiterung	Langsame bzw. keine Erweiterung	Bereinigung
Anzahl der Wettbewerber	Klein	Erreicht den Höchstwert	Konsolidierung Grenzanbieter scheiden aus	Weitere Verringerung
Verteilung der Marktanteile	Nicht abschätzbar	Konzentration	⟶	
Stabilität der Marktanteile	Gering	Höher	Hoch	⟶
Kundentreue	Gering	Höher	Abnehmend	Höher
Eintrittsmöglichkeit	Gut (weil noch kein starker Wettbewerber vorhanden)	Noch gut – vor allem bei hohem Wachstum	Geringer	Meist uninteressant
Rolle der Technologie	Hoher Einfluss; Konzeptentwicklung und Produkt-Engineering	Hoher Einfluss; Produktlinie erweitern	Produktlinie erneuern und Herstellverfahren rationalisieren	Technologie ist bekannt, verbreitet und stagnierend

Tabelle 34:   Das Modell des Branchenlebenszyklus nach Arthur D. Little
(Quelle: Höft 1992, S. 104)

Ziel des Branchenlebenszyklus-Modells von ADL ist es, die kritischen Erfolgsfaktoren für die jeweiligen Phasenübergänge zu identifizieren, um daraus branchenspezifische Beratungskonzepte zu entwickeln.

6.2.3 Das Modell von A. T. Kearney

Auch das Branchenlebenszyklusmodell von A. T. Kearney, das auf die Entwicklung des Konzentrationsgrades von Branchen abhebt, ist auf die Entwicklung von branchenspezifischen Beratungskonzepten ausgerichtet. Im Vordergrund steht dabei das Management von Unternehmensübernahmen und Fusionen *(vgl. Kröger 2004)*. Es wird unterstellt, dass Branchen abhängig von der Zeitdauer ihres Bestehens vorhersehbare und in ihrem Ablauf ähnliche Konsolidierungsprozesse durchlaufen. Aus den so gewonnenen Erfahrungen in vorauseilenden Branchen lassen sich Rückschlüsse und Empfehlungen für das Management von Mergers & Acquisitions in nachlaufenden Branchen gewinnen.

Wie **Abbildung 68** zeigt, geht das Modell von A. T. Kearney davon aus, dass sich nach einem anfänglich hohen Konzentrationsgrad die Zahl der relevanten Anbieter in einem Markt erhöht und damit der Konzentrationsgrad zurückgeht. Mit dem zunehmenden Alter steigt die Branchenkonzentration dann sehr stark an. Erklärbar ist dies durch die wachsende Bedeutung von Economies-of-Scale-Effekten, die zu Übernahmen und Fusionen zwingen. Andererseits verwehren hohe Barrieren neuen Wettbewerbern den Markteintritt bzw. durch niedrige Gewinnspannen und geringe Wachstumsaussichten ist ein Markteintritt unattraktiv.

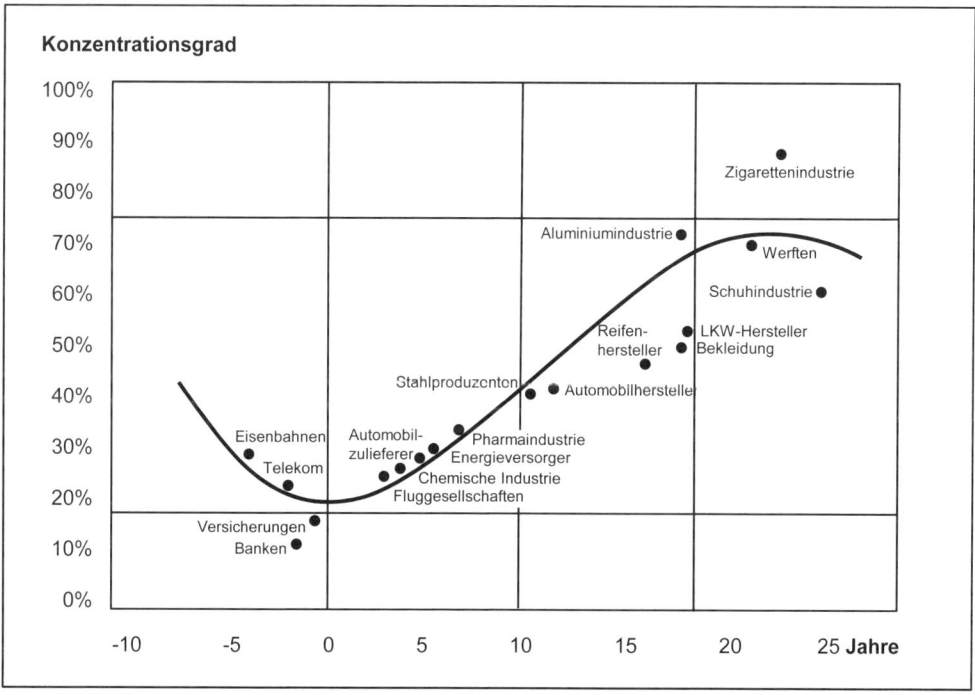

Abbildung 68:   Das Modell des Branchenlebenszyklus nach A. T. Kearney
(Quelle: A. T. Kearney)

6.2.4   Das Modell von Höft

Neben diesen relativ einfachen, stark am Modell des Produktlebenszyklus orientierten Branchenlebenszyklus-Modellen, haben einige Autoren, die stärker dem wissenschaftlichen Bereich zuzurechnen sind, weiterentwickelte bzw. modifizierte Modelle zur Beschreibung der Lebenszyklen von Branchen vorgelegt. So wird bei einigen Modellen auch die Möglichkeit in Betracht gezogen, dass eine Branche, die sich in der Reifephase befindet, nicht zwangsläufig in die Phase des Alters oder Verfalls übergeht, sondern die Chance zur Erneuerung hat, beispielsweise durch den Einsatz neuer Technologien oder eine andersartige Verwendungen ihrer Produkte *(vgl. Höft 1992, S. 109 ff.)*. Daraus ergeben sich dann komplexere Lebenszyklusverläufe mit verschiedenen Alternativen in der Nach-Reife-Phase (**Abbildung 69**).

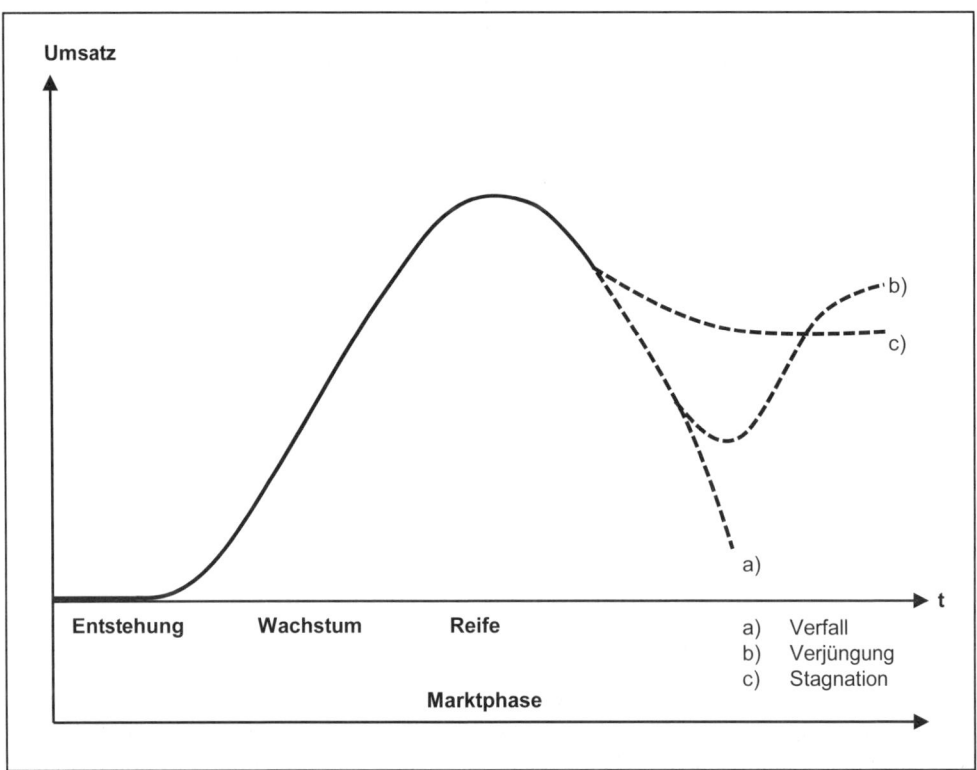

Abbildung 69:   Das Modell des Branchenlebenszyklus nach Höft
(Quelle: Höft 1992, S. 112)

6.2.5   Das Modell von Porter

Im Gegensatz zu den Vertretern von Branchenlebenszyklus-Modellen ist Porter der Auffassung, dass es ein einheitliches Muster der Branchenentwicklung nicht gibt und empfiehlt daher, statt nach einem universellen Modell des intrasektoralen Strukturwandels zu suchen, sich auf eine Analyse der Triebkräfte zu konzentrieren, die den Veränderungen von Branchen zugrunde liegen *(vgl. Porter 2008, S. 212 ff.)*. Diese Triebkräfte hat er in dem bekannten, von ihm entwickelten Strukturmodell zur Erklärung der Wettbewerbsintensität in einer Branche systematisiert (**Abbildung 70**). Auf dieser Grundlage – so Porter – lassen sich die jeweils branchenindividuellen Problemlagen identifizieren und daraus strategische Ansätze zu deren Bewältigung formulieren.

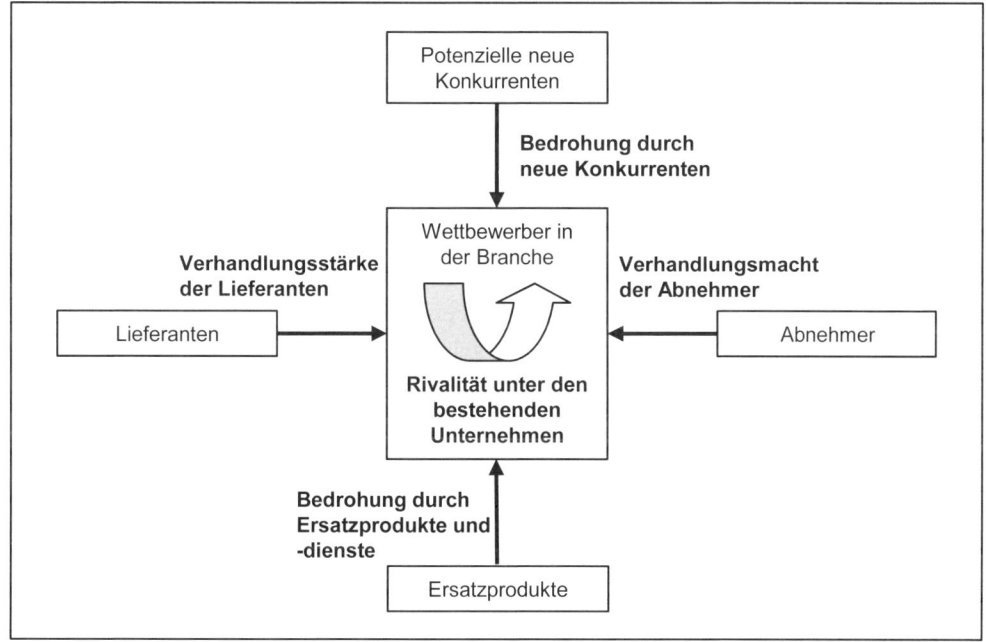

Abbildung 70:   Das Fünf-Kräfte-Modell nach Porter
(Quelle: Porter 2008, S. 36)

6.3   Ein Branchenlebenszyklus-Modell für die Automobilindustrie

Zwischen den genannten Positionen – auf der einen Seite die Entwicklung universelle Gültigkeit beanspruchende Branchenlebenszyklus-Modelle, auf der anderen Seite die Fokussierung auf branchenindividuelle Lebenszyklen – lässt sich auch eine dritte Position formulieren, nämlich die, dass strukturell ähnlich gelagerte Branchen auch ähnliche Verläufe aufweisen, so dass gewisse Verallgemeinerungen branchenspezifischer Veränderungsprozesse möglich sind und damit auch Prognosen und Strategieempfehlungen für Branchen auf der Basis von Referenzzyklen abgeleitet werden können *(vgl. Diez/Merten 2005, S. 34 ff.).*

Ein die Branchenentwicklung prägender Strukturfaktor ist die jeweilige Produkt-Markt-Kombination, aus der sich typische, für alle einer Branche angehörenden Unternehmen gemeinsame intrasektorale Verlaufsmuster identifizieren lassen. Auf einer höheren Abstraktionsebene weisen aber auch verschiedene Branchen mehr oder weniger große Ähnlichkeiten hinsichtlich ihrer Produkt-Markt-Kombinationen auf, so dass sich für diese Branchen übergreifend Lebenszyklen identifizieren lassen. Dies hat den Vorteil, dass – soweit diese Branchen in ihrem jeweiligen Lebenszyklus unterschiedlich weit fortgeschritten sind – aus der Kenntnis der vorauseilenden Branchen nicht nur empirisch gestützte Vorhersagen über die künftige Entwicklung der nachlaufenden Branchen getroffen werden können, sondern eben auch Urteile über die Erfolgswirksamkeit phasenspezifischer Strategien möglich sind. Strategien, die sich in einer vorauseilenden Branche bewährt haben, können dann Unternehmen in den nachlaufenden Branchen nicht zur Nachahmung, wohl aber zur Adaption an die spezifischen Branchen- und Unternehmensgegebenheiten empfohlen werden.

Die Produkt-Markt-Kombination für die Automobilindustrie lässt sich als das Angebot technisch anspruchsvoller, langlebiger Konsumgüter kennzeichnen, sofern die Automobilindustrie hier auf die Herstellung von Personenkraftwagen begrenzt wird. Sie weist damit hinsichtlich der Produkt-Markt-Kombination Ähnlichkeiten mit Branchen wie der für Unterhaltungselektronik, der Herstellung von optischen und von Haushaltsgeräten sowie auch von privat genutzten Geräten und Einrichtungen der Kommunikationstechnik auf. Auch die Möbelindustrie kann noch zum Kreis dieser Branchen gezählt werden.

Als theoretischer Bezugsrahmen für die Formulierung eines Branchenlebenszyklus Modells wird hier das aus der Industrieökonomik bekannte Marktstruktur-Marktverhalten-Marktergebnis-Paradigma von Bain und Mason verwendet, das eine systematische Beschreibung von branchenbezogenen Entwicklungen ermöglicht (siehe dazu auch Kapitel 2.3.2.1). Zusätzlich wird im Hinblick auf das Marktverhalten auf das von Becker entwickelte Strategie-Raster zur Definition von unternehmensindividuellen Strategie-Profilen Bezug genommen *(vgl. Becker 2006, S. 147 f.)*. Es unterscheidet vier Strategieebenen, die geeignet sind, das Marktverhalten von Unternehmen vollständig zu beschreiben: Marktfeld-, Marktstimulierungs-, Marktparzellierungs- und Marktarealstrategien. Die Ausprägungen der verschiedenen strategischen Optionen werden gegenüber dem ursprünglichen Modell von Becker leicht modifiziert (**Tabelle 35**).

Strategieebene	Strategiealternativen			
Marktfeld-Strategien	Marktdurch-dringungs-Strategie	Marktentwicklungs-Strategie	Produkt-entwicklungs-Strategie	Diversifikations-Strategie
Marktstimulierungs-Strategien	Premium-Strategie		Präferenz-Strategie	Preis-Mengen-Strategie
Marktparzellierungs-Strategien	Massenmarkt-Strategie (undifferenzierte Marktbearbeitung)		Segmentierungs-Strategie (differenzierte Marktbearbeitung)	
Marktareal-Strategien	Nationale Strategie	Multinationale Strategie	Internationale Strategie	Weltmarkt-Strategie

Tabelle 35:   Strategie-Profil-Matrix
(Quelle: In Anlehnung an Becker 2006)

Im Hinblick auf die Phaseneinteilung beschränkt sich das hier vorgeschlagene Modell auf drei Phasen, nämlich Entstehung, Wachstum und Reife.

Ein wichtiger, bei der Beschreibung von Branchenlebenszyklen in der Regel vernachlässigter Aspekt sind internationale Ungleichzeitigkeiten in der Entwicklung einer Branche. Zumeist entstehen Branchen in einem oder einigen wenigen Ländern. Mit steigender Reife nimmt der Globalisierungsgrad von Branchen zu. Das heißt, dass zum einen für die Branche im Stammland die Auslandsmärkte immer wichtiger werden und zuerst mittels Export und dann durch Aufbau von eigenen Produktionsstätten bearbeitet werden. Andererseits erfolgt aber im Rahmen eines Imitationswettbewerbs in anderen Ländern der Aufbau von entsprechenden Branchenaktivitäten, teils unter Führung von Unternehmen aus dem Stammland, teilweise aber auch unabhängig davon. Dies bedeutet, dass sich eine Branche global betrachtet in unterschiedlichen Lebenszyklusphasen befinden kann: Während sie sich beispielsweise im Stammland bereits in der Reife-Phase befindet, tritt sie in anderen Regionen erst in die Wachstumsphase ein.

Im Rahmen des hier vorgestellten Branchenlebenszyklus-Modells wird diesem Umstand in zweierlei Art und Weise Rechnung getragen:

- Die Beschreibung des Branchenlebenszyklus erfolgt aus der Perspektive des Stammlandes, in denen die Branche historisch ihren Ursprung hat, in diesem Fall also aus deutscher Perspektive.

- Der Branchenentwicklung in anderen Ländern und Regionen wird durch die Einbeziehung des Strukturmerkmals „Globalisierungsgrad" Rechnung getragen. Der Globalisierungsgrad drückt dabei die wechselseitige Durchdringung der internationalen Märkte mit Absatz- und Produktionsaktivitäten aus.

Das gewählte Modell eines Branchenlebenszyklus für die Automobilindustrie hat einen dreistufigen Aufbau:

- Die wesentlichen Merkmale der *Marktstruktur* dienen der Abgrenzung der verschiedenen Phasen des Branchenlebenszyklus.

- Das *Marktverhalten* zeigt die in der jeweiligen Lebenszyklus-Phase realisierten Strategie-Profile.

- Das Marktergebnis kennzeichnet schließlich den Entwicklungsstand einer Branche im Hinblick auf die Erfüllung gesamtwirtschaftlicher Ziele (Wettbewerbsintensität, Innovationsdynamik) und individueller, von den jeweiligen Wirtschaftssubjekten verfolgten Ziele (Befriedigung der Kundenwünsche, Gewinn-Niveau).

Tabelle 36 zeigt das Modell des Branchenlebenszyklus der deutschen Automobilindustrie im Überblick.

	Entstehung	Wachstum	Reife
Marktstruktur			
Marktform	Monopol/Polypol	Polypol	Oligopol
Markteintrittsbarrieren	niedrig	schnell steigend	hoch
Marktwachstum	schwach	sehr stark	schwach
Marktvolumen/Kapazität	Unterkapazität	Unterkapazität	Überkapazität
Marktsegmentierung	gering	gering	sehr stark
Technologieniveau	niedrig	steigend	sehr hoch
Kostenniveau	niedrig	niedrig	hoch
Globalisierungsgrad	niedrig	mittel	sehr hoch
Marktverhalten			
Marktfeld-Strategie	Produktentwicklungs-Strategie	Marktdurchdringungs-Strategie	Markt- und Produkt-entwicklungsstrategie
Marktstimulierungs-Strategie	Präferenz-Strategie	Preis-Mengen-Strategie	Premium-Strategie
Marktparzellierungs-Strategie	Massenmarkt-Strategie	Massenmarkt-Strategie	Segmentierungs-Strategie
Marktareal-Strategie	nationale Strategie	multinationale Strategie	Weltmarkt-Strategie
Marktergebnis			
Wettbewerbsintensität	gering	gering	sehr hoch
Innovationsdynamik	sehr hoch	gering	hoch
Befriedigung Kundenwünsche	niedrig	steigend	sehr hoch
Gewinn-Niveau	niedrig	sehr hoch	mittel
Ökologische Nachhaltigkeit	niedrig	niedrig	sehr hoch
Wettbewerbsfähigkeit	niedrig	steigend	hoch

Tabelle 36:   Modell des Branchenlebenszyklus der deutschen Automobilindustrie
               (Quelle: Eigene Darstellung)

Im Folgenden soll der Branchenlebenszyklus der deutschen Automobilindustrie anhand dieses Modells beschrieben und die Herausbildung der für ihre heutige Position in der Weltautomobilindustrie relevanten Faktoren und deren Zusammenwirken aufgezeigt werden.

6.4   Entwicklung der deutschen Automobilindustrie und der Wettbewerbsdeterminanten

6.4.1   Phase der Branchenentstehung

Mit der Erfindung des Automobils durch Carl Benz und Gottlieb Daimler im Jahr 1886 begann sich erst sehr zögerlich ein Markt herauszubilden. Die Jahre bis zum Beginn des ersten Weltkriegs müssen eher als „Experimentierphase" bezeichnet werden, da das neue Produkt zunächst erhebliche technische Mängel aufwies, die seine Alltagstauglichkeit stark einschränkten. Dementsprechend wurde das Auto zunächst auch nicht als Verkehrsmittel, sondern als „Sportgerät" bewertet.

Im Hinblick auf die Marktform handelte es sich um ein Polypol mit einer – aufgrund der niedrigen Markteintrittsbarrieren – wachsenden Zahl von Anbietern. Bemerkenswert ist, dass bereits in dieser frühen Phase die Herausbildung einer „unterstützenden Branche" (Porter), nämlich der Zulieferindustrie begann. Herausragend ist hier die Rolle von Robert Bosch, ohne den die Automobilentwicklung nicht den schnellen Fortschritt genommen hätte, der das Automobil schon bald einem größeren Nutzerkreis zugänglich machte.

Da sich noch kaum ein Markt gebildet hatte, konnte auch noch von keiner Segmentierung gesprochen werden. Zunächst galt es die Fahrzeuge zuverlässig und leicht bedienbar zu machen, um damit breitere Bevölkerungskreise erreichen zu können. Da die Entwicklung geographisch stark fragmentiert und – sofern überhaupt von einer industriellen Produktion gesprochen werden konnte – diese auf den jeweiligen nationalen oder auch nur regionalen Markt bezogen war, ist der Globalisierungsgrad der Branche gering. Allenfalls auf persönlicher Ebene gab es einen internationalen Austausch an Wissen und technischen Komponenten.

Das Marktverhalten in dieser Phase lässt sich als eine Produktentwicklungs-Strategie kennzeichnen, wobei naheliegender Weise die Präferenz-Strategie dominierte: Es galt die Menschen vom Nutzen und den Vorteilen eines neuen Transportmittels zu überzeugen. Der Preis spielte zunächst keine wettbewerbsentscheidende Rolle, da die technische Zuverlässigkeit des Produktes für potenzielle Käufer sehr viel wichtiger war.

Was das Marktergebnis anbelangt, so war die Anfangsphase der deutschen Automobilindustrie durch eine geringe Wettbewerbsintensität geprägt, da die verschiedenen Erfinder und Unternehmer weitgehend unabhängig voneinander agierten. Hoch war die Innovationsdynamik, da das Produkt noch wenig ausgereift war und daher schnell technische Quantensprünge möglich waren. Die Wünsche einer breiteren Kundenschicht wurden noch kaum angemessen befriedigt und das Gewinnniveau der Unternehmen war aufgrund der hohen Entwicklungsaufwendungen und begrenzten Absatzchancen schwach. Dementsprechend volatil war die Zahl der Unternehmen im Markt.

Neben den unterschiedlichen technischen und unternehmerischen Marktstrategien führte auch der Erste Weltkrieg zu einer deutlichen Verschiebung der Entwicklungsphasen in der Automobilindustrie im internationalen Vergleich: Während die Einführung der Fließbandfertigung im Jahr 1913 und die damit mögliche Verbilligung des Automobils durch Henry Ford in Nordamerika den Beginn der Wachstumsphase markiert, wird die deutsche Automobilindustrie durch die Auswirkungen des Weltkrieges und die politischen und wirtschaftlichen Verwerfungen der Nachkriegsjahre massiv in ihrer Entwicklung behindert.

Die Situation in der deutschen Automobilindustrie unterschied sich bis zum Machtantritt der Nationalsozialisten kaum von der Situation vor dem Ersten Weltkrieg: Eine große Zahl von Unternehmen und Einzelpersönlichkeiten arbeitete an der technischen Weiterentwicklung des Automobils, ohne jedoch in der Produktion wirklich industrielle Größenordnungen zu erreichen. Die Zersplitterung der Branche in Deutschland in den Jahren 1910 bis 1935 zeigt **Tabelle 37**: So wurden in Deutschland im Jahr 1925 noch nicht einmal 40.000 Fahrzeuge produziert. Demgegenüber lag die Produktion in den USA zu diesem Zeitpunkt bereits bei 3,7

Mio. Einheiten. Auch Frankreich und Großbritannien überragen das Produktionsvolumen Deutschlands deutlich.

- in Tsd. -	1910	1920	1925	1930	1935
Deutschland	12,0	9,0	39,0	72,0	139,0
Großbritannien	23,2	k. A.	132,0	172,0	266,0
Frankreich	38,0	40,0	177,0	231,0	189,0
Italien	k. A.	k. A.	40,0	48,0	46,0
USA	181,0	1.905,5	3.735,0	2.787,5	3.252,2
Japan	k. A.	k. A.	0,5	5,1	24,1

Tabelle 37:   Personenwagenproduktion in ausgewählten Ländern, 1910 bis 1935
                (Quelle: Hediger et al. 1988)

Andererseits war nach dem Ersten Weltkrieg eine Welle von Markteintritten zu verzeichnen. So gab es im Jahr 1924 immerhin 128 Automobilhersteller (**Abbildung 71**). Rein rechnerisch ergibt dies eine durchschnittliche Jahresproduktion von etwas mehr als 300 Fahrzeugen. Es liegt auf der Hand, dass auf diesem Niveau eine kostengünstige und profitable Produktion von Automobilen nicht möglich war.

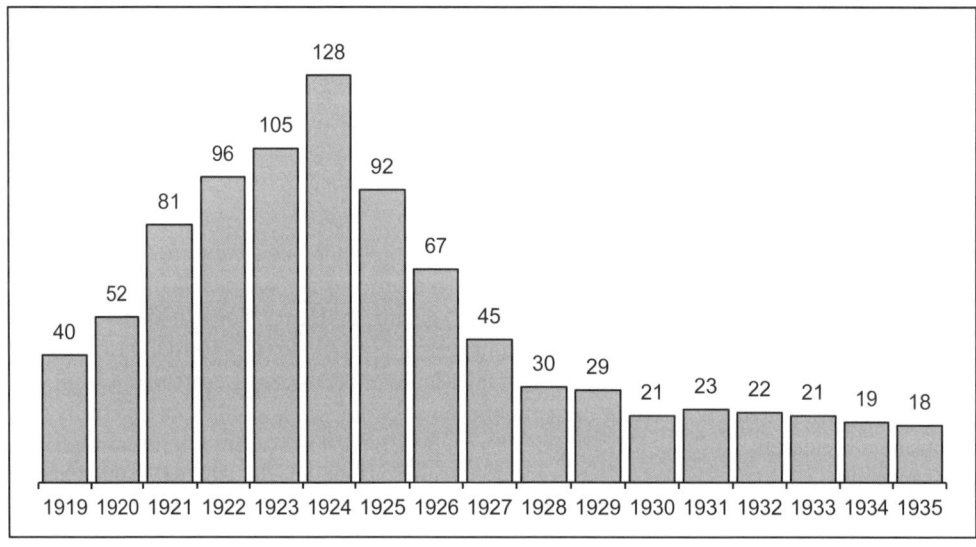

Abbildung 71:   Entwicklung der Anzahl der Automobilhersteller in Deutschland
                  (Quelle: Diez 1988)

Die Wettbewerbsfähigkeit der deutschen Automobilindustrie ist – wenn man in dieser frühen Phase überhaupt schon von einer „Industrie" reden kann – zunächst hoch. Als Erfinder des Viertaktmotors und der ersten Automobile gibt es ein großes Interesse an dem technologischen Know-How von Benz und Daimler, vor allem in Frankreich. Die Wettbewerbsfähigkeit basierte also auf den technischen Entwicklungsleistungen und dem Ansehen einiger weniger Gründerpersönlichkeiten. Neben dem Export von Fahrzeugen, waren vor allem die Lizenzvergaben in dieser Phase ein Indikator für die Wettbewerbsfähigkeit deutscher Automobilunternehmen (**Tabelle 38**).

Jahr	Vertrag	Vertragsgegenstand
1887	Lizenzvertrag Benz/Emile Roger	Herstellung von Benz Zweitaktmotoren
1888	Lizenzvertrag Benz/Panhard & Levassor	Herstellung des Benz-Patentwagens
1888	Liefervertrag Daimler/William Steinway	Vertreib von Daimler-Fahrzeugen
1889	Lizenzvertrag Daimler/Panhard & Levassor	Herstellung von Daimler-Motoren
1890	Lizenzvertrag Daimler/Panhard & Levassor	Herstellung des „Strahlradwagens"
1890	Liefervertrag Daimler/Frederick R. Simms	Vertrieb und Herstellung von Daimler-Fahrzeugen

Tabelle 38:   Frühe Export- und Lizenzaktivitäten von Benz und Daimler
(Quelle: Eigene Darstellung auf Basis von Feldenkirchen 2003, S. 35 f.)

Bereits in der Experimentierphase gerät die deutsche Automobilindustrie aber in Rückstand gegenüber der vergleichsweise stark expandierenden französischen Automobilindustrie. Vor allem Panhard & Levassor und Peugeot, später dann auch De Dion Bouton und Renault produzieren teilweise mit deutschen Lizenzen vergleichsweise zuverlässige Fahrzeuge, die ihre Leistungsfähigkeit in den damals aufkommenden Straßenrennen beweisen. So werden zu Beginn des 20. Jahrhunderts nunmehr deutsche Unternehmen Lizenznehmer französischer Automobilhersteller.

Der Rückstand der deutschen Automobilindustrie im internationalen Wettbewerb wird nach dem Ersten Weltkrieg noch größer: Während in Deutschland der technischen Perfektionierung des Automobils Vorrang eingeräumt wurde, gelang es Henry Ford in den USA eine marktorientierte Kombination aus Produkt und Preis zu entwickeln. Das Ford T-Modell wurde zu jenem Fahrzeug, das den Durchbruch zur Massenmotorisierung eröffnete. Damit begann eine deutliche Differenzierung der Branchenentwicklung in Nordamerika einerseits und Deutschland andererseits: In den USA der Weg zum technisch ausgereiften und bezahlbaren Massenprodukt, in Deutschland die starke Ausrichtung auf technische Höchstleistungen und Exklusivität.

Die Wettbewerbsfähigkeit der deutschen Automobilindustrie in den 20er Jahren ist aufgrund ihrer Zersplitterung niedrig: Ohne eine industrielle Organisation des Entwicklungs- und Produktionsprozesses sind deutsche Fahrzeuge zu teuer und häufig technisch nicht ausgereift. Lediglich im Premium- und Luxussegment können deutsche Marken konkurrieren und Exporterfolge erzielen. Dennoch muss die deutsche Automobilindustrie nach Kriegsende durch Außenzölle vor dem internationalen Wettbewerb geschützt werden. Wie groß der Produktivitätsrückstand der deutschen Automobilindustrie gegenüber ihren Wettbewerbern war, zeigt **Tabelle 39**. Demnach benötigte Ford gerade mal 5,75 Arbeiter für die Produktion eines Autos, während bei deutschen Automobilherstellern mehrere Hundert Arbeiter notwendig waren. Als die Schutzzölle gegen Ende der 20er Jahre gesenkt werden, bricht die Automobilproduktion in Deutschland zusammen, wobei diese Entwicklung durch die Weltwirtschaftskrise noch verschärft wurde. Gegenüber ihrem Höchststand im Jahr 1928 mit gut 100.000 Automobilen sinkt die Automobilproduktion in den folgenden Jahren wieder auf 41.000 Einheiten im Jahr 1932. So bietet die deutsche Automobilindustrie zwischen den beiden Weltkriegen ein Bild der Rückständigkeit, das sich in einer kurzen Stabilisierungsphase aufhellt mit der Weltwirtschaftskrise aber wieder stark verdunkelt.

Ford	5,75 Arbeiter
Morris	29 Arbeiter
AGA	120 Arbeiter
Audi	350 Arbeiter
Benz	450 Arbeiter
Horch	über 500 Arbeiter
Daimler	1.750 Arbeiter

Tabelle 39:   Arbeitsaufwand bei der Herstellung von Personenwagen vergleichbarer Größe
                   (Quelle: Neubauer 1986)

Zusammenfassend ist also festzustellen, dass die Wettbewerbsfähigkeit der deutschen Automobilindustrie in der Phase der Branchenentstehung zunächst auf ihrer technologischen Überlegenheit basiert, die aber nach und nach verloren geht. Bereits in dieser frühen Phase ist jedoch die starke Position im Premium- und Luxussegment ein Merkmal der Branche in Deutschland.

6.4.2   Phase des Wachstums

Die Wachstumsphase der deutschen Automobilindustrie beginnt – zeitverzögert gegenüber der nordamerikanischen Automobilindustrie – erst nach dem Zweiten Weltkrieg. Die Marktstruktur weist in dieser Phase die folgenden Merkmale auf:

- Das starke Marktwachstum in dieser Phase führt zur Herausbildung von Verkäufer-Märkten.

- Die Segmentierung des Marktes ist noch gering, wenn es auch erste Ansätze zu einer horizontalen und vor allem vertikalen Differenzierung gibt, die allmählich zu einer Herausbildung von Premium- und Volumenherstellern führt.

- Das Technologieniveau steigt, insbesondere im Hinblick auf die Sicherstellung einer hohen Alltagstauglichkeit der Fahrzeuge.

- Auch das Kostenniveau steigt mit der zunehmenden Verknappung der Arbeitskräfte an, wird aber durch die anhaltend unterbewertete D-Mark im Rahmen eines Systems der festen Wechselkurse konterkariert.

- Eine systematische Globalisierung der Produktions- und Beschaffungsstrukturen findet aufgrund der guten Rahmenbedingungen am heimischen Standort nicht statt.

Die gravierendste Veränderung im Branchenlebenszyklus in dieser Phase ist zweifellos die starke und nachhaltige Konsolidierung der Branche, die im Hinblick auf die Marktform zu einem Übergang aus einem Polypol in ein zunächst weites, dann mehr und mehr enges Oligopol mit nur noch wenigen rechtlich und wirtschaftlich selbständigen Automobilherstellern führt (siehe Kapitel 4.1.1).

Vereinfacht kann dieser Konsolidierungsprozess anhand des von Diez entwickelten Modells der Branchenkonsolidierung beschrieben und erklärt werden (**Abbildung 72**). Es versucht, die Komplexität des Konsolidierungsprozess abzubilden, in dem es idealtypisch die einzelnen Stufen dieses Prozesses systematisiert und die für den Konsolidierungsprozess relevanten Treiber, Verstärker und Einflussfaktoren identifiziert.

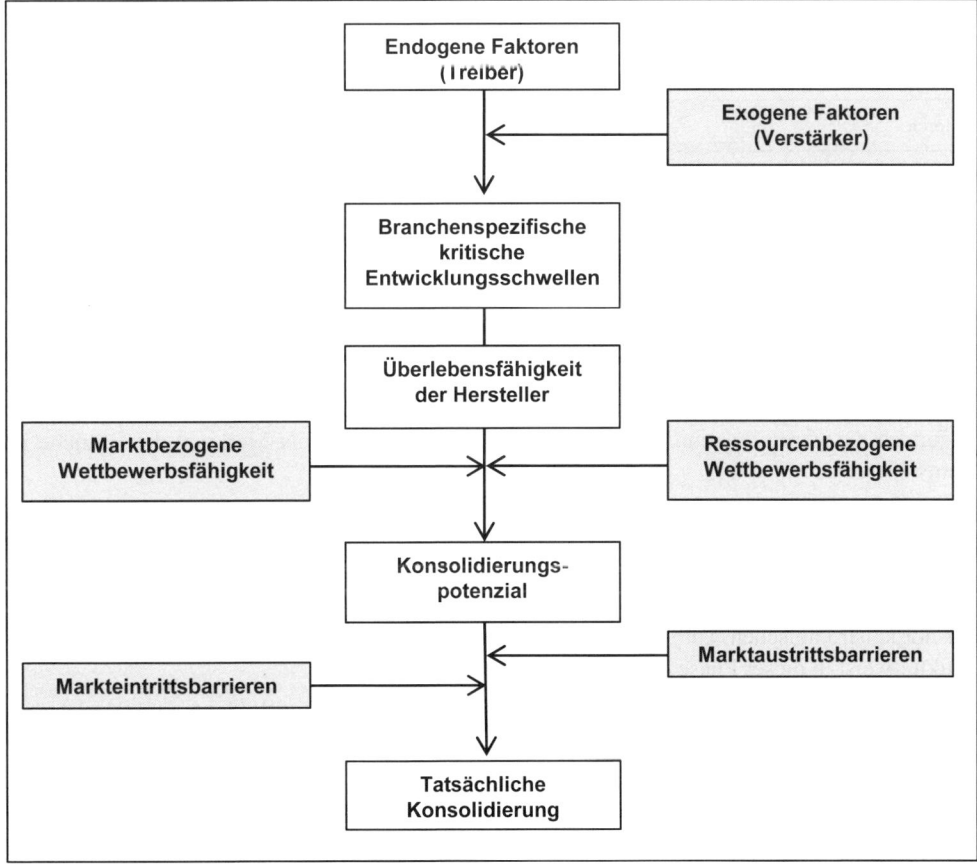

Abbildung 72:   Branchenmodell des Konsolidierungsprozesses
(Quelle: Diez/KPMG 2010, S. 29)

Die einzelnen Elemente des Modells sind:

- Endogene Faktoren: Die endogenen Faktoren ergeben sich aus der Logik des industriellen Entwicklungsprozesses in einer Branche. Beispiele dafür sind das Auftreten von Scale-Effekten oder die Notwendigkeit zur Ausdifferenzierung der Modellpaletten aufgrund eines veränderten Käuferverhaltens.

- Exogene Faktoren: Bei den exogenen Faktoren handelt es sich in der Regel um gesamtwirtschaftliche oder politische Entwicklungen, die Einfluss auf die Branche nehmen. Wirtschafts- und Finanzkrisen sind ebenso Beispiele wie Ölpreiskrisen oder auch die Verschärfung von Grenzwerten für Schadstoff- oder andere Emissionen oder Änderungen bei der steuerlichen Belastung von Automobilen.

- Branchenspezifische kritische Entwicklungsschwellen: Die endogenen Faktoren bauen einen Druck auf die Unternehmen in einer Branche auf. Dieser „Druckaufbau" nicht kurzfristig, sondern über einen mehr oder weniger langen Zeitraum. Häufig sind es dann exogene Faktoren, die zu einer kritischen Entwicklungsschwelle führen. In der Regel kündigt sich eine solche kritische Entwicklungsschwelle in wichtigen Branchen- und Unternehmenskennzahlen an (z. B. Neu- und Gebrauchtwagenverkäufe, Verschiebungen in den Marktsegmenten, Restwertentwicklung, Ertragskennzahlen der Unternehmen).

- Marktbezogene Wettbewerbsfähigkeit: Faktoren der marktbezogenen Wettbewerbsfähigkeit sind
  - Produktqualität,
  - Attraktivität des Modellprogramms,
  - Preisstellung im Markt,
  - Imagepositionierung.

- Ressourcenbezogene Wettbewerbsfähigkeit: Faktoren der marktbezogenen Wettbewerbsfähigkeit sind
  - Zugang zum Kapitalmarkt (Eigen- und Fremdkapital),
  - Zugang zu Technologien (eigene F&E-Aktivitäten, Leistungsfähigkeit der Lieferantenstruktur),
  - Zugang zu personellen Ressourcen (Attraktivität als Arbeitgeber),
  - Prozess- und IT-Kompetenz, Qualität des Managements (Strategie-, Führungs- und Umsetzungskompetenz).

- Marktaustrittsbarrieren: Relevante Marktaustrittsbarrieren in der Automobilbranche sind
  - „sunk costs",
  - politischer Druck und staatliche Subventionen,
  - Commitment und die Abhängigkeit des Managements vom Unternehmen.

- Markteintrittsbarrieren: Die wichtigsten Markteintrittsbarrieren in der Automobilbranche sind
  - das Vorhandensein von Scale-Effekten,
  - die Notwendigkeit zum Aufbau eines flächendeckenden Vertriebs- und Servicenetzes,
  - vorhandene Markenpräferenzen der Kunden.

Die im Rahmen dieses Modells als zentrales Konstrukt genannte branchenspezifische kritische Entwicklungsschwelle ist in der Wachstumsphase die zunehmende Bedeutung von Scale-Effekten. Um sie realisieren zu können, sind große Stückzahlen notwendig, die entsprechende Investitionen in die Entwicklung und vor allem in die Massenproduktion von Automobilen erforderen. Beides führt zum Ausscheiden von Unternehmen, die ihre marktbezogene und/oder ressourcenbezogene Wettbewerbsfähigkeit nicht mehr steigern können. Lediglich staatliche Marktaustrittsbarrieren, wie etwa Subventionen oder letztlich die Verstaatlichung, können an einer solchen kritischen Entwicklungsschwelle das Überleben von Unternehmen zumeist aber nur temporär sichern, wie die Beispiele Frankreich und vor allem Großbritannien gezeigt haben.

Im Hinblick auf das Marktverhalten gewinnt in der Wachstumsphase die Preis-Mengen-Strategie erheblich an Bedeutung. Die Teilhabe am Marktwachstum erfordert Fahrzeuge zu Preisen, die es auch dem vielzitierten Otto Normalverbraucher erlauben, ein eigenes Auto zu erwerben.

Wie in den USA vollzieht sich der Wachstumsprozess auch in Deutschland und dem übrigen Europa über weitgehend standardisierte Produkte. Was in den USA das Ford T-Modell war, sind in Europa Fahrzeuge wie der VW Käfer, der Citroen 2CV, der Renault 4 sowie der Fiat 500. Der Grad der Produktdifferenzierung bleibt in dieser Phase niedrig.

Was die Marktareal-Strategie anbelangt, so verlagert sich der nationale Fokus mit dem Zurückgehen der Wachstumsraten auf eine stärkere internationale Ausrichtung. Die Areal-Strategien werden allmählich multinational ausgerichtet, das heißt die Erschließung von Auslandsmärkten erfolgt im Wesentlichen über den Export und nur vereinzelt über den Aufbau eigener Fertigungsstätten („Transplants").

Hinsichtlich des Marktergebnisses ist zunächst zu konstatieren, dass die Wettbewerbsintensität in dieser Phase aufgrund tendenzieller Nachfrageüberhänge eher gering ist. Auch die Innovationsdynamik lässt in dieser Phase nach, da die Anbieter mit den vorhandenen Produkten eine hohe Marktakzeptanz finden. Die Kundenwünsche werden hinsichtlich der Alltagstauglichkeit weitgehend befriedigt, während das Spektrum der angebotenen Modelle und Varianten und damit die Auswahl eher gering ist. Das Gewinnniveau in der Branche ist in dieser Phase hoch.

Die deutsche Automobilindustrie verfügt in dieser Phase über eine hohe Wettbewerbsfähigkeit. Sie basiert auf einem zunächst noch niedrigen Kostenniveau, einer unterbewerteten Währung und Fahrzeugen, die – im Vergleich mit den relevanten Wettbewerbern – über eine höhere Zuverlässigkeit und Haltbarkeit verfügen. Der Ruf des „Made in Germany" wirkt sich dabei verstärkend auf das Image der deutschen Automobilmarken aus.

Positiv ist auch der Einfluss einer liberalen Außenhandelspolitik ohne Schutzzölle oder andere Einfuhrbeschränkungen. Die deutsche Automobilindustrie wird damit voll dem internationalen Wettbewerb ausgesetzt, was einerseits den Konsolidierungsprozess beschleunigt, andererseits aber die Unternehmen zu Produkt- und Prozessinnovationen zwingt.

6.4.3   Phase der Reife

Die Reifephase der deutschen Automobilindustrie setzt Anfang der 70er Jahre ein als das starke und stetige Wachstum des deutschen Automobilmarktes zu Ende geht und gleichzeitig die Volatilität der reifen Automobilmärkte nicht zuletzt durch externe Faktoren (Zusammenbruch des Währungssystems von Bretton Woods, erste Ölpreiskrise etc.) zunimmt.

Die deutsche Automobilindustrie befindet sich heute in dieser Phase, sodass die folgende Charakterisierung eine Zustandsbeschreibung der aktuellen Situation beinhaltet. Sie soll daher stichwortartig knapp gefasst werden.

Die Marktstruktur in dieser Phase ist durch folgende Merkmale gekennzeichnet:

- Es herrscht ein enges Oligopol, das durch sehr hohe Markteintrittsbarrieren für potenzielle Neueinsteiger stabilisiert wird.

- Das Marktwachstum des heimischen Marktes wird schwächer und es kommt zu strukturellen Überkapazitäten.

- Die Marktsegmentierung nimmt im Verlauf dieser Phase sehr stark zu. Neben einer Ausdifferenzierung der traditionellen Marktsegmente entstehen zahlreiche Marktnischen.

- Das Technologieniveau steigt gegenüber der vorausgegangenen Wachstumsphase deutlich an.

- Hoch ist in dieser Phase das Kostenniveau, nicht zuletzt aufgrund hoher Standortkosten.

- Der Globalisierungsgrad in Produktion und Beschaffung nimmt sehr stark zu.

Auch das Marktverhalten verändert sich in dieser Phase:

- In der deutschen Automobilindustrie gewinnt die Premium-Strategie als spezifische Ausprägung einer Präferenz-Strategie eine wachsende Bedeutung.

- Die Unternehmen reagieren auf die Ausdifferenzierung des Marktes mit einer starken Erweiterung ihrer Modellpaletten, besetzen noch offene Nischen und versuchen selbst mit innovativen Produktkonzepten neue Marktsegmente zu begründen.

- Die multinationale Marktareal-Strategie weitet sich zu einer Weltmarktstrategie aus.

Was das Marktergebnis anbelangt, stellt sich die Situation wie folgt dar:

- Die Wettbewerbsintensität ist so hoch, dass von einem Verdrängungswettbewerb gesprochen werden kann.

- Vor diesem Hintergrund ist die Innovationsdynamik sehr hoch, da mit neuen Technologien und Modellen der Markt belebt werden soll.

- Die Befriedigung der Kundenwünsche und die Sicherstellung einer hohen Kundenzufriedenheit hat für alle Automobilhersteller höchste Priorität.

- Das Gewinnniveau ist nicht mehr so hoch wie in der Wachstumsphase, da es immer schwieriger wird, die steigenden F&E-Aufwendungen sowie die ebenfalls steigenden Kosten der Vermarktung während der kürzer werdenden Modellzyklen zu amortisieren.

- Eine weitere große Herausforderung ist die Steigerung der ökologischen Nachhaltigkeit. Dazu tragen nicht nur die steigenden Anforderungen der Kunden, sondern auch zahlreiche gesetzliche Vorgaben bei.

Die internationale Wettbewerbsfähigkeit der deutschen Automobilindustrie ist nach einer Schwächephase in den 80er und frühen 90er Jahren im Betrachtungszeitraum deutlich gestiegen. Nach dem jahrzehntelangen Vormarsch der japanischen Hersteller haben die deutschen Hersteller in den 90er Jahren vor allem mit ihren Produktoffensiven, der Verkürzung der Modellzyklen sowie der wachsenden internationalen Ausrichtung ihres Modellangebotes erheblich an Wettbewerbsfähigkeit gewonnen. Hinzu kommt die anhaltend starke Position im Premiumsegment sowie das ausgezeichnete Marken- und Standort-Image.

Die Umstellung vom Billig- zum Premiumanbieter hat sich nicht ohne Friktionen vollzogen. Die VW-Krise zu Beginn der 70er Jahre und die Opel-Krise in den Jahren 2008/09 sind dafür prägnante Beispiele. Sie zeigen, dass internationale Wettbewerbsfähigkeit kein Zustand, sondern ein dynamischer Prozess ist, in dem die verschiedenen Determinanten aufeinander einwirken. Diese wechselseitigen Beziehungen sollen im Folgenden näher betrachtet und so ein Modell der Wettbewerbsfähigkeit der deutschen Automobilindustrie entwickelt werden.

6.4.4   Das Zusammenwirken der Determinanten der Wettbewerbsfähigkeit

Eine befriedigende und stringente Erklärung von internationaler Wettbewerbsfähigkeit ist – wie bereits der Überblick über die verschiedenen konzeptionellen Ansätze in Kapitel 2 gezeigt hat – nahezu unmöglich. Der Grund dafür liegt nicht nur an der Vielzahl der Determinanten, die die Wettbewerbsfähigkeit beeinflussen, sondern auch an den wechselseitigen Beziehungen zwischen diesen Faktoren, von denen letztlich das Gewicht und auch die Richtung abhängt, wie einzelne Faktoren die Wettbewerbsfähigkeit bestimmen *(vgl. dazu Porter 1991, S. 197)*.

Ein einfaches Beispiel mag dies verdeutlichen: Hohe Standortkosten oder eine starke Währung sind für sich genommen der internationalen Wettbewerbsfähigkeit einer Branche abträglich. Kommt noch der Schutz des heimischen Marktes durch tarifäre oder nicht-tarifäre Handelshemmnisse hinzu oder stützt der Staat angeschlagene Unternehmen direkt oder indirekt, ist die Wahrscheinlichkeit groß, dass eine Branche ihre Wettbewerbsfähigkeit verliert, weil sie keinem Anpassungsdruck ausgesetzt ist. Anders ist die Situation, wenn hohe Standortkosten mit einem offenen Markt und damit geringen Markteintrittsbarrieren für ausländische Anbieter verbunden sind und der Staat eine nicht-interventionistische Industriepolitik betreibt. In diesem Fall sind die Unternehmen zur Anpassung gezwungen. Entweder sie erhöhen ihre Produktivität, um die Standortkostennachteile zu kompensieren, oder sie versuchen, sich über technologisch und qualitativ überlegene Produkte dem Preis- und Kostenwettbewerb zu entziehen oder sie tun beides. In diesem Fall ist die Chance groß, dass eine Branche international eine starke Wettbewerbsposition aufbauen kann.

Zwar wird man deshalb hohe Standortkosten nicht als förderlich für die internationale Wettbewerbsfähigkeit von Branchen bezeichnen können. Der vermeintliche Nachteil kann aber durch eine konsequente und nachhaltige Anpassungsstrategie an die jeweiligen Rahmenbedingungen in einen Wettbewerbsvorteil umgewandelt werden.

Wenn nicht einzelne Faktoren, sondern deren jeweilige Beziehung zueinander über die Wettbewerbsfähigkeit einer Branche entscheiden, dann gibt es offensichtlich sehr unterschiedliche Arrangements von Faktoren, die letztlich zu nationalen Wettbewerbsvorteilen führen können. Demensprechend schwierig – oder besser gesagt: vielfältig – sind die Erklärungsmuster für internationale Wettbewerbsfähigkeit. Hier kommt auch die historische Entwicklung einer Branche als zusätzlicher Erklärungsfaktor zum Tragen. Denn das jeweilige Arrangement der beeinflussenden Faktoren hat sich oft über viele Jahrzehnte hinweg herausgebildet, so dass die Folgen des Zusammenspiels bestimmter Faktoren später wieder als Determinanten auf die Wettbewerbsfähigkeit einwirken.

Auch dies mag wiederum ein Beispiel veranschaulichen: Wie in Kapitel 5.3.1 dargestellt, waren die Begründer der deutschen Automobilindustrie sehr stark von dem Wunsch beseelt, technisch herausragende Produkte zu entwickeln und im Markt anzubieten. Fast zwangsläufig hat dies dazu geführt, dass viele deutsche Automobilhersteller sehr stark im Premiumsegment tätig und auch erfolgreich waren. In der Folge hat diese starke Position im Premiumsegment wieder Rückwirkungen auf die Wertschätzung des „Made in Germany" gehabt. Der Abstrahleffekt des Premium-Images ist also einerseits Folge eines schon in den Anfängen der deutschen Automobilindustrie angelegten kulturellen Faktors, heute aber zugleich eine der mächtigsten Determinanten für den guten Ruf, den Automobile aus Deutschland weltweit genießen.

In **Abbildung 73** wurde der Versuch unternommen, die wichtigsten wechselseitigen Beziehungen zwischen den in Kapitel 5 behandelten Faktoren der Wettbewerbsfähigkeit darzustellen. Es muss betont werden, dass diese Darstellung keinen Anspruch auf Vollständigkeit erhebt, da nahezu zwischen allen Determinanten Interdependenzen nachgewiesen werden könnten. Im Folgenden sollen daher nur einige der Beziehungen hervorgehoben werden, die von besonderer Relevanz sind. Damit wird das Ziel verfolgt, die insgesamt 17 Determinanten zu verdichten und ein übersichtliches kausalanalytisches Modell zur Wettbewerbsfähigkeit der deutschen Automobilindustrie zu entwickeln.

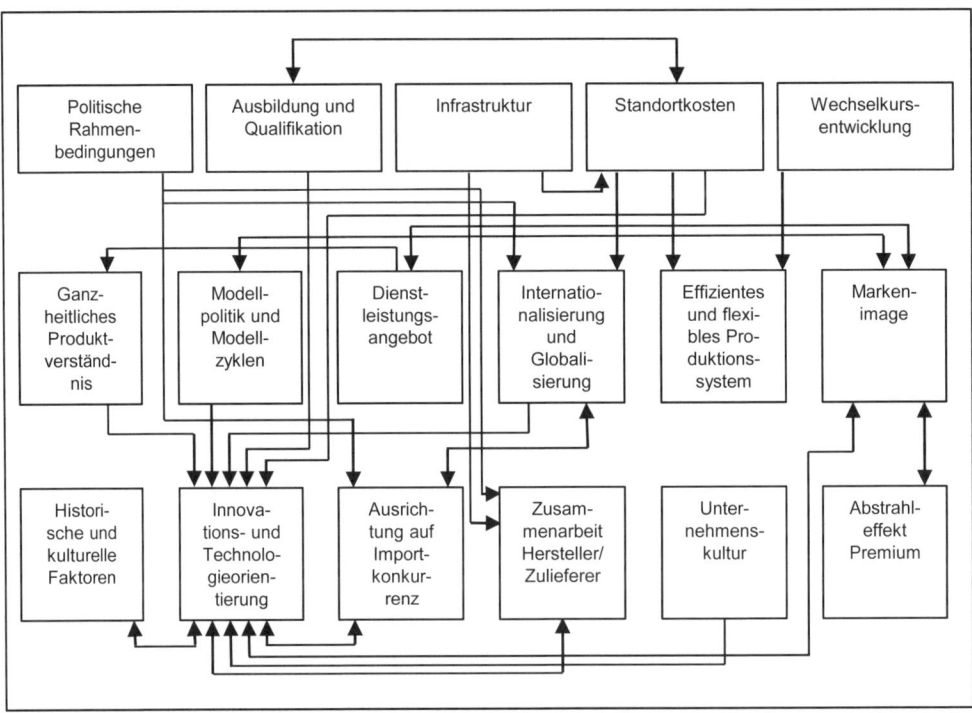

Abbildung 73:   Interdependenzen der identifizierten Determinanten der Wettbewerbsfähigkeit
                 (Quelle: Eigene Darstellung)

Ein wichtiger Beziehungsstrang besteht in Richtung der Innovations- und Technologieorientierung der deutschen Automobilindustrie. Dieses anhand der Patentstatistik und der F&E-Aufwendungen (siehe Kapitel 5.3.2) belegbare Merkmal, wurde durch zahlreiche Faktoren gefördert, und zwar durch:

- die große Bedeutung der „Werk-Ethik" bei den Begründern der deutschen Automobilindustrie,

- die Offenheit der Märkte und die beträchtliche Importkonkurrenz, der die Branche dadurch ausgesetzt war sowie

- die hohen Standortkosten, die es erforderlich machten, eine Strategie der Innovations- und Qualitätsführerschaft einzuschlagen.

Gleichzeitig gibt es zwischen der Innovations- und Technologieorientierung und drei anderen Faktoren starke Wechselbeziehungen:

- So ist die leistungsorientierte, partnerschaftliche Zusammenarbeit zwischen Herstellern und Zulieferern einerseits die Voraussetzung für die hohe Innovationskraft der deutschen Automobilhersteller, da viele Innovationen von Zulieferern entwickelt wurden, andererseits aber auch deren Folge: denn der hohe technische Anspruch der Automobilhersteller war für die Zulieferer ein Anreiz, selbständig Forschung und Entwicklung zu betreiben.

- Eine wechselseitige Beziehung besteht auch zwischen der Innovations- und Technologieorientierung einerseits, der Internationalisierung andererseits. So waren technisch fortschrittliche Produkte die Voraussetzung, um erfolgreich in andere Märkte Fahrzeuge zu exportieren. Andererseits haben die spezifischen, teilweise von den Anforderungen der deutschen Kunden abweichenden Wünsche ausländischer Kunden dazu geführt, sich im Hinblick auf die technische Auslegung der Fahrzeuge an diese anzupassen.

- Schließlich ist auch das vergleichsweise hohe Ausbildungs- und Qualifikationsniveau der Mitarbeiter in deutschen Automobilwerken die Voraussetzung um technisch anspruchsvolle Produkte herstellen zu können. Andererseits sind viele Impulse zur technischen Entwicklung des Automobils von Hochschulen und anderen wissenschaftlichen Einrichtungen ausgegangen.

Eine andere Determinante der internationalen Wettbewerbsfähigkeit, die ebenfalls in zahlreichen Beziehungen zu den anderen genannten Faktoren in Beziehung steht, ist Markenimage der deutschen Automobilhersteller:

- Das positive Image, über das die deutschen Automobilmarken verfügen, ist die Folge der starken Innovations- und Technologieorientierung sowie eines ganzheitlichen Produktverständnisses und einer – vor allem in den letzten Jahren – sehr aktiven Modellpolitik. Aber auch die lange Historie der deutschen Automobilindustrie, das qualitativ hochwertige Angebot an automobilbezogenen Dienstleistungen sowie die langfristig ausgerichtete Unternehmenspolitik trugen und tragen zum positiven Markenimage bei.

- Umgekehrt wirkt das Markenimage wiederum auf andere Faktoren zurück. So sind die Anforderungen an deutsche Automobile hinsichtlich Technik und Qualität besonders hoch, was zu einer Verstärkung der Innovations- und Technologieorientierung führt. Gleiches gilt auch für die Modellpolitik und das Dienstleistungsangebot. Das gute Markenimage macht die deutschen Automobilhersteller auch als Arbeitgeber attraktiv, so dass es ihnen häufig gelingt, besonders qualifizierte Mitarbeiter auf allen Arbeits- und Führungsebenen zu finden.

Die Beispiele zeigen den systemischen Verbund zwischen den einzelnen Determinanten der Wettbewerbsfähigkeit, der sich historisch herausgebildet hat. Im Hinblick auf das Management von Wettbewerbsfähigkeit machen sie deutlich, wie schwierig es ist, eine nachhaltig starke Wettbewerbsposition aufzubauen. Ist dies gelungen, so wirken die Interdependenzen aber auch als ein gewisser Schutz vor einem schnellen Verlust der Wettbewerbsfähigkeit, da nicht schon die Verschlechterung eines Faktors einen Absturz zur Folge hat, sondern letztlich das Niveau des gesamten Beziehungsgewebes absinken müsste. Dies schließt die Gefahr nicht aus, dass die dramatische Verschlechterung eines Faktors, wenn sie nicht rechtzeitig erkannt und gegengesteuert wird, das gesamt System zum Einsturz bringen kann. Insofern muss jeder der dominanten wettbewerbsrelevanten Faktoren sorgfältig in seiner Entwicklung beobachtet werden.

6.5   Ein Modell zur Erklärung der internationalen Wettbewerbsfähigkeit

Im Folgenden soll – als Zusammenfassung der Analyse einzelner Determinanten sowie deren Interdependenzen – ein übersichtliches Modell zur Erklärung der internationalen Wettbewerbsfähigkeit der deutschen Automobilindustrie dargestellt werden. Ziel ist es, den relevanten Akteuren im Markt, also im Wesentlichen der Politik, den Unternehmen und den Verbänden jene Stellhebel aufzuzeigen, die für die Erhaltung und Stärkung der Wettbewerbsfähigkeit der deutschen Automobilindustrie von besonderer Bedeutung sind. Gleichzeitig soll dieses Modell zu weiteren, empirisch abgestützten Forschungsarbeiten zur Erklärung der Wettbewerbsfähigkeit von Branchen anregen.

Prämisse für dieses Modell ist die Feststellung, dass auf den Weltmärkten nicht Volkswirtschaften und Branchen, sondern Unternehmen miteinander konkurrieren. Letztlich entscheidet deren Erfolg oder Misserfolg über die Performance einer Branche und den Wohlstand der Volkswirtschaften, in denen diese Unternehmen beheimatet sind. Grundlage des Modells ist die Definition, dass Unternehmen dann wettbewerbsfähig sind, wenn sie Produkte mit höherer Qualität zu den gleichen Preisen wie ihre Wettbewerber oder Produkte mit gleicher Qualität, aber zu niedrigeren Kosten als ihre Wettbewerber anbieten können. Der Begriff „Qualität" ist dabei in einem umfassenden Sinne zu verstehen: Er bezeichnet hier nicht nur die Zuverlässigkeit, Funktionalität und Haltbarkeit eines Produktes, sondern auch den Grad an innovativer Technik, das Niveau der produktbezogenen Dienstleistungen sowie den immateriellen (Image-) Wert des Produktes.

In diesem Sinne sind die beiden marktrelevanten Faktoren, auf denen die Wettbewerbsfähigkeit der deutschen Automobilindustrie beruht, technisch und qualitativ hochwertige Produkte und das daraus abgeleitete nachhaltig positive Markenimage. Empirische Belege für die herausragende Bedeutung und Stärke der deutschen Automobilhersteller in diesen beiden Bereichen wurden in Kapitel 5.4 dargestellt. Als marktrelevant werden diese beiden Faktoren bezeichnet, weil sie auf der einen Seite Grundlage für die Begehrlichkeit der Kunden sind, ein solches Produkt zu besitzen und weil sie zweitens eine Differenzierung von den Wettbewerbern ermöglichen. Die Verbindung aus technisch und qualitativ hochwertigen Produkten und einem nachhaltig positiven Markenimage stellt also gewissermaßen den nationalen USP der deutschen Automobilindustrie dar, wobei es hier natürlich graduelle Unterschiede zwischen den verschiedenen Marken gibt, was sich auch in deren Markterfolg widerspiegelt.

Diese Stärke der deutschen Automobilindustrie kann – auf Basis der ausführlichen Analyse in Kapitel 5 – auf zehn Faktoren zurückgeführt werden, die hier in zwei Faktorgruppen verdichtet werden, nämlich strukturelle und strategische Faktoren. Das Kriterium für die Zuordnung der einzelnen Faktoren in diese beiden Gruppen ist die Beeinflussbarkeit durch die Unternehmen. Die strukturellen Faktoren können von einem einzelnen Unternehmen nicht oder kaum beeinflusst werden. Demgegenüber handelt es sich bei den strategischen Faktoren um Determinanten, die von einem einzelnen Unternehmen vollständig oder zumindest weitgehend gesteuert werden können. **Abbildung 74** gibt einen Überblick über das vorgeschlagene Modell zur Erklärung der internationalen Wettbewerbsfähigkeit der deutschen Automobilindustrie.

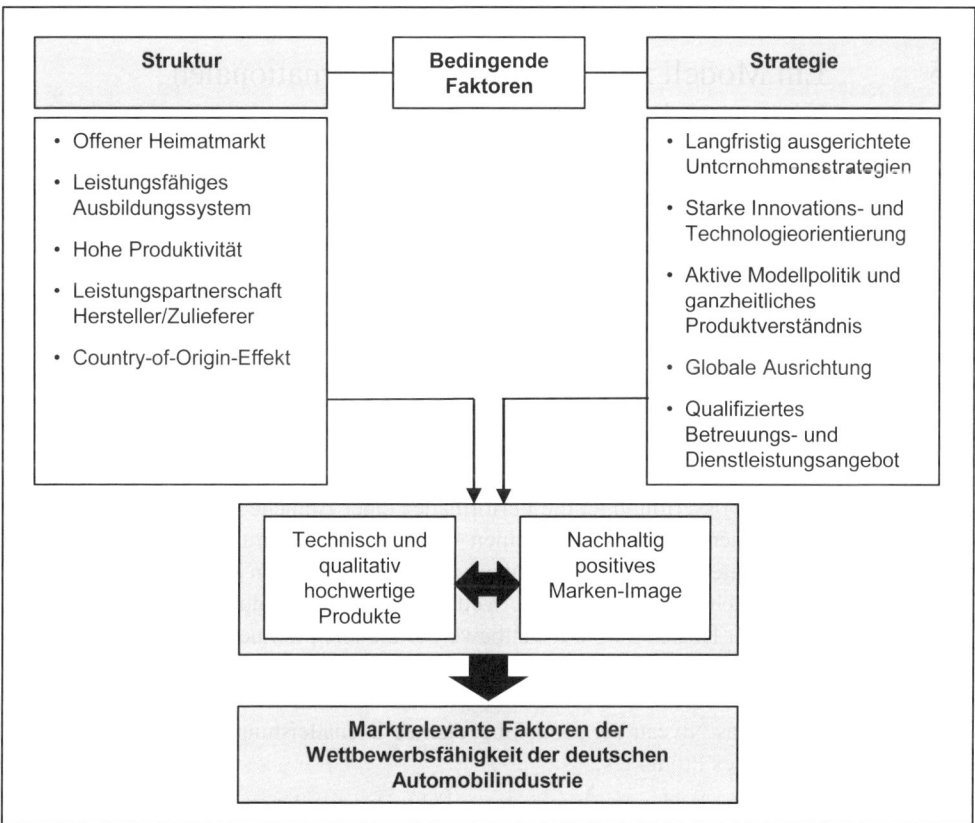

Abbildung 74: Modell zur Erklärung der Wettbewerbsfähigkeit der deutschen Automobilindustrie
(Quelle: Eigene Darstellung)

Als wesentlich strukturell-bedingende Faktoren werden demnach der offene Heimatmarkt, ein leistungsfähiges Ausbildungssystem, eine hohe Produktivität, die Leistungspartnerschaft zwischen Herstellern und Zulieferern sowie der positive Country-of-Origin-Effekt angesehen. Die strategisch relevanten Faktoren sind die langfristig ausgerichteten Unternehmensstrategien, die starke Innovations- und Technologieorientierung, die aktive Modellpolitik und das ganzheitliche Produktverständnis, die globale Ausrichtung sowie ein qualifiziertes Betreuungs- und Dienstleistungsangebot.

Dabei muss noch einmal betont werden, dass nicht diese einzelnen Faktoren isoliert betrachtet die Wettbewerbsfähigkeit der deutschen Automobilindustrie ausmachen, sondern deren gegenseitige Bedingtheit und Verstärkung. Die spezifische Prägung der deutschen Automobilindustrie, die sich von der französischen, italienischen, nordamerikanischen, aber auch japanischen und koreanischen Automobilindustrie unterscheidet ist nur aus dem historisch entstandenen Arrangement der Einflussfaktoren verstehbar. Dies bedeutet auch, dass das deutsche Modell von Wettbewerbsfähigkeit nicht einfach kopierbar ist. Das gilt insbesondere für die „weichen Faktoren" wie den Country-of-Origin-Effekt oder das Markenimage. Wettbewerbsfähigkeit lässt sich demnach nicht einfach „herstellen", sondern ihr Aufbau ist ein langfristiger Prozess, der eine Berücksichtigung der jeweiligen historisch-strukturellen Voraussetzung bedarf.

Dies bedeutet für die deutsche Automobilindustrie auf der einen Seite einen Schutz gegen simple „Nachahmer". Andererseits stellt sich aber auch die Frage, ob das Arrangement der Wettbewerbsdeterminanten, das sich gegenwärtig so positiv für die deutschen Automobilhersteller darstellt, vor dem Hintergrund der zu erwartenden politischen, gesellschaftlichen, wirtschaftlichen und technischen Veränderungen zukunftsfähig ist oder ob nicht eine Neuausrichtung sowohl hinsichtlich der strukturellen als auch strategischen Einflussfaktoren zur Sicherung künftiger Wettbewerbsfähigkeit notwendig ist. Dies soll im Folgenden näher beleuchtet werden.

7 Künftige Herausforderungen, Risiko- und Chancenpotenziale

7.1 Überblick

Die Automobilindustrie befindet sich in einem weltweiten Strukturwandel – sowohl ökonomisch wie auch politisch und ökologisch. Es scheint nicht übertrieben, von einer „Zeitenwende" zu sprechen, die eine Überprüfung und Neuausrichtung unternehmerischer Strategien erfordert. Die deutsche Automobilindustrie hat sich in der Vergangenheit, wie wesentliche wirtschaftliche Kenngrößen zeigen, erfolgreich an die veränderten Rahmen- und Marktbedingungen angepasst. Es stellt sich die Frage, ob und vor allem wie das auch in Zukunft gelingen kann.

In diesem Kapitel sollen zunächst die wichtigsten künftigen Herausforderungen für die Automobilindustrie insgesamt dargestellt werden. Daraus werden dann spezifische Risiko- und Chancenpotenziale für die deutsche Automobilindustrie und den Automobilstandort Deutschland abgeleitet (**Abbildung 75**). Es liegt auf der Hand, dass die Bedeutung dieser Risiko- und Chancenpotenziale für die einzelnen Automobilhersteller und Automobilzulieferer individuell unterschiedlich ausgeprägt sind.

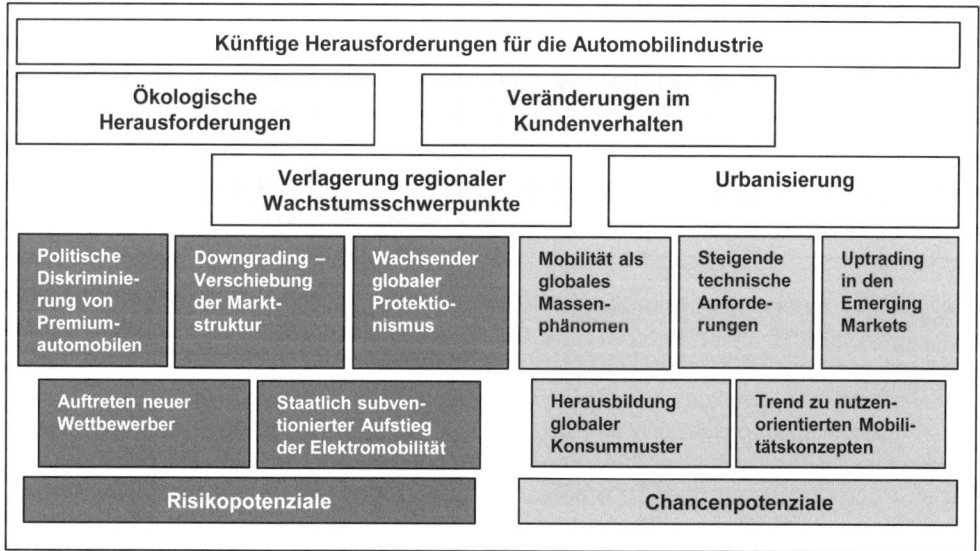

Abbildung 75: Herausforderungen, Chancen- und Risikopotenziale für die deutsche Automobilindustrie im Überblick
(Quelle: Eigene Darstellung)

7.2   Herausforderungen im Weltautomobilmarkt

7.2.1   Ökologische Herausforderungen

Vor dem Hintergrund eines weltweit steigenden Fahrzeugbestandes ist die Reduktion der damit verbundenen ökologischen Belastungen und die gleichzeitige Verringerung der Abhängigkeit vom Öl die zweifellos wichtigste Herausforderung für die Automobilindustrie in den nächsten Jahrzehnten. Vor allem aufgrund des anhaltenden Motorisierungsprozesses in vielen Entwicklungs- und Schwellenländern wird der Bestand an Automobilen von etwa 800 Mio. Fahrzeugen schon in wenigen Jahren auf über 1 Mrd. Fahrzeuge steigen. Im Jahr 2035 wird er nach Prognosen der Internationalen Energie Agentur (IEA) bei weltweit etwa 1,6 Mrd. PKW und Nutzfahrzeugen liegen (**Abbildung 76**).

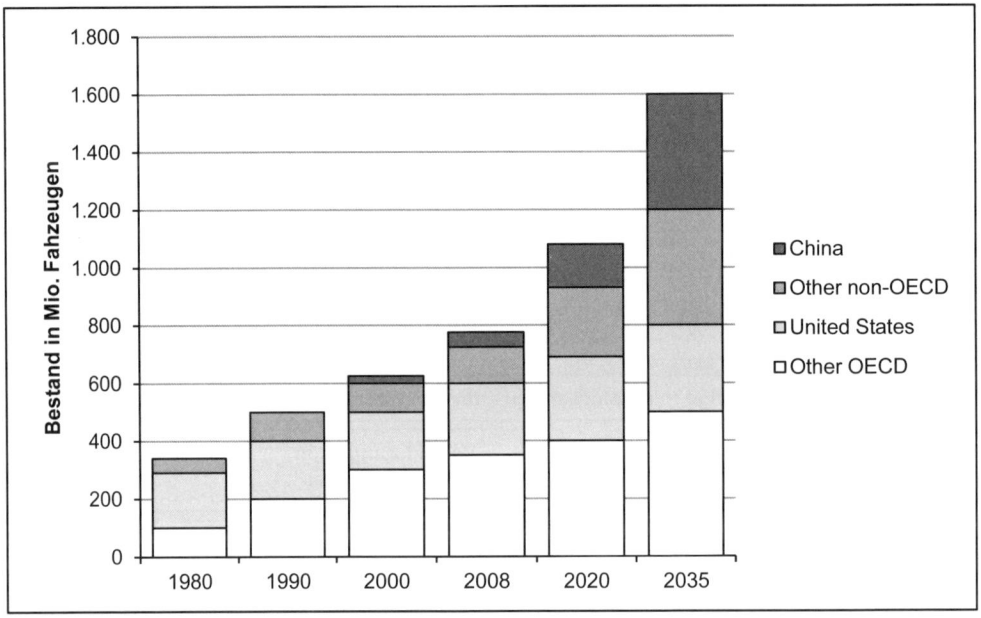

Abbildung 76:   Entwicklung des weltweiten Automobilbestandes
                 (Quelle: IEA 2010)

Auf Basis der heutigen Antriebstechnologien würde dies zu einem dramatischen Anstieg der CO_2-Emissionen und gleichzeitig zu einer Verknappung fossiler Treibstoffe führen. Letzteres hätte einen weiteren deutlichen Preisanstieg für Rohöl zur Folge. Im Zeitraum 2000 bis 2011 hat sich der Ölpreis auf über 100$/bbl vervierfacht – mit entsprechenden Folgen für die Kraftstoffpreise (**Abbildung 77**). Auf Basis der heutigen Produktion wird die Reichweite der bekannten Ölreserven auf 46 Jahre geschätzt *(vgl. IEA 2010, S. 115)*.

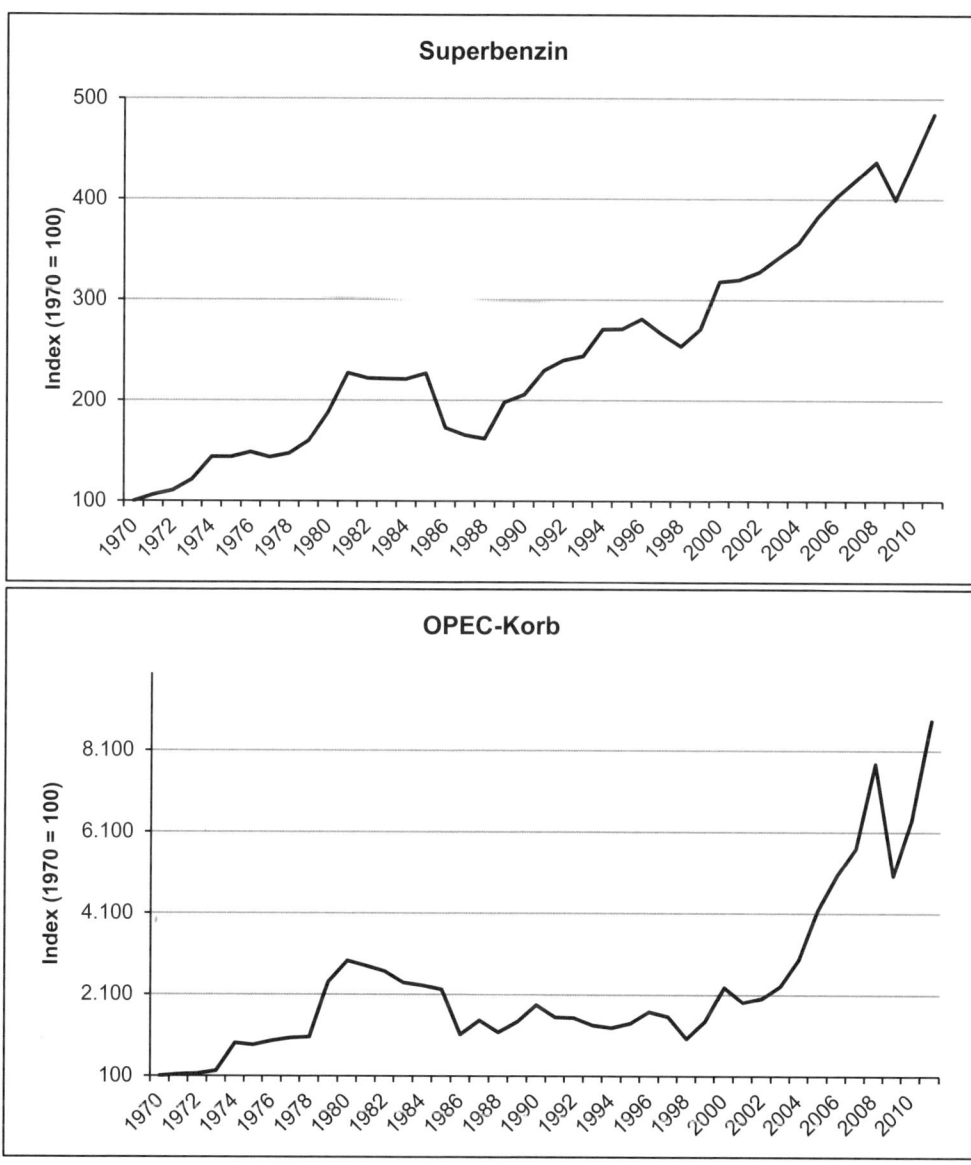

Abbildung 77:   Entwicklung des Öl- und Kraftstoffpreises
                 (Quelle: Mineralölwirtschaftsverband 2011; eigene Schätzungen)

Das politisch anvisierte Ziel, den globalen Temperaturanstieg auf 2 Grad Celsius zu begrenzen, erfordert eine deutliche Absenkung der CO_2-Emissionen. So müssen in der Europäischen Union die CO_2-Flottenwerte fahrzeugtechnisch bis zum Jahr 2015 schrittweise auf 130 g CO_2/km reduziert werden. Für das Jahr 2020 wurde von der EU Kommission ein bislang allerdings noch nicht verbindlicher CO_2-Grenzwert von 95 g CO_2/km angekündigt. Die EU ist damit ein Vorreiter bei der Absenkung der CO_2-Grenzwerte.

Soll das Ziel einer Begrenzung des globalen Temperaturanstiegs auf maximal 2 Grad Celsius erreicht werden und unterstellt man, dass alle Emissionsbereiche in gleicher Weise zur CO_2-Einsparung beitragen müssen, wird die Branche längerfristig mit Flottengrenzwerten von 60 g CO_2/km rechnen müssen. Dies entspricht einem Durchschnittsverbrauch von 2,4 l/100 km (**Abbildung 78**).

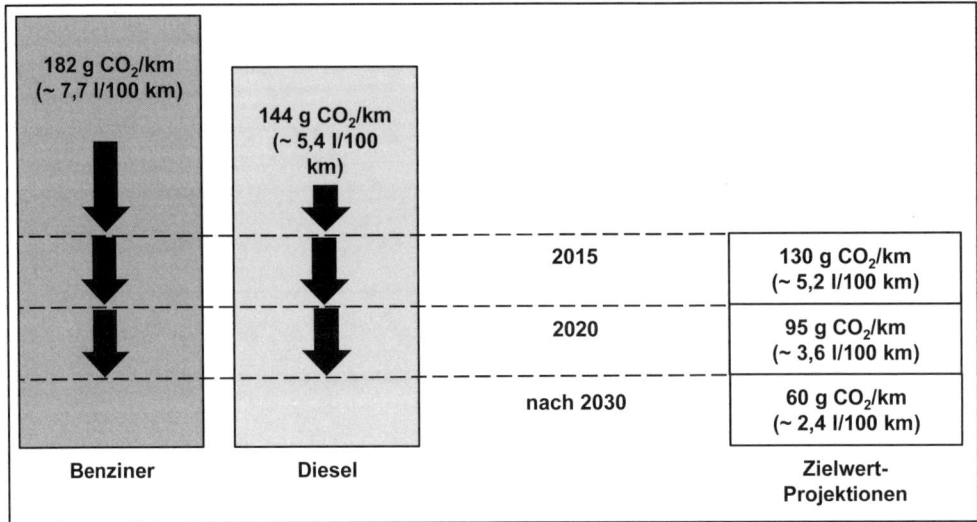

Abbildung 78:   Entwicklung der CO_2-Grenzwerte in Europa
                (Quelle: EU-Kommission; eigene Berechnungen)

Nicht weniger bedeutsam ist die Schonung der weltweiten Ölvorräte. Zwar gehen die Schätzungen im Hinblick auf deren Reichweite weit auseinander. Unbestritten ist allerdings, dass es bei einem weiteren gravierenden Anstieg des weltweiten Ölverbrauchs zu einer massiven Verteuerung von Rohöl kommen wird – nicht zuletzt auch deshalb, weil die Gewinnung von Öl aus Ölsanden oder Ölschiefer erheblich teurer ist als die Förderung von Rohöl (**Abbildung 79**). Es liegt daher auf der Hand, dass die Reduktion des Kraftstoffverbrauchs einer der ganz wesentlichen Faktoren ist, von denen die künftige Wettbewerbsfähigkeit von Automobilherstellern abhängt.

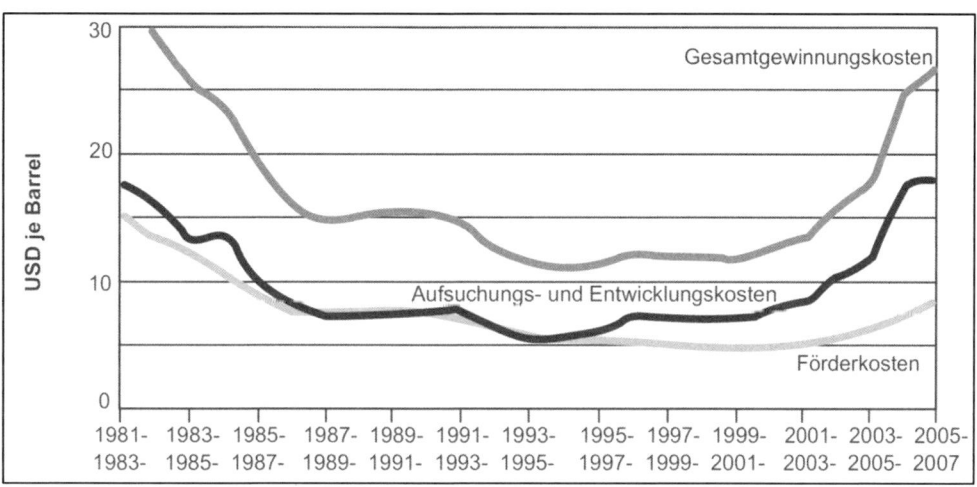

Abbildung 79:   Aufsuchungs- und Entwicklungskosten, Förderkosten und spezifische Gesamtgewinnungskosten
(Quelle: BGR 2009, S. 46)

7.2.2   Verlagerung der regionalen Wachstumsschwerpunkte

Die erkennbare Verschiebung der Gewichte der verschiedenen Absatzregionen wird sich in
Zukunft weiter, eventuell sogar beschleunigt fortsetzen. Während die Triade-Märkte – West-
europa, Nordamerika und Japan – aufgrund der weitgehenden Marktsättigung kaum noch
Wachstumspotenzial aufweisen, wird der Motorisierungsprozess in den Entwicklungs- und
Schwellenländern mit den weiter steigenden Einkommen anhalten. Vor allem in Asien zeich-
net sich nicht zuletzt aufgrund der großen Bevölkerungszahl ein dramatischer Anstieg der
Absatzzahlen ab.

Insgesamt betrachtet dürfte Asien im Jahr 2025 mit 58 Mio. verkauften Neuwagen die mit
Abstand größte Absatzregion sein und insgesamt 54 Prozent aller verkauften PKW auf sich
vereinen. Auch in Lateinamerika dürften die Absatzzahlen mittel- und längerfristig überdurchschnittlich zunehmen. Die Märkte in Westeuropa und Nordamerika werden nur noch
leicht wachsen. Ein gewisses Potenzial besteht noch in Osteuropa, vor allem in Russland und
in einigen GUS-Staaten.

Abbildung 80 zeigt die zu erwartende Verteilung des Weltautomobilmarktes im Jahr 2025.
Demnach wird der Anteil Europas und Amerikas am weltweiten Gesamtabsatz von Automobilen bis zum Jahr 2025 dramatisch von 29,4 auf 18,4 Prozent bzw. von 32,0 auf 26,7 Prozent zurückgehen.

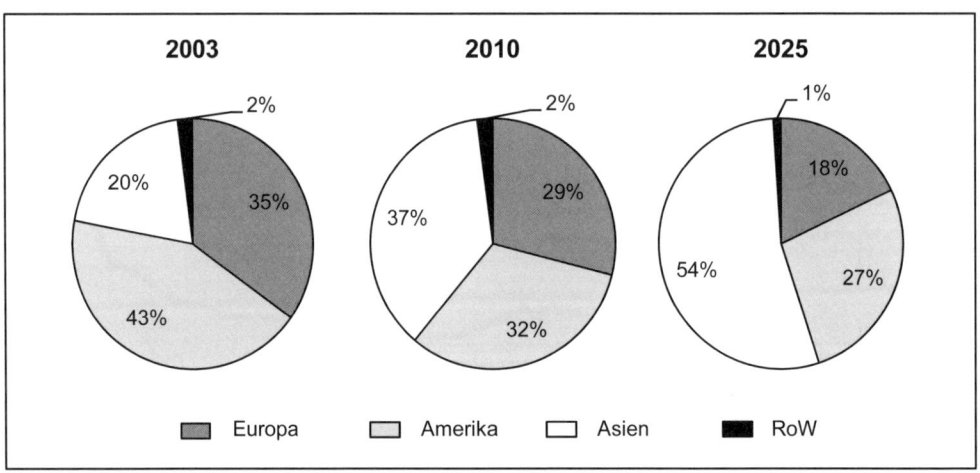

Abbildung 80:   Verlagerung der regionalen Wachstumsschwerpunkte
                 (Quelle: Eigene Berechnungen)

Segmentbezogen wird der starke Zuwachs an PKW-Verkäufen in Asien vor allem von sogenannten Entry-Level- bzw. Low-Cost-Cars getragen werden. Dabei handelt es sich um technisch anspruchslose, aber voll alltagstaugliche Fahrzeuge. Es wiederholt sich damit dort, was
auch am Anfang der Motorisierung in den Westeuropa, Nordamerika und Japan stand: Um
sich endlich den Wunsch nach einem eigenen Auto erfüllen zu können, greifen die Kunden
zu billigen Fahrzeugen mit niedrigen Unterhaltskosten.

Wie **Abbildung 81** zeigt, geht Roland Berger Strategy Consultants davon aus, dass das A/B-
Segment, also Klein- und Kompaktfahrzeuge das in Zukunft am stärksten wachsende Markt-
segment weltweit sind wird. Dabei wird allerdings unterstellt, dass Low-Cost-Cars auch in
den etablierten Märkten aufgrund von Downgrading-Prozessen zunehmend an Bedeutung
gewinnen werden.

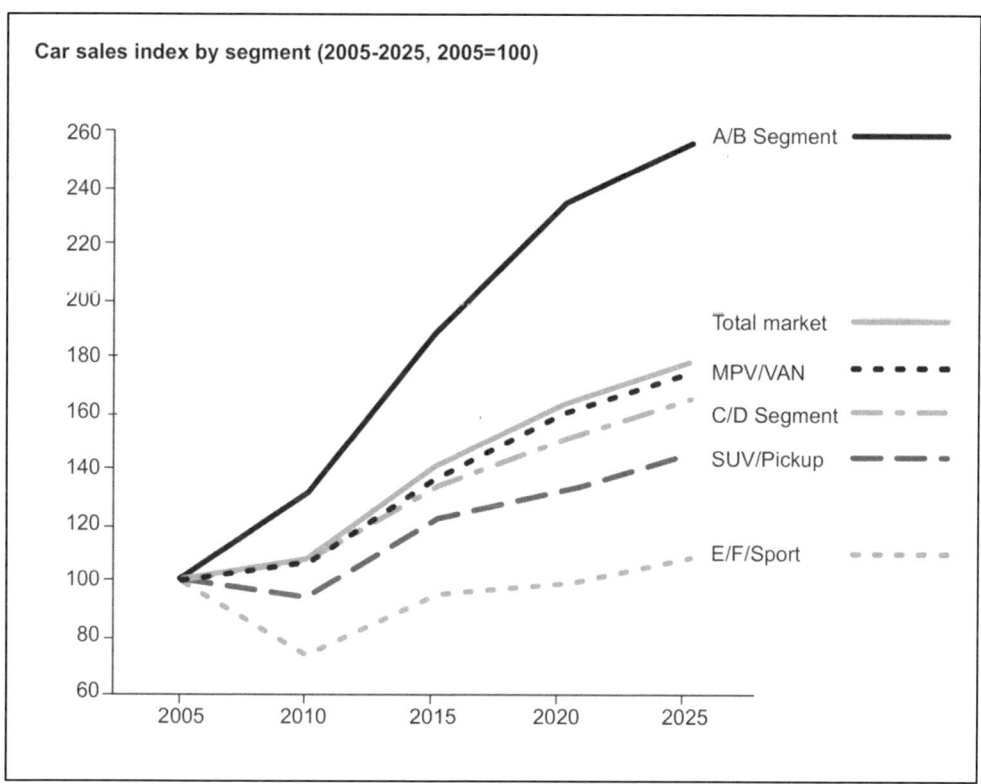

Abbildung 81:   Entwicklung des Weltautomobilmarktes
                 (Quelle: J.D. Power, Roland Berger, zit. nach Kalmbach et al. 2011, S. 32)

7.2.3   Urbanisierung

Ein, vor allem für das Mobilitätsverhalten wichtiger Trend ist die zunehmende weltweite Urbanisierung. Haben 1950 noch 71 Prozent der Menschen auf dem Land gelebt, so werden es im Jahr 2050 nach UN-Schätzungen nur noch 30 Prozent sein. Die Mehrzahl der dann rund 9,15 Mrd. Menschen wird in Städten leben (**Abbildung 82**).

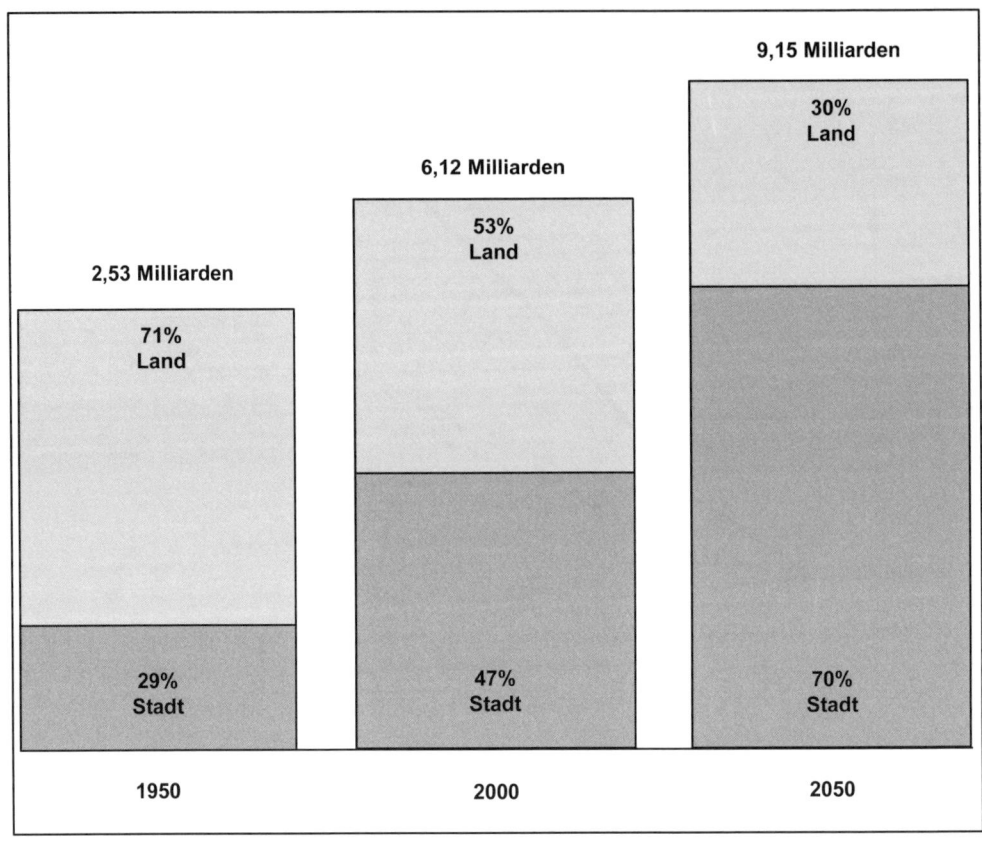

Abbildung 82:   Globale Urbanisierung
                 (Quelle: UN 2006)

Besonders stark ausgeprägt ist der Urbanisierungstrend in den Emerging Markets. Vor allem in Asien, Südamerika und Afrika wird die Zahl der Menschen, die in Städten wohnen sehr stark ansteigen (**Abbildung 83**). Begleitet wird diese Entwicklung von einer wachsenden Zahl von Megacities mit mehr als 10 Mio. Einwohnern. Gab es im Jahr 1980 erst 4 solcher Megacities, so sind es heute bereits 22 und ihre Zahl wird bis zum Jahr 2025 – wiederum nach UN-Schätzungen – auf 29 zunehmen.

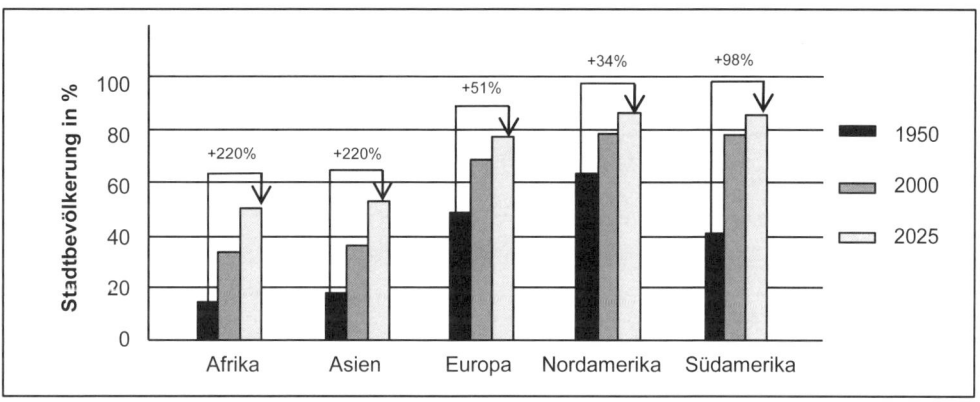

Abbildung 83:   Entwicklung der Urbanisierung nach Regionen
                 (Quelle: UN, zit. nach PwC 2009)

Es liegt auf der Hand, dass die zunehmende Verstädterung zu veränderten und teilweise auch neuen Anforderungen an das Automobil und seine Nutzung führen wird. Dies gilt zum Beispiel für die Fahrzeugabmessungen, das Emissionsverhalten und den Einsatz von Assistenzsystemen. Auch der „Trend zum Autoverzicht", der darin besteht, dass eine wachsende Zahl von Menschen kein eigenes Auto mehr besitzt, stellt eine Herausforderung dar und könnte zu einem wachsenden Bedarf an nutzenorientierten Mobilitätsangeboten in Großstädten führen.

7.2.4   Veränderungen im Kundenverhalten

Einheitliche globale Trends im Kundenverhalten sind nur schwer auszumachen. Das Kundenverhalten wurde in der Vergangenheit sehr stark von regionalen und nationalen Besonderheiten geprägt, die mit der Kultur und dem Entwicklungsstand der verschiedenen Märkte zusammenhängen. So dominieren in den meisten Entwicklungs- und Schwellenländern nach wie vor eher traditionelle Einstellungen und Konsummuster, in denen das Auto einen hohen Stellenwert sowohl im System der täglichen Lebensbewältigung als auch im Rahmen der typischen Statussymbole einnimmt.

Demgegenüber zeigt sich in vielen entwickelten Märkten eine starke Polarisierung der Kundenwelten und der Einstellungen zum Automobil: Auf der einen Seite eine wachsende Gruppe von Menschen, die ein eher rational-distanziertes Verhältnis zum Automobil hat, auf der anderen Seite eine nach wie vor große Zahl von Autokäufern, für die das Auto und das Autofahren stark emotional besetzt sind. So gaben bei einer Befragung im Jahr 2009 immerhin 94 Prozent der Befragten in Deutschland an, froh darüber zu sein, ein eigenes Auto zu besitzen. Im europäischen Durchschnitt waren es 93 Prozent der befragten Personen. **Tabelle 40** zeigt die detaillierte Auswertung der Studie für Deutschland.

	Germany	Gender		Age			City size	
		Men	Women	15-34 y.o.	35-54 y.o.	>55 y.o.	Rural towns	Urban cities
I like having my own car	94%	92%	96%	91%	96%	94%	94%	94%
Having a car gives you freedom/independence	93%	92%	94%	91%	94%	94%	93%	93%
I prefer to take my car for all my journeys	71%	73%	69%	69%	73%	68%	72%	70%

Tabelle 40:   Einstellungen zum Automobil in Deutschland
                (Quelle: Ipsos 2009)

Andererseits werden die finanziellen Belastungen, die mit dem Besitz eines Autos verbunden sind, ebenfalls wahrgenommen. So sind bei denjenigen, die bereit wären auf ein Auto in ihrem Haushalt zu verzichten, ökonomische Gründe sehr viel wichtiger als ökologische (**Abbildung 84**).

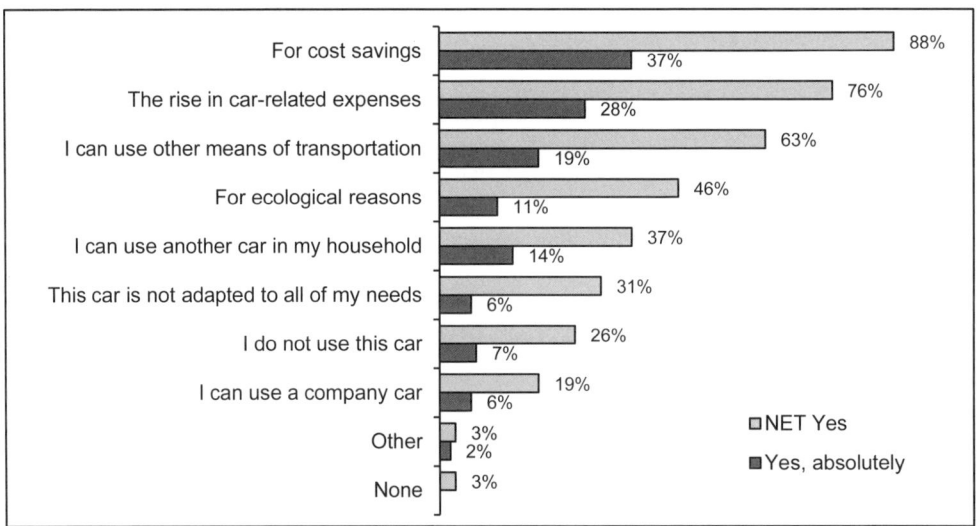

Abbildung 84:   Gründe für den Autoverzicht
                  (Quelle: Ipsos 2009)

In jüngerer Vergangenheit wird vielfach ein Bedeutungswandel des Automobils im Rahmen der Präferenzsysteme von Konsumenten konstatiert. Insbesondere bei jüngeren Menschen – so die These – verliere der Besitz eines eigenen Autos an Attraktivität. Andere Konsumgüter seien dafür wichtiger geworden.

Wie differenziert und teilweise auch widersprüchlich die Ergebnisse empirischer Untersuchungen zum Stellenwert des Autos im Konsumsystem jüngerer Menschen sind, zeigen die Befragungen von zwei Unternehmensberatungen, die jeweils auf einer Stichprobe von rund 1.000 Probanden basieren. So kommt PwC in einer Befragung aus dem Jahr 2009 zu dem Ergebnis, dass 81 Prozent der Befragten nach wie vor Spaß am Autofahren haben. Bemerkenswerterweise liegt der Anteil bei den 18- bis 29-Jährigen sogar bei überdurchschnittlichen 91 Prozent (**Abbildung 85**).

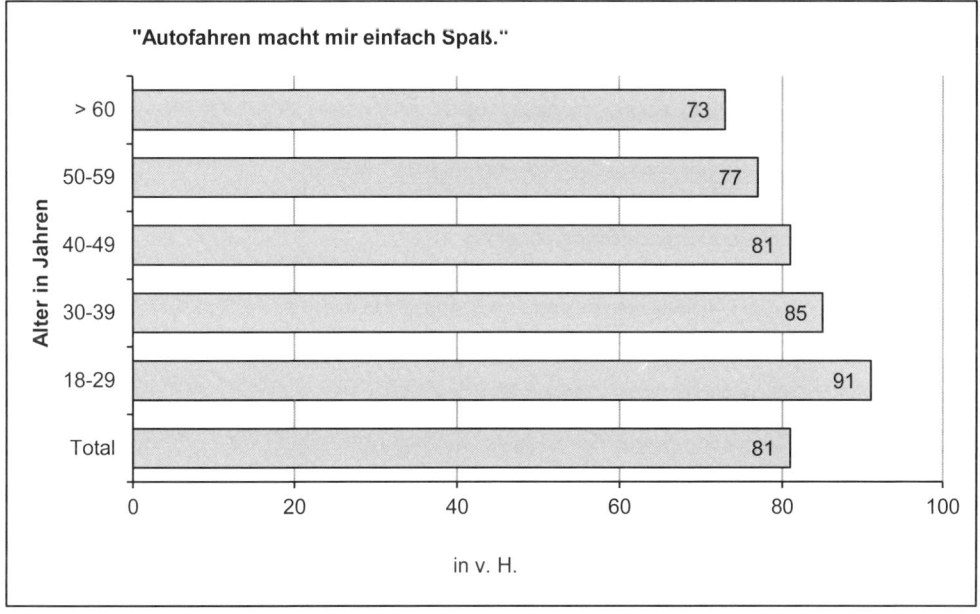

Abbildung 85:   Einstellung zum Autofahren
                 (Quelle: PwC 2009)

Andererseits konstatiert Roland Berger Strategy Consultants auf Basis einer Befragung von 16- bis 22-Jährigen, dass diese weit überwiegend das Automobil als reines Transportmittel sehen. Gestützt wird diese These durch die vergleichsweise geringe Konsumrelevanz des Automobils für diese Altersgruppe. So erklärten lediglich 35 Prozent der Befragten, ein Auto sei für sie sehr wichtig. Das eigene Auto rangiert damit deutlich hinter anderen Konsumgütern wie Laptops, einer eigenen Wohnung oder auch Bekleidung (**Abbildung 86**).

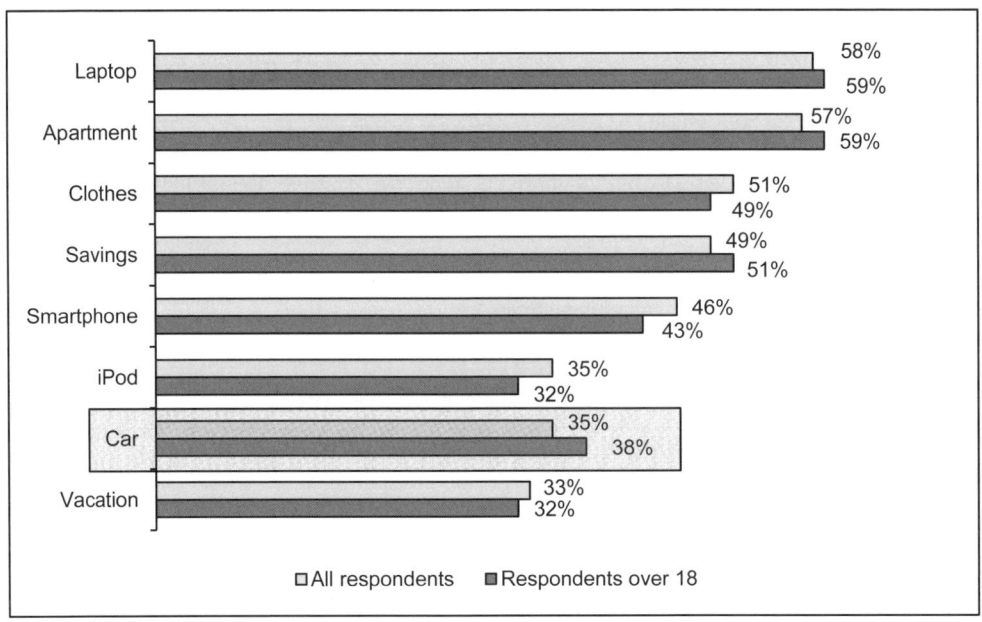

Abbildung 86:   Bedeutung des Automobils für junge Menschen
                 (Quelle: Roland Berger Strategy Consultants 2011)

Die Ergebnisse beider Befragungen sind insofern widersprüchlich als die zustimmende Aussage, dass Autofahren Spaß macht, eher auf eine anhaltend emotionale Bedeutung des Automobils schließen lässt, während die Befragungsergebnisse zur Kaufrelevanz eher die umgekehrte Schlussfolgerung nahelegen. Möglicherweise könnte das Ergebnis aber auch dahingehend interpretiert werden, dass jungen Menschen zwar Autofahren weiterhin Spaß macht, sie aber – möglicherweise aufgrund der hohen Kosten – nicht zwingend ein eigenes Auto haben möchten.

Dafür spricht die weiter oben zitierte Befragung, wonach 88 Prozent der Befragten auf ein eigenes Auto verzichten, weil es ihnen zu teuer ist (siehe **Abbildung 84**). Wie auch immer man diese Befragungsergebnisse bewertet, ist klar, dass sich die Rolle des Automobils politisch wie auch gesellschaftlich verändern wird.

So wird auf der Basis unterschiedlicher Befragungen und Daten die These vertreten, dass das Automobil seine Bedeutung als Statussymbol verlieren dürfte. Die empirischen Belege, die dafür ins Feld geführt werden, deuten indessen eher darauf hin, dass der Charakter von „Statussymbolen" ganz generell einem Wandlungsprozess unterliegt. Während traditionelle Statussymbole an Konnotationen wie Luxus, Größe und Exklusivität gebunden sind, spielen heute und in Zukunft Werte wie Sinnstiftung, Ökologie, Nachhaltigkeit und Effizienz eine wichtigere Rolle für den Status, den ein Konsumgut vermittelt (**Abbildung 87**).

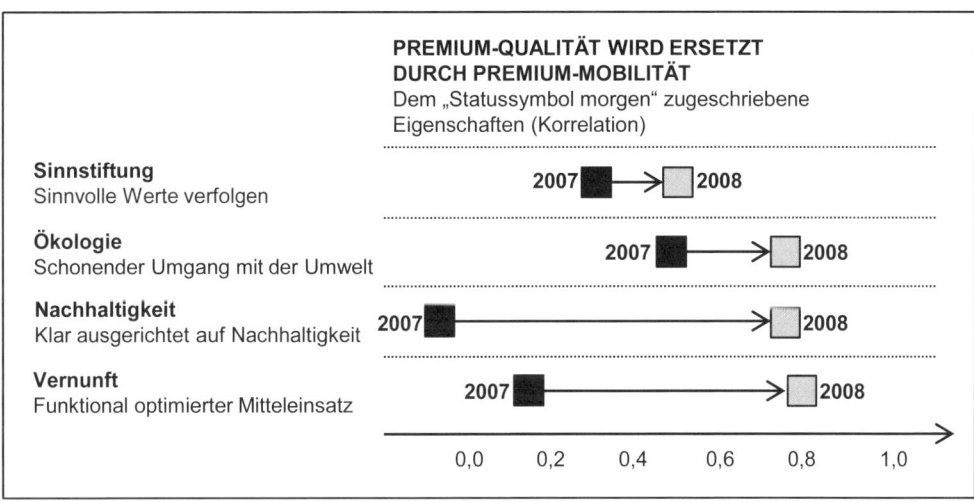

Abbildung 87:   Künftige Merkmale von Statussymbolen
                 (Quelle: Nextpractice, zit. nach Kruse 2009, S. 16)

Bestätigt wird dieser Eindruck durch eine weitere Befragung, in der Konsumenten detailliert nach der sozialen Funktion des Automobils gefragt wurden. Erstaunlicherweise geben darin wesentlich mehr ältere Menschen an, das Auto sei für sie lediglich ein Mittel, um von A nach B zu kommen als jüngere. Demgegenüber wird bei den unter 20-Jährigen das Auto auch als ein Objekt angesehen, das im Umfeld Eindruck hinterlassen und Ausdruck der eigen Persönlichkeit sein soll (**Tabelle 41**).

Statement	Alter						
	Bis 23 Jahre	**24 bis 29 Jahre**	**30 bis 35 Jahre**	**36 bis 41 Jahre**	**42 bis 47 Jahre**	**48 bis 53 Jahre**	**Älter als 53 Jahre**
Autos sind ausschließlich Mittel, um von A nach B zu kommen.	38,3%	41,6%	32,9%	37,4%	39,8%	57,5%	60,4%
Mein Auto soll auch einen Eindruck in meinem Umfeld hinterlassen.	47,7%	39,1%	32,8%	29,0%	24,0%	22,5%	15,4%
Meine Automarke muss auch Ausdruck meiner Persönlichkeit sein und zu mir passen.	52,4%	46,1%	41,4%	40,2%	30,5%	27,5%	22,7%

Basis: n = 1.020

Tabelle 41:   Bedeutung des eigenen Autos
                 (Quelle: Puls 2011)

In diesem Sinne dürfte das Automobil vom Statussymbol alter Prägung zum Life-Style-Objekt mutieren, mit dem unterschiedliche Lebensanschauungen und Einstellungen zum Ausdruck gebracht werden können. Für die Automobilhersteller bedeutet dies, dass sie ihre

Markenpositionierungen und Produktprogramme auf unterschiedliche Life-Style-Varianten mit differenzierten Wertesystemen ausrichten müssen.

Wie zahlreiche Länderstudien zeigen, gibt es trotz der bestehenden Unterschiede doch einige gemeinsame Trends, die das Käuferverhalten sowohl in den Industrie- wie auch in den Schwellenländern, wenn auch in unterschiedlichem Ausmaß, bestimmen. Tendenziell dürfte das Kundenverhalten in Zukunft durch die folgenden Trends geprägt sein *(vgl. Diez 2006, S. 92 ff.)*:

- generell steigendes Anspruchsniveau an das Automobil bei einer gleichzeitig nur unterdurchschnittlich wachsenden Preisbereitschaft,

- steigende umweltpolitische Anforderungen zumindest im Sinne eines „Hygiene-Faktors",

- stärkere Berücksichtigung der Total Cost of Ownership bei der Kaufentscheidung,

- höheres Informationsniveau der Autokäufer sowie

- zunehmende Bedeutung von Marken als Orientierungshilfe bei der Kaufentscheidung.

Insgesamt wird der Automobilkunde der Zukunft also noch besser informiert, noch anspruchsvoller und auch kritischer sein als heute.

7.2.5   Zwischenfazit: Künftige Herausforderungen und Wettbewerbsfähigkeit der deutschen Automobilindustrie

Vieles spricht dafür, dass sich die Automobilbranche in ein „Age of Discontinuity" *(Drucker 1969)* hinein entwickelt. Veränderte politische Rahmenbedingungen, ein noch stärkeres Auseinanderdriften der Wachstumspfade in den Triade-Märkte einerseits, den Emerging Markets andererseits, die zunehmende Urbanisierung sowie immer anspruchsvollere Kunden stellen Herausforderungen für alle Automobilhersteller dar. Sie erfordern in allen Bereichen eine strategische Neuorientierung und Neuausrichtung: In der Fahrzeugentwicklung sowie im Vertrieb, in Produktion und Beschaffung ebenso wie bei der Personalrekrutierung und Personalentwicklung.

In Zeiten des Wandels werden Chancen und Risiken neu verteilt. Die dargestellten Herausforderungen beinhalten zweifellos Risiken, aber auch Chancen. Sie begünstigen einige Hersteller und benachteiligen andere Hersteller. Damit ist aber noch nichts gesagt über die künftigen Erfolgschancen nationaler Automobilindustrien oder gar einzelner Hersteller. Darüber entscheiden letztlich die Richtung und die Geschwindigkeit, mit der diese Herausforderungen aufgegriffen und bewältigt werden.

Die dargestellten Herausforderungen betreffen – wie erwähnt – alle Automobilhersteller. Im Folgenden sollen sie aber aus einer spezifisch deutschen Sicht bewertet werden, um daraus letztlich eine Aussage im Hinblick auf die künftige Wettbewerbsfähigkeit der deutschen Automobilindustrie und des Automobilstandorts Deutschland ableiten zu können.

7.3   Risikopotenziale

7.3.1   Politische Diskriminierung von Premiumautomobilen

Die Bewältigung der ökologischen Herausforderungen ist für die Automobilindustrie eine Existenzfrage, und zwar nicht nur deshalb, weil die Schonung der Umwelt und der natürlichen Ressourcen einen weiter wachsenden politischen Stellenwert bekommen wird, sondern weil dies auch ganz direkt die Marktentwicklung immer stärker beeinflusst. Für die deutsche Automobilindustrie hat diese Frage deshalb besondere Relevanz, weil sie als Anbieter von eher größeren und leistungsstärkeren Fahrzeugen von der zu erwartenden Verschärfung der CO_2-Emissionsgrenzwerte in besonderer Weise betroffen sein wird. Dies gilt insbesondere für die deutschen Premiumhersteller, die aufgrund ihres Modellprogramms strukturell größere Probleme haben, niedrige CO_2-Flottenverbräuche zu erreichen als Hersteller, die ihren Angebotsschwerpunkt bei Klein- und Kompaktwagen haben.

Wie die Erfahrungen der letzten Jahre gezeigt haben, insbesondere beim Erlass der europäischen CO_2-Richtlinie, besteht das große Risiko, dass mit umweltpolitischen Maßnahmen versucht wird, gleichzeitig auch Industriepolitik zu betreiben. Dies war zum Beispiel bei der Festlegung der Bemessungsgrundlagen der herstellerspezifisch erlaubten CO_2-Emission ganz offenkundig der Fall. Dabei geht es nicht allein um finanzielle Belastungen, sondern auch um Restriktionen bei der Automobilnutzung, wie das Beispiel der City-Maut in London zeigt. Auch das auf CO_2-Emissionen basierende Bonus-Malus-System in Frankreich macht deutlich, wie der Besitz eines leistungsstärkeren Fahrzeugs steuerpolitisch „bestraft" werden kann (**Tabelle 42**).

CO$_2$-Ausstoß/km	Bonus 2010	CO$_2$-Ausstoß/km	Malus 2010
unter 60 g CO$_2$/km	5.000 €	zwischen 156 und 160 g CO$_2$/km	200 €
zwischen 61 und 95 g CO$_2$/km	1.000 €	zwischen 161 und 195 g CO$_2$/km	750 €
zwischen 96 und 115 g CO$_2$/km	500 €	zwischen 196 und 245 g CO$_2$/km	1.600 €
zwischen 116 und 125 g CO$_2$/km	100 €	darüber liegende CO$_2$ Werte	2.600 €
zwischen 126 und 155 g CO$_2$/km	0 €		

Tabelle 42:   CO$_2$-Grenzwerte Bonus-Malus-System in Frankreich
(Quelle: Teissier/Meunier 2010, S. 1)

Die Stärke und Dominanz der deutschen Automobilhersteller im Premiumsegment erweist sich so als ein zweischneidiges Schwert: Auf der eine Seite beruht die Marktposition, das Image und letztlich auch die automobilabhängige Beschäftigung am Standort Deutschland ganz wesentlich auf der Ausrichtung auf das automobile Premiumsegment. Andererseits macht dieses einen großen Teil der deutschen Automobilindustrie aber auch besonders anfällig für eine politische Diskriminierung, denn keine andere Automobilindustrie würde so unter einer wie auch immer gearteten „Bestrafung" des Kaufs eines Premiumautomobils leiden wie die deutsche.

7.3.2   Staatlich subventionierter Aufstieg der Elektromobilität

Die deutschen Automobilhersteller verfügen weltweit über eine führende Position im Bereich der Verbrennungsmotoren, insbesondere bei Dieselantrieben. Abgesehen von Brennstoffzellenfahrzeugen haben die deutschen Hersteller bei anderen alternativen Antriebstechnologien heute keine vergleichbar führende Position. Es liegt daher auf der Hand, dass ein abruptes Ende der ölbasierten Mobilität zwar nicht nur, aber gerade auch die deutschen Automobilhersteller sehr hart treffen würde, da sie damit einen wichtigen komparativen Wettbewerbsvorteil verlieren würden.

Das Verbrauchsreduktionspotenzial bei Benzin- und Dieselmotoren ist noch nicht ausgeschöpft, wie **Abbildung 88** zeigt. So sind bei Benzinfahrzeugen Verbrauchssenkungen von 50 Prozent theoretisch denkbar. Neben Maßnahmen im Bereich der Antriebstechnik (Benzindirekteinspritzung, Downsizing, Hybridisierung etc.) können auch durch eine weitere Optimierung des Luftwiderstandbeiwerts und vor allem eine Absenkung des Fahrzeuggewichts durch Leichtbau erhebliche Reduktionen erreicht werden. Ähnliches gilt auch für den Diesel-Antrieb. Es ist allerdings klar, dass die Ausschöpfung dieser Reduktionspotenziale mit deutlich höheren Fahrzeugkosten verbunden sein wird.

Gleichwohl zeichnet sich für die nächsten Jahre ein Technologiewettlauf zwischen konventionellen und alternativen Antriebskonzepten ab, der zu einer Neuverteilung der Marktanteile führen könnte.

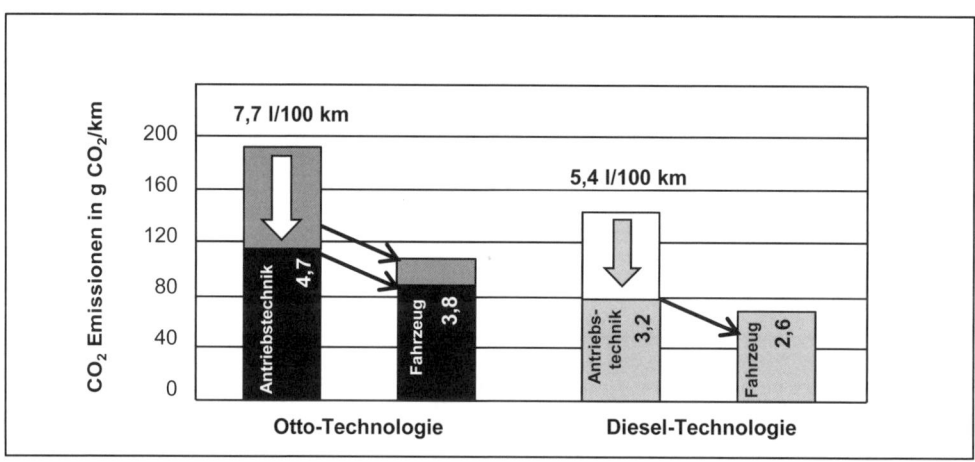

Abbildung 88: CO_2-Reduktionspotenziale durch Antriebs- und Fahrzeugtechnologie
                 (Quelle: Eigene Darstellung in Anlehnung an: Bohr 2010)

So ist deutlich erkennbar, dass insbesondere in Nordamerika und China erhebliche staatliche Anschubfinanzierungen zur Förderung elektrifizierter Antriebskonzepte auf den Weg gebracht werden (**Abbildung 89**). Es ist weithin bekannt, dass vor allem die chinesische Regierung eine Strategie verfolgt, den uneinholbar erscheinenden technischen Rückstand der chinesischen Automobilindustrie auf dem Gebiet des Verbrennungsmotors zu akzeptieren und stattdessen die Technologieführerschaft im Bereich der Elektromobilität zu übernehmen.

Ein spezifisches Risiko stellt der Trend zur Elektromobilität für die Beschäftigung in der deutschen Automobilindustrie dar. So geht eine Reihe von Prognosen zwar davon aus, dass in der Phase des Übergangs von konventionellen Antrieben zum Elektroantrieb durch die notwendige Parallelentwicklung zusätzliche Arbeitsplätze entstehen. Sollte sich das Elektroauto aber vollständig durchsetzen, hätte dies aufgrund der sinkenden technischen Komplexität der Fahrzeuge negative Rückwirkungen auf die Beschäftigung am Standort Deutschland *(vgl. Barthel et al. 2010, S. 30 ff.).*

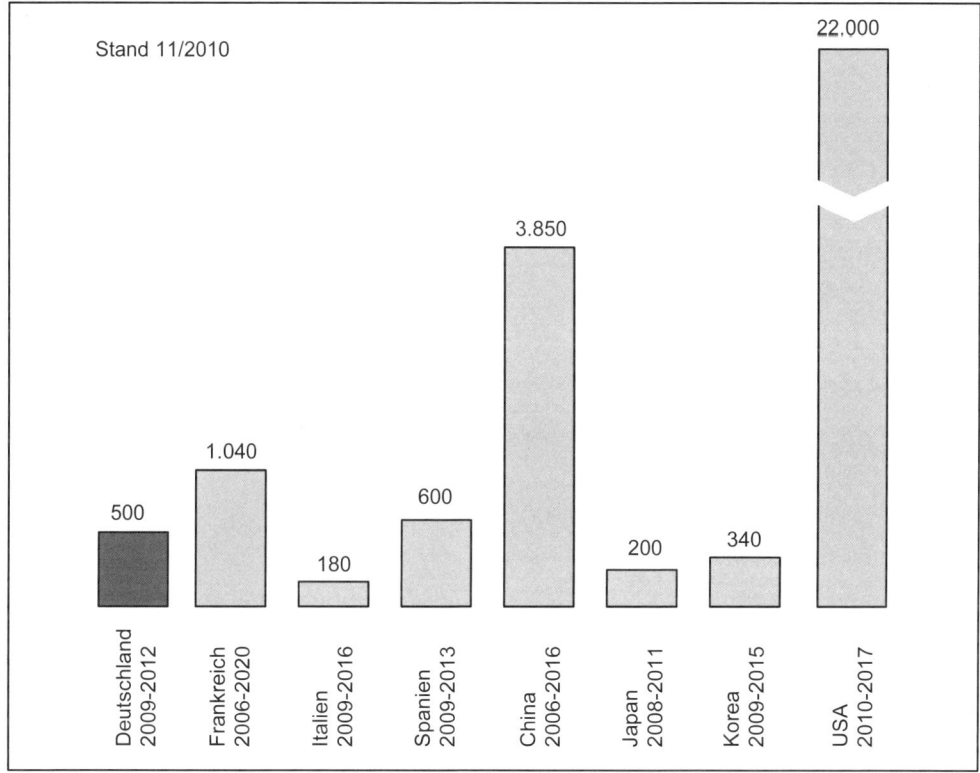

Abbildung 89:   Förderung der Elektromobilität im internationalen Vergleich (in Mio. EUR)
                 (Quelle: Koordinierungsstelle der Industrie, zit. nach: Verband der Automobilindustrie VDA 2010)

Die überwiegende Zahl von Prognosen geht davon aus, dass Verbrennungsmotoren (Benzin und Diesel) noch über viele Jahrzehnte eine dominante Position im Automobilmarkt haben werden *(vgl. Wallentowitz/Freialdenhoven/Olschewski 2009, S. 175 f.).* Nach einer Studie des Instituts für Automobilwirtschaft (IFA) im Auftrag der IHK Stuttgart wird der Anteil von reinen Elektroautomobilen und Brennstoffzellenfahrzeugen an den weltweiten Automobilverkäufen im Jahr 2030 bei etwa 8 Prozent liegen (**Abbildung 90**).

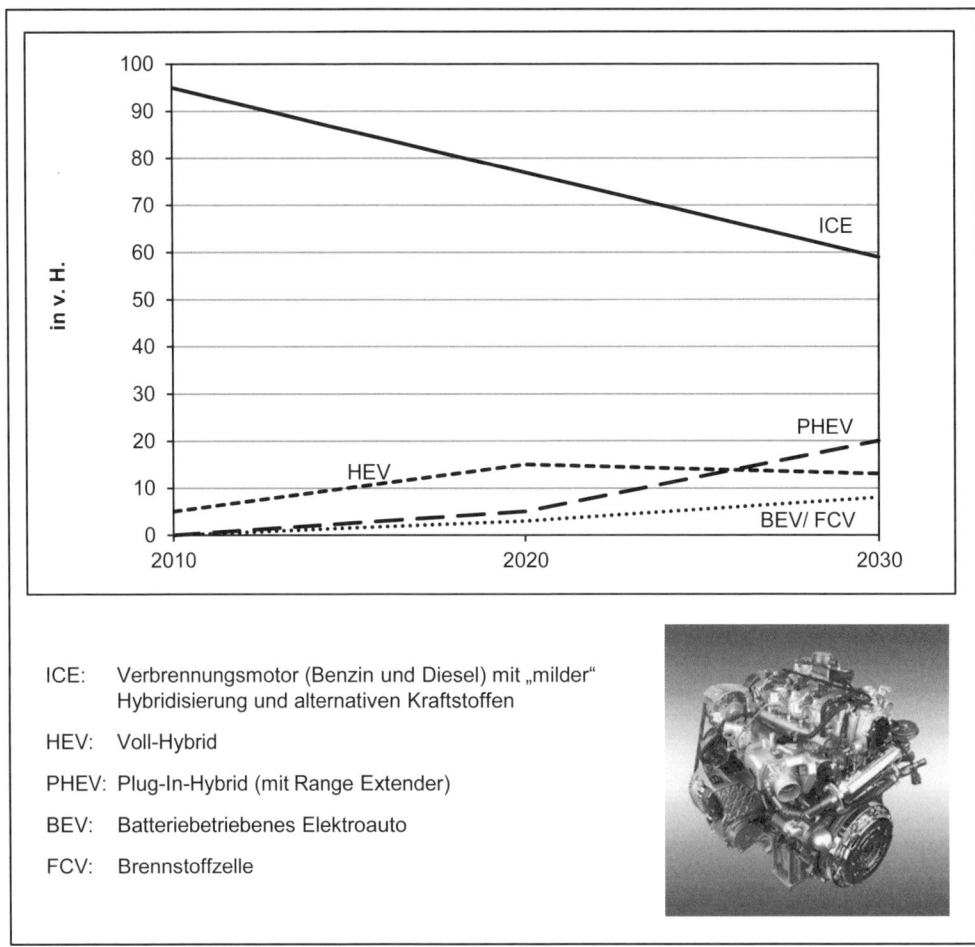

Abbildung 90:   Szenario zur Entwicklung unterschiedlicher Antriebstechnologien
                 (Quelle: Eigene Darstellung)

Doch ist durchaus vorstellbar, dass gerade jene Nationen, die heute die Entwicklung von Elektrofahrzeugen und leistungsfähigen Batteriesystemen fördern, dann, wenn sie einen entsprechenden Entwicklungsvorsprung erreicht haben, mittels Grenzwerten und staatlichen Incentives ihren Herstellern einen Wettbewerbsvorteil auf ihren heimischen Märkten verschaffen. Dies wäre insofern ein erhebliches Risiko als China und Nordamerika auch in Zukunft die beiden größten Automobilmärkte weltweit bleiben werden. Die massiven staatlichen Kaufhilfen, die in beiden Ländern, aber auch in Japan, für Elektroautomobile vergeben werden, deuten in diese Richtung (**Abbildung 91**).

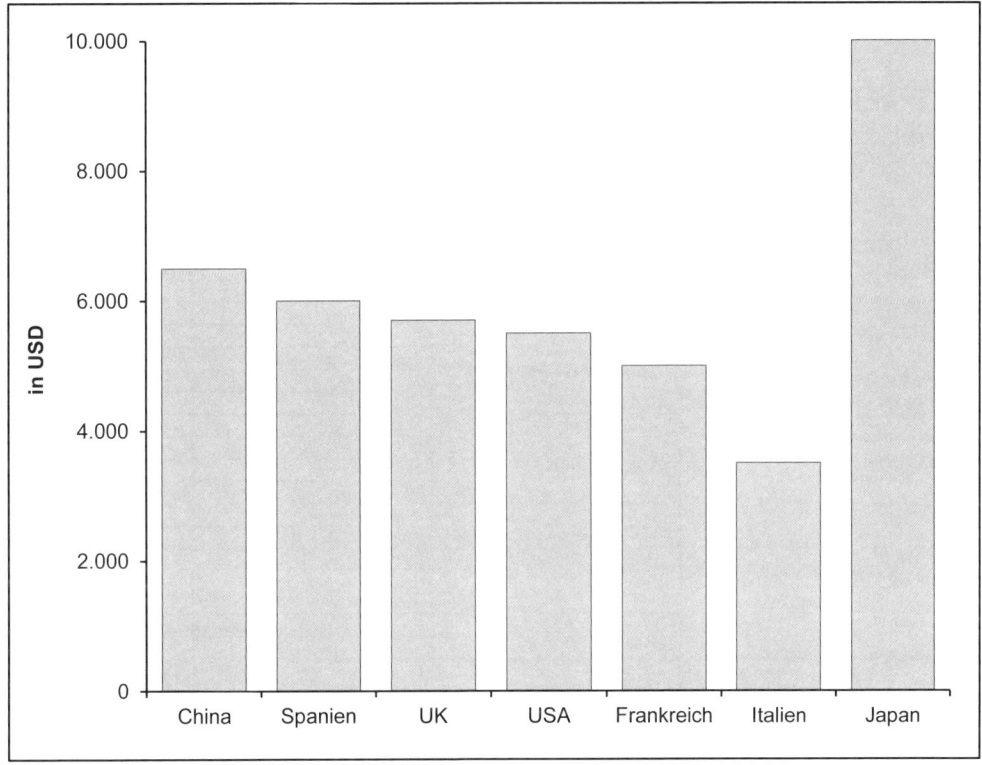

Abbildung 91:   Staatliche Kaufhilfen für Elektroautomobile im internationalen Vergleich
                 (Quelle: Eigene Darstellung)

Ein abrupter Technologiewandel hin zu elektrifizierten oder gar rein elektrischen Antriebskonzepten würde nicht nur die Automobilhersteller, sondern auch große Teile der deutschen
Zulieferindustrie betreffen, da zahlreiche Aggregate und Komponenten, bei denen deutsche
Zulieferer weltweit eine Führungsposition haben, bei einem batteriebetriebenen Elektroauto
entfallen (**Tabelle 43**).

	Fahrzeugbereich	System	Bauteil	OEM	Zulieferer
Entfallende Fahrzeugkomponenten	Antrieb	Verbrennungsmotor	Kurbelgehäuse	XX	XX
			Kurbelwelle	XX	XX
			Kolben	XX	XX
			Pleuel	X	XXX
			Laufbuchsen	-	XXXX
			Zylinderkopf	XX	XX
			Ventile	X	XXX
			Nockenwellen	XX	XX
			Nockenwellenverstellung	XX	XX
			Gleitlager und Schmierung	XX	XX
			Kühlkrieslauf	XX	XX
			Aufladung (Turbo, Kompressor)	XX	XX
			Motorsteuerung	X	XXX
		Kraftstoffversorgung	Tankgefäß	X	XXX
			Kraftstoffpumpe	-	XXXX
			Einspritzsystem	-	XXXX
			Leitungssystem	-	XXXX
		Abgasanlage	Abgaskrümmer/Rohre	-	XXXX
			Drei-Wege-Katalysator	-	XXXX
			NOx-Katalysator	-	XXXX
			SCR-System	-	XXXX
		Kupplung	Scheibenkupplung	X	XXX
			Hydrodynamischer Wandler	XX	XX
	Fahrwerk	Lenkung	Hydraulische Lenkhilfepumpe	-	XXXX
			Hydraulischer Aktuator	-	XXXX
			Hydraulikleitungen	-	XXXX
		Bremse	Unterdruck-Bremskraftverstärker	-	XXXX
			Bremspedal (mechanisch)	XX	XX

	Fahrzeugbereich	System	Bauteil	OEM	Zulieferer
Veränderte Fahrzeugkomponenten	Antrieb	Brennstoffzelle	Luftversorgung (Kathode)	XX	XX
			Turbolader (Expander)	XX	XX
			Abluftanlage (anstatt Abgasanlage)	XXX	X
			Kühlmittelpumpe	X	XXX
			Rezirkulationsgebläse (Anode)	X	XXX
			Befeuchter	X	XXX
			Tanksystem	X	XXX
			Ventile	X	XXX
		Getriebe	Gehäuse	XX	XX
			Zahnräder	X	XXX
			Schaltvorrichtung	XX	XX
			Kugellager	-	XXXX
			Schmierung	X	XXX

	Fahrzeugbereich	System	Bauteil	OEM	Zulieferer
Neue Fahrzeugkomponenten	Antrieb	Traktionsmotor	Stator/Rotor	X	XXX
			Leistungslektronik	XX	XX
	Bordnetz	Traktionsbatterie	Zellen		XXXX
			Batteriemanagement	XXX	X
			Gehäuse	X	XXX
			Ladegerät	-	XXXX
		Hochspannungsschutz	Absicherung/Verkabelung	-	XXXX
			Gleisspannungswandler	-	XXXX
	Fahrwerk	Bremse	Bremspedal (by Wire)	X	XXX
			Steuergerät	XXX	

Tabelle 43:   Technische Veränderungen bei Elektroautomobilen und ihre Konsequenzen für die Automobilzulieferer (Quelle: Wagner 2010)

7.3.3   Downgrading: Verschiebung der Marktstruktur

Eng mit den beiden zuvor genannten Risikopotenzialen verbunden ist ein weiterer möglicher Risikofaktor, nämlich die Verschiebung der Marktstruktur in Richtung kleiner, kompakter und vor allem billiger Fahrzeuge. Wenig überraschend ist, dass das sogenannte Entry-Level-Segment gerade in den Emerging Markets von großer Bedeutung ist. Dies stellt keine explizite Gefährdung für Hersteller von höherwertigen und Premiumautomobilen dar, da mit dem Gesamtmarkt auch die Nachfrage, in den oberen Marktsegmenten wachsen dürfte.

Problematisch könnte ein Downgrading für die deutschen Automobilhersteller dann werden, wenn es auch in den Triade-Märkten, insbesondere in Westeuropa und Nordamerika zu einer solchen Entwicklung kommen würde. Die deutschen Hersteller sind mit ihren Modellpaletten heute kaum in der Lage, das „Billig"-Segment mit Neuwagen zu bedienen.

Das Problem am Automobilstandort Deutschland ein Billigauto zu produzieren, soll im Folgenden anhand einer detaillierten Kostenanalyse dargestellt werden *(vgl. Diez 2007, S. 21 ff.)*.

Die Analyse ist als Kostenträgerstückrechnung angelegt. Dabei werden die in der Branche üblichen Kosten- und Erlösrelationen zugrunde gelegt. Wesentliche Grundlage der Berechnungen ist die Annahme einer Gesamtproduktionsmenge (Life-of-the-model-production) von 1,8 Mio. Fahrzeugen, wobei eine jährliche Produktionsmenge von 300.000 Einheiten und ein Modellzyklus von 6 Jahren unterstellt wurde.

In einem ersten Schritt wurde ausgehend von einem Zielpreis von 7.500 Euro Top Down eine Zielkostenstruktur für ein familientaugliches Billigauto an einem Low-Cost-Standort entwickelt. Nach Abzug der Mehrwertsteuer, einer Händlermarge von 5,5 Prozent sowie einer in diesem Segment üblichen Gewinnmarge von 5,0 Prozent ergeben sich Zielkosten in Höhe von 5.656,00 Euro (**Abbildung 92**). Ausgehend von diesen Zielkosten wurde dann eine Kostenverteilung auf die verschiedenen Kostenarten vorgenommen, wobei hier eine branchentypische Kosten*struktur* (nicht Kosten*niveau*) zugrunde gelegt wurde.

Im Vergleich dazu ist die Ist-Kostenstruktur eines familientauglichen Kompaktfahrzeuges dargestellt, das am Standort Deutschland produziert wird. Die Kostenkalkulation erfolgte hier Bottom Up, das heißt ausgehend von einer bestimmten technischen Konfiguration des Fahrzeugs wurden realitätsnahe Kostenansätze abgeleitet. So basiert zum Beispiel die Kalkulation der F&E-Kosten auf der Annahme eines F&E-Aufwandes für ein solches Modell in der Größenordnung von 1,2 Mrd. Euro (inkl. serienbegleitende Kosten für die Modellpflege).

In der Summe ergeben sich hier Ist-Kosten in Höhe von 9.210,00 Euro. Legt man eine Gewinnspanne von knapp 5 Prozent zugrunde und eine übliche Händlermarge von rund 15 Prozent, ergibt sich unter Berücksichtigung der MwSt. ein Listenpreis von 13.522,00 Euro, der um gut 80 Prozent über dem eines Billigautos in der „Logan-Klasse" liegt.

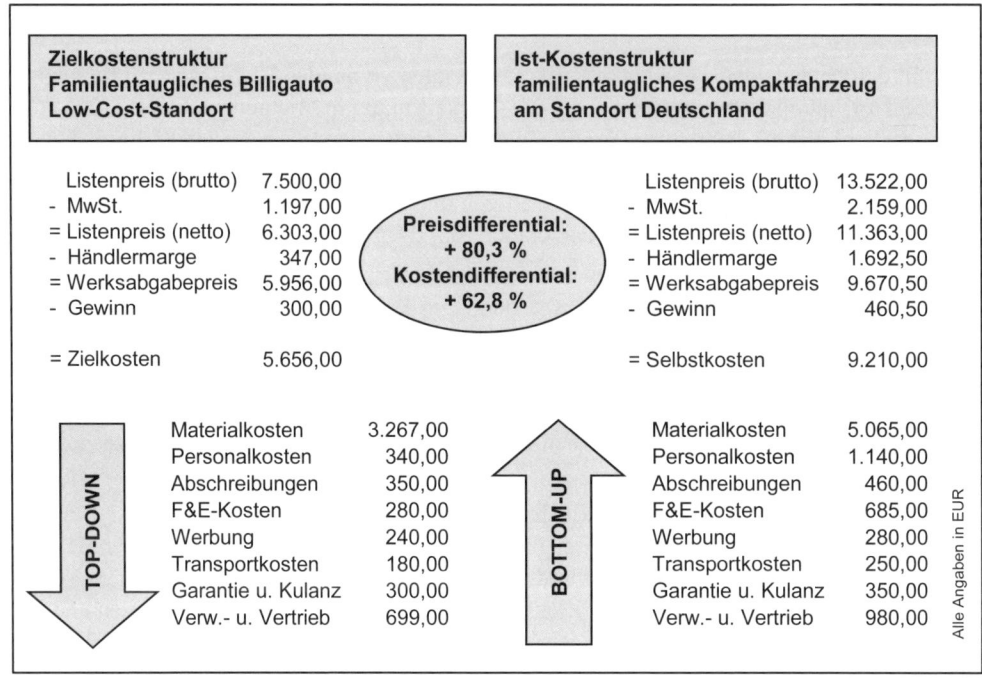

Abbildung 92:   Kostenvergleich für ein familientaugliches Billigauto an einem Low-Cost-Standort und am
                 Standort Deutschland
                 (Quelle: Diez 2007, S. 22)

Die Gegenüberstellung der aus dem Zielpreis 7.500,00 Euro abgeleiteten Zielkostenstruktur für ein familientaugliches Billigauto an einem Low-Cost-Standort und der für ein technisch vergleichbares Kompaktfahrzeug kalkulierten Kosten am Standort Deutschland macht deutlich, wo die prioritären Handlungsfelder für die Ausrichtung des Produktkostenmanagements im Hinblick auf ein Billigauto liegen. Dabei zeigt sich eine Reihe von Kostensenkungspotenzialen, die unabhängig vom Standort der Fahrzeugendmontage realisiert werden können:

• **Materialkosten**: Eine Senkung der Materialkosten ist zum einen durch eine technische Entfeinerung des Produktes möglich. Technische Entfeinerung bedeutet dabei den Verzicht auf Technologien, Komponenten sowie Ausstattungselemente, die für die Funktionstüchtigkeit und Zuverlässigkeit des Fahrzeuges nicht zwingend notwendig sind. Ein zweiter Ansatz zur Reduktion der Materialkosten ist der verstärkte Bezug von Aggregaten und Teilen aus Low-Cost-Ländern. Eine Erhöhung des Low-Cost-Anteils an den gesamten Materialkosten um 40 Prozent führt erfahrungsgemäß zu einer Senkung der Materialkosten um 20 Prozent.

• **Abschreibungen**: Möglich ist hier zum einen die Weiternutzung vorhandener Anlagen und Werkzeuge. Außerdem können durch eine Reduktion des Mechanisierungsgrades die Investitionen in Sachanlagen reduziert werden. Allerdings sind mögliche negative Rückwirkungen auf die Produktivität und Qualität zu beachten.

• **F&E-Kosten**: Eine Reduktion der F&E-Kosten ist durch den Verzicht auf eine eigenständige Entwicklung eines neuen Fahrzeuges („develop from scratch") möglich. Stattdessen bieten sich drei Ansätze an: (1) Verlängerung des Produktlebenszyklus eines vorhandenen Modells, (2) Nutzung wesentlicher Aggregate und Komponenten (Motoren, Getriebe, Achsen) aus Fahrzeugen, die nicht mehr in der Serienproduktion sind, (3) Entfeinerung eines in Produktion befindlichen Gesamtfahrzeuges.

- **Werbung**: Möglich ist hier der Verzicht auf teure Werbemedien, insbesondere TV-Werbung sowie eine stärkere Gewichtung nicht-klassischer Werbeformen („Below-the-Line"-Kommunikation). Außerdem kann durch eine intensive PR-Arbeit der Werbeaufwand zur Bekanntheitssteigerung reduziert werden.

- **Transportkosten**: Hier besteht die Möglichkeit zur Nutzung von Spediteuren aus Low-Cost-Ländern.

- **Garantie und Kulanz**: Die Ansatzpunkte liegen hier eher im Kulanz- als im Garantiebereich. Durch restriktive Kulanzrichtlinien sind Kostensenkungen möglich. Allerdings müssen deren Rückwirkungen auf die Kundenzufriedenheit beachtet werden.

- **Verwaltung und Vertrieb**: Kostensenkungen in diesem Bereich sind am ehesten im Vertrieb, beispielsweise durch den Verzicht auf eine Vertriebsstufe möglich. Werden die Fahrzeuge direkt vom Hersteller an die Retail-Ebene (Vertragshändler) geliefert und das Händlernetz zentral gesteuert, kann auf die Einbindung von National Sales Companies (NSC) verzichtet werden.

Ein weiterer, allerdings nicht kostenbezogener Ansatzpunkt ist die Reduktion der Händlermargen. Dabei muss allerdings deren Bedeutung für die Motivation des Handels in Rechnung gestellt werden. Die Reduktion von Händlermargen auf ein Niveau von 5 Prozent erfordert zudem den Verzicht auf weitgehende bauliche oder andere für den Handel kostenrelevante Standards, wie sie in der Branche bislang üblich sind (z. B. Anzahl und Qualifikation des Verkaufspersonals, Bereitstellung von Vorführwagen für Probefahrten).

Die kritischste, weil vollständig standortgebundene Kostengröße sind die Personalkosten. Die Personalkosten liegen an einem durchschnittlichen Low-Cost-Standort bei etwa 70 Prozent des Niveaus am Standort Deutschland. Eine Reduktion am Standort Deutschland auf das Zielkostenniveau eines Low-Cost-Standorts ist unmöglich. Auch durch große Produktivitätsfortschritte kann eine Differenz von 80 bis über 90 Prozent nicht geschlossen werden. Dementsprechend würde – selbst wenn eine Erreichung der Zielkosten bei den anderen Kostenarten gelänge und ein Produktivitätsvorteil von 50 Prozent in Rechnung gestellt wird – eine Kostendifferenz von 800 bis 1.500 Euro pro Fahrzeug zugunsten eines Low-Cost-Standorts verbleiben.

Bislang lässt sich für Westeuropa nur ein schwacher Trend zum Downsizing erkennen, wobei hier der starke Einfluss der staatlichen Incentivierungsprogramme in den Jahren 2009 und 2010 zu berücksichtigen ist. So ist der Anteil der Kleinwagen zwar von 2008 auf 2009 gestiegen, doch ging diese Entwicklung auch zu Lasten des Kompakt-Segments („Lower Medium"). Mit dem Auslaufen der staatlichen Incentivierungsprogramme ist der Anteil von Fahrzeugen der Mittel- und Oberklasse wieder angestiegen (**Tabelle 44**). In Nordamerika hat sich die Marktstruktur in den letzten drei Jahren praktisch nicht verändert. Das Small-Segment hat bei allen Aufbauformen keine Anteile hinzu gewinnen können.

Westeuropa (in v. H.)	2008	2009	2010*
Small	38,8	45,0	43,8
Lower Medium	31,7	29,5	29,6
Upper Medium	17,0	15,1	15,9
Executive	12,3	10,1	10,4
Other/Unknown	0,2	0,4	0,4

* Jan.-Aug.

USA (in v. H.)	2008	2009	2010
Small Car	19,0	19,6	17,8
Middle Car	21,3	21,7	20,5
Large/Luxury Car	11,3	10,8	10,5
CUV/SUV	27,1	29,2	31,4
Small Van	4,5	4,1	4,2
Large Van	1,9	1,5	1,7
Small Pickup	3,0	2,6	2,3
Large Pickup	11,9	10,7	11,6

Tabelle 44:   Entwicklung des westeuropäischen und nordamerikanischen Automobilmarktes nach Segmenten (Quelle: ACEA; NADA)

Dennoch kann für die Zukunft ein Downsizing in den reifen Automobilmärkten nicht ausgeschlossen werden. Neben der weiteren gesetzlichen Verschärfung und der steigenden steuerlichen Belastung für größere und leistungsstärkere Fahrzeuge sowie den steigenden Kraftstoffkosten könnte dazu auch ein sinkender Stellenwert des Autos im Konsumsystem der Konsumenten beitragen (siehe Kapitel 7.2.4). Die Fahrzeug- und Markenwahl, aber auch die Ausgabenbereitschaft korrespondiert sehr stark mit dem Stellenwert des Automobils in der persönlichen Präferenzskala. Autofahrer, für die das Automobil eine nicht nur rationale, sondern auch emotionale Bedeutung hat, sind bereit mehr für die Anschaffung und den Unterhalt eines Autos auszugeben als Menschen, für die das Auto ein reines „Transportmittel" ist.

Aufgrund der starken Ausrichtung der deutschen Automobilhersteller auf hochwertige und emotionalisierende Fahrzeug- und Designkonzepte, würde sie ein Herabsinken des Autos zu einem reinem „Commodity" besonders hart treffen. Die Tatsache, dass in vielen entwickelten Märkten die Nachfrage nach „Billigautos" wächst, deutet darauf hin, dass es eine nicht zu vernachlässigende Käuferschicht gibt, die ausschließlich am Rational-Nutzen eines Automobils interessiert ist.

7.3.4   Auftreten neuer Wettbewerber

Die Prognose, dass weltweit nur sechs Automobilhersteller überleben werden, muss vor dem Hintergrund der sich abzeichnenden Entwicklung in China und Indien relativiert werden. Zwar ist langfristig betrachtet eine solche Konsolidierung der Automobilindustrie durchaus denkbar. Kurz- und mittelfristig könnte es aufgrund der Globalisierungsstrategien indischer und chinesischer Automobilhersteller hingegen eher zu einer steigenden Zahl global agierender Automobilunternehmen kommen. So ist davon auszugehen, dass von den chinesischen

Automobilherstellern zumindest 3 bis 5 den Sprung auf den Weltmarkt schaffen werden. Am ehesten werden dazu die „National Champions" in der Lage sein (**Abbildung 93**).

<table>
<tr><td rowspan="2">Produktions- und Absatzvolumen</td><td>hoch</td><td>

"National Champions"

- Auto VAZ (Russland)
- Tata (Indien)
- Chana (China)
- Beijing Automobile (China)
- Dongfeng Motor (China)
- FAW (China)
- Chery (China)
- BYD (China)
- SAIC (China)

</td><td>

"Global Players"

- Toyota
- GM
- VW
- Renault/Nissan
- Ford
- Hyundai
- PSA
- Honda
- Fiat/Chrysler
- Suzuki

  - Daimler
  - BMW
  - Mazda
  - Mitsubishi

</td></tr>
<tr><td>niedrig</td><td>

„National Players"

- GAZ (Russland)
- Mahindra (Indien)
- Proton (Malaysia)
- Anhui Jinghuai (China)
- Brilliance (China)
- Chongging Lifan (China)
- Great Wall (China)
- Qingling (China)
- Guangzhou Auto (China)
  u.a.

</td><td>

"Global Niche Players"

- Fuji Heavy (Japan)
- Tata/Jaguar/Land Rover (Indien)
- Geely/Volvo (China)
- Spyker/Saab (Niederlande)
- Aston Martin (UK)
- Morgan (UK)

</td></tr>
<tr><td></td><td></td><td align="center">niedrig</td><td align="center">hoch</td></tr>
<tr><td></td><td colspan="3" align="center">Grad der Globalisierung</td></tr>
</table>

Abbildung 93:   Automobilhersteller im Überblick
(Quelle: Diez/KPMG 2010, S. 15)

Dabei werden sie auch die Chance nutzen, sich Know-How im Rahmen von Joint Ventures oder Übernahmen westlicher Hersteller zu sichern. Mit der zu erwartenden globalen Expansion dieser Hersteller wird sich das Problem struktureller Überkapazitäten verschärfen.

Für die deutschen Hersteller mag dies auf den ersten Blick eine nur geringe Bedrohung darstellen, da die neuen Anbieter zunächst eher am unteren Ende des Marktes mit preiswerten Klein- und Kompaktfahrzeugen einsteigen werden. Insofern dürfte der Wettbewerbsdruck auf klassische Massenhersteller zunächst am größten sein. Allerdings werden dann diese versuchen, sich technisch und preislich höher zu positionieren. Dies wird mittel- und längerfristig zu einem verschärften Wettbewerb auch in den Segmenten führen, in denen die deutschen Hersteller tätig sind. Außerdem zeigt die Übernahme westlicher Premiummarken durch Hersteller aus Indien und China, dass man das Ziel verfolgt, auch im Premiumsegment eine wichtige Rolle zu spielen.

7.3.5   Wachsender internationaler Protektionismus

Der weitverbreitete Protektionismus im Weltautomobilmarkt stellt gerade für die international ausgerichtete deutsche Automobilindustrie ein großes Wachstumshemmnis dar. Er zwingt auch dort zum Aufbau eigener Produktions- und Montagestätten, wo diese wirtschaftlich aufgrund fehlender Skalen-Effekte kaum sinnvoll sind. Eine weitere Ausdehnung und Intensivierung protektionistischer Maßnahmen würde die deutsche Automobilindustrie hart treffen. Die Verschiebung der Absatzgewichte könnte mittel- und längerfristig vor allem ein Problem für den Automobilstandort Deutschland werden.

Angesichts der Stagnation bei den Verhandlungen der Doha-Runde sind die Aussichten gering, dass es in den nächsten Jahren zu einem weltweiten Abbau protektionistischer Maßnahmen kommt. Stattdessen zeichnet sich eine Entwicklung ab, dass die Europäische Union ihre Zölle deutlich senkt, einige Schwellenländer aber über sogenannte „Flexibilitäten" die Möglichkeit haben, ihre Automobilindustrie von zukünftigen Zollsenkungen auszunehmen.

Das Problem liegt darin, dass viele der aufstrebenden Märkte durch Einfuhrbeschränkungen geschützt werden, so dass in diese Länder keine Exporte aus Deutschland heraus möglich sind bzw. die exportierten Fahrzeuge durch Zölle so verteuert werden, dass sie nicht wettbewerbsfähig sind. In der Konsequenz bedeutet dies, dass diese Märkte nur durch lokale Produktion erschlossen werden können. Dadurch gehen zwar direkt keine Arbeitsplätze in Deutschland verloren. Im Gegenteil, durch Zulieferungen von High-Tech-Komponenten können eventuell sogar Arbeitsplätze gesichert werden. So lautet eine gängige Formel, dass drei Arbeitsplätze im Ausland einen neuen Arbeitsplatz in Deutschland schaffen. Allerdings wird dieses Geschäft kaum ausreichen, um das sinkende Beschäftigungsvolumen bei Komplettfahrzeugen zu kompensieren.

7.3.6   Zwischenfazit: Risikopotenziale für die deutsche Automobilindustrie

Die Relevanz der aufgezeigten Risikopotenziale für die deutsche Automobilindustrie hängt zum einen von der Eintrittswahrscheinlichkeit der hinter diesen Bedrohungen stehenden Szenarien ab, aber auch von den strategischen Handlungsmöglichkeiten der Unternehmen, diesen Risiken auszuweichen oder sie gar in Chancenpotenziale zu verwandeln. Bewertet man die aufgezeigten Risiken nach diesen beiden Gesichtspunkten, so ragt zweifellos als die gefährlichste Entwicklung eine mögliche politische Diskriminierung von Premiumautomobilen heraus: Zum einen scheint es eine weitverbreitete und tendenziell steigende Neigung für eine solche Politik zu geben, zum anderen wäre ein kurzfristiges Ausweichen oder Abfedern einer solchen Entwicklung angesichts der starken Dominanz dieses Absatzsegmentes für die deutschen Automobilhersteller kaum möglich (**Abbildung 94**).

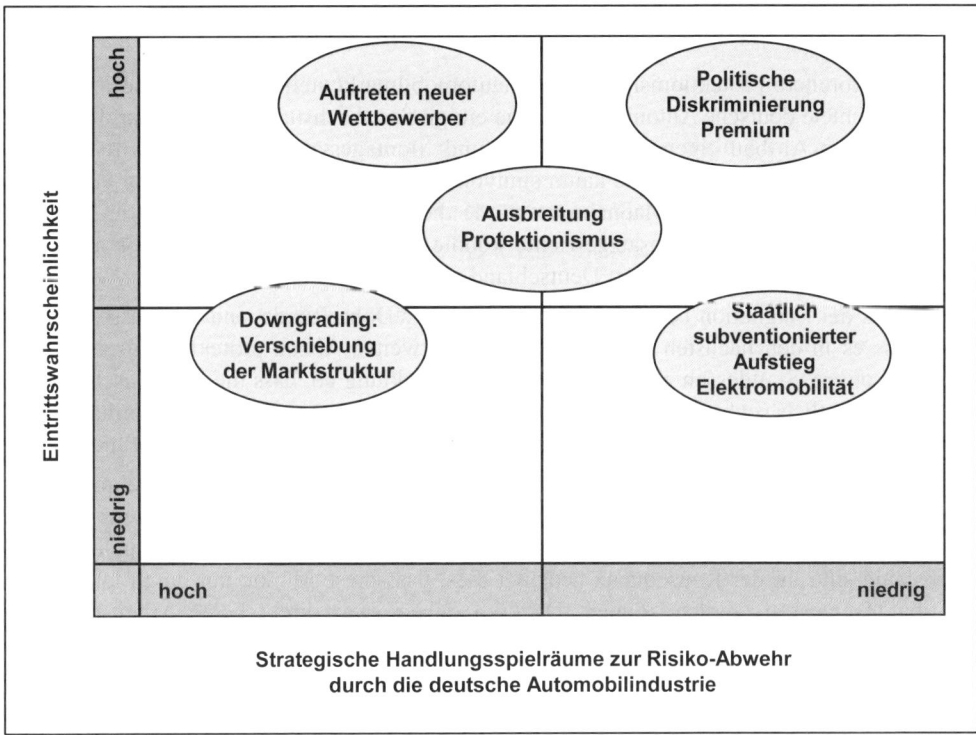

Abbildung 94:   Relevanz der Risikopotenziale für die deutsche Automobilindustrie
                 (Quelle: Eigene Darstellung)

Daneben muss die Ausbreitung protektionistischer Maßnahmen als eine weitere reale Gefahr für die deutsche Automobilindustrie und insbesondere für den Automobilstandort Deutschland angesehen werden. Zwar können die Automobilunternehmen protektionistischen Maßnahmen durch den Aufbau von lokalen Produktions- und Montagestätten ausweichen. Der Automobilstandort Deutschland würde dadurch aber Export- und damit auch Wertschöpfungs- und Beschäftigungspotenziale verlieren.

Die Risikorelevanz eines staatlich subventionierten Aufstiegs der Elektromobilität verbunden mit einer gesetzlichen oder auch steuerlichen Diskriminierung anderer Antriebstechnologien ist ebenfalls hoch einzuschätzen. Sollte es zu einer solchen Entwicklung kommen, müssten die deutschen Automobilhersteller – mit allerdings negativen Folgen für den Kompetenz- und Entwicklungsstandort Deutschland – verstärkt Kooperationen im Ausland eingehen. Um eine solche Entwicklung zu verhindern, ist hier vor allem der Staat und die staatliche Forschungsförderung gefordert.

Damit soll nicht die These vertreten werden, dass ein Technologiewandel in Richtung Elektromobilität ein grundsätzliches Risiko für die deutschen Automobilhersteller darstellt. Aufgrund ihrer starken Technologie- und Innovationsorientierung sollten Automobilhersteller und Zulieferer in der Lage sein, die Chancen, die sich aus dem Trend zur Elektrifizierung ergeben, zu nutzen. Das Risikopotenzial liegt hier vielmehr in einem möglichen Subventionswettlauf und einer industriepolitisch motivierten Diskreditierung konventioneller Antriebstechnologien.

Am ehesten beherrschbar scheinen die Risiken aus einem verstärkten Auftreten neuer Wettbewerber sowie der Verschiebung der Marktstruktur. Die deutsche Automobilindustrie hat schon in der Vergangenheit beim Markteintritt der japanischen und dann der koreanischen Hersteller gezeigt, dass sie mit einer entsprechenden Neuausrichtung und Optimierung ihrer Unternehmenspolitik solchen Herausforderungen offensiv und erfolgreich begegnen kann.

Auf die Verschiebung der Marktstruktur haben die deutschen Hersteller bereits mit einer Ausdehnung ihrer Modellpaletten im A- und B-Segment reagiert. Dabei haben gerade Premiumhersteller gezeigt, dass es durchaus möglich ist, auch kleine Autos als Life-Style-Produkte im Markt zu positionieren. Problematisch wäre jedoch eine Verschiebung der Nachfrage hin zu Billigautomobilen. Wie die Kostenanalyse gezeigt hat, ist es nicht möglich, am Standort Deutschland wettbewerbsfähig Billigautomobile zu produzieren. Ein Trend in diese Richtung würde also ganz eindeutig zu Lasten des Automobilstandorts Deutschland gehen.

7.4   Chancenpotenziale

7.4.1   Mobilität als globales Massenphänomen

Das globale gesamtwirtschaftliche Wachstum wird dazu führen, dass eine weiter steigende Zahl von Menschen in Einkommenskategorien hineinwachsen wird, die die Anschaffung eines eigenen Automobils ermöglichen. Das dazu erforderliche Einkommensniveau liegt bei einem Jahreseinkommen zwischen 5.000 und 10.000 US-Dollar. **Abbildung 95** zeigt den statistisch signifikanten Zusammenhang zwischen Pro-Kopf-Einkommen und Motorisierungsdichte.

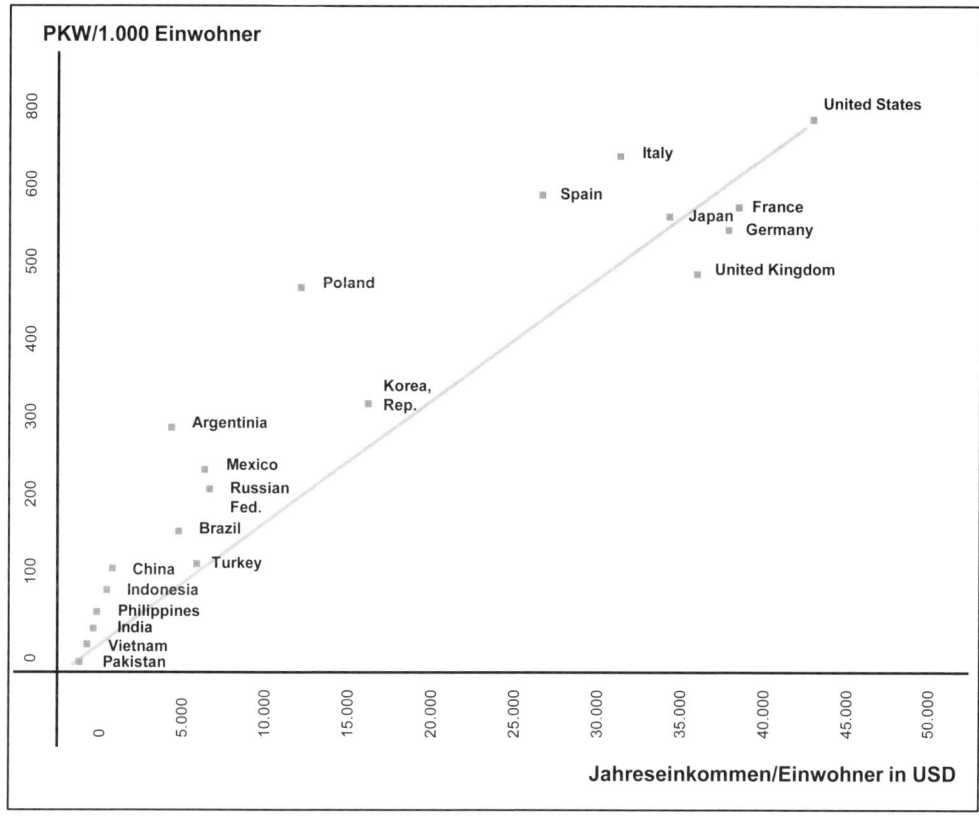

Abbildung 95:   Zusammenhang zwischen Einkommen und Motorisierungsdichte
                 (Quelle: World Bank)

Verbunden mit einer weltweit steigenden Bevölkerung wird dies zu einem anhaltenden
Wachstum des Automobilmarktes beitragen. So dürfte der Weltautomobilmarkt bis zum Jahr
2025 auf etwa 107 Mio. Einheiten ansteigen (**Tabelle 45**). Dies entspricht einer durchschnittlichen jährlichen Wachstumsrate – bezogen auf das Jahr 2010 – von 4,44 Prozent gegenüber
2,36 Prozent im Zeitraum 2003 bis 2010.

	2003	2010	2025	CAGR* (2003-2010)	CAGR* (2010-2025)
Europa	**16,63**	**16,46**	**19,75**	**-0,02**	**+0,76**
Westeuropa	14,20	12,98	13,50	-1,30	+0,03
Osteuropa	2,43	3,48	6,25	+5,30	+3,98
Amerika	**20,70**	**17,93**	**28,70**	**-2,00**	**+3,20**
Nordamerika	19,20	13,93	19,80	-4,50	+2,40
dar. USA	16,64	11,55	17,00	-5,10	+2,60
Südamerika	1,49	4,00	8,90	+15,15	+5,50
Asien	**9,38**	**20,74**	**58,00**	**+12,00**	**+7,10**
dar. China	1,99	11,27	38,30	+28,11	+8,50
RoW	**0,91**	**0,93**	**1,15**	**+0,03**	**+1,43**
Welt	**47,62**	**56,06**	**107,60**	**+2,36**	**+4,44**

* Compound Annual Growth Rate (CAGR)

Tabelle 45:   Trendprognose des Weltautomobilmarktes
                (Quelle: Verband der Automobilindustrie VDA; eigene Schätzungen)

Das beschleunigte Wachstum rührt zum einen aus dem Aufholprozess nach dem starken Markteinbruch in den Jahren 2008 und 2009 her, vor allem aber aus dem weiter anhaltenden Motorisierungsprozess in den Entwicklungs- und Schwellenländern. Dies sind neben den BRIC-Staaten, vor allem die unter dem Begriff „Next 11" zusammengefassten Schwellenländer in Asien, Afrika und Lateinamerika (Ägypten, Bangladesch, Indonesien, Iran, Mexiko, Nigeria, Pakistan, Philippinen, Südkorea, Türkei und Vietnam). So werden die weltweiten Automobilverkäufe in Asien von heute gut 20,7 Mio. auf 58 Mio. im Jahr 2025 ansteigen, was einer durchschnittlichen jährlichen Wachstumsrate von 7,1 Prozent entspricht. Allein der chinesische Markt wird im genannten Zeitraum auf voraussichtlich über 38 Mio. Einheiten ansteigen gegenüber rund 11 Mio. Einheiten im Jahr 2010.

Darüber hinaus wird es in jenen Ländern, die über ein niedriges bzw. mittleres Motorisierungsniveau verfügen analog zur Entwicklung in den reifen Automobilmärkten zu einem Anstieg des Zweit- und Drittbesitzes von Automobilen kommen. Auch daraus ergibt sich ein zusätzliches quantitatives Wachstumspotenzial.

7.4.2   Uptrading in den Emerging Markets

Motorisierungsprozesse durchlaufen – wie die Erfahrungen in den Triade-Märkten zeigen – typische Entwicklungsstadien: Am Anfang der Motorisierung in Nordamerika, Europa und Japan stand zunächst eine große und sehr stark steigende Nachfrage nach technisch anspruchslosen, aber zuverlässigen und vor allem billigen Entry-Level-Cars. In den USA war dies z. B. das Ford T-Modell, in Europa der VW Käfer, der Citroen 2CV oder auch der Fiat 500. Im Laufe der Entwicklung hat in diesen Märkten ein deutliches Uptrading in Richtung höherwertiger, besser ausgestatteter und sicherer Fahrzeuge stattgefunden, sodass das Billigsegment entsprechend an Bedeutung verloren hat.

Es ist davon auszugehen, dass sich diese Entwicklung in den Emerging Markets wiederholen wird. Dafür sprechen vor allem zwei Gründe:

- Die gesetzlichen Anforderungen an Automobile im Hinblick auf die Schadstoff- und Lärmemissionen, aber auch hinsichtlich der Fahrzeugsicherheit werden in den Emerging Markets in Zukunft deutlich ansteigen.

- Die Anforderungen der Kunden hinsichtlich Qualität, Verarbeitung und Komfort werden mit jedem Neukauf ebenfalls höher werden.

Getragen wird diese Entwicklung von steigenden Einkommen und Vermögen in diesen Märkten. So wird nach einer Prognose von Goldmann Sachs die Mittelschicht, worunter Haushalte mit einem jährlichen Einkommen zwischen 6.000 und 30.000 US-Dollar verstanden werden, in den BRIC-Staaten in den nächsten Jahren deutlich ansteigen und bis zum Jahr 2020 deren Zahl in den G7-Industriestaaten übertreffen (**Abbildung 96**).

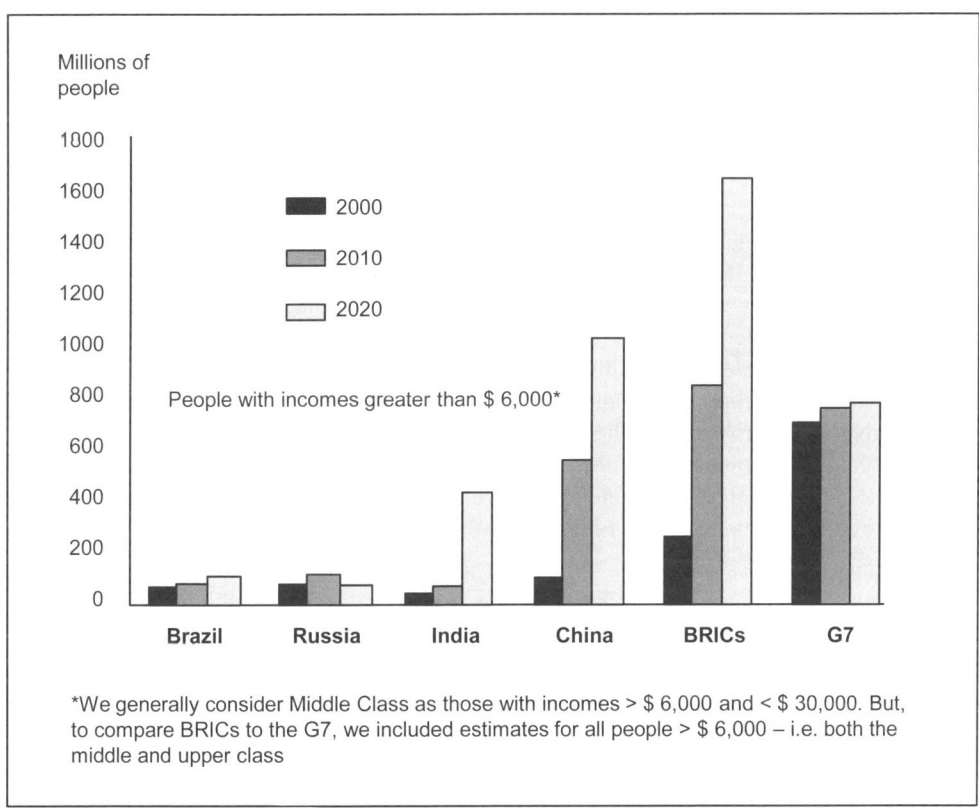

Abbildung 96:   Entwicklung der Mittelschicht weltweit
                 (Quelle: Goldman Sachs 2010, S. 2)

Gleichzeitig zeichnet sich in den Emerging Markets auch ein überdurchschnittlicher Anstieg der Privatvermögen ab. So liegt das Wachstum der sogenannten High Net Worth Individuals (HNWI), also Personen mit einem fungiblen Privatvermögen von mehr als 1 Mio. US-Dollar, in Asien deutlich über dem Weltdurchschnitt. Dies gilt auch für den Anstieg der Vermögen selbst. So wuchs die Zahl der Next-Door Millionäre (Vermögen: 1 bis 5 Mio. US-Dollar) von 2008 auf 2009 in Asien um 25,3 Prozent, die der Mid-Tier Millionäre (5 bis 30 Mio. US-Dollar) um 31,9 Prozent und die der Ultra-HNWI (30 Mio. US-Dollar) sogar um 36,7 Prozent (**Abbildung 97**). Von dieser Entwicklung haben insbesondere die Hersteller von Premium- und Luxusfahrzeugen profitiert und werden davon auch weiter profitieren.

	Number of Individuals 2009		HNWI Population Growth 2008-2009		HNWI Wealth Growth 2008-2009		% of Total HNWI Wealth 2009	
	Global	Asia-Pacific	Global	Asia-Pacific	Global	Asia-Pacific	Global	Asia-Pacific
> USD 30m Ultra-HNWI	93.1k (0,9% of Total)	19,6k (0,6% of Total)	19,4%	36,7%	21,5%	42,6%	35,5%	24,5%
USD 5m-30m „Mid-Tier Millionaire"	896.9k (8,9% of Total)	240.9k (8,0% of Total	18,4%	31,9%	18,3%	32,0%	21,9%	23,9%
USD 1m-5m Millionaire „Next Door"	9,053.4k (90,1% of Total)	2,761.9k (91,4% of Total)	16,9%	25,3%	17,1%	25,9%	42,6%	51,6%

Abbildung 97:   Globale Entwicklung der Vermögens-Millionäre
                    (Quelle: Capgemini/Merrill Lynch 2010, S. 7)

Angesichts der starken Wachstumsdynamik in den Emerging Markets ist davon auszugehen, dass die aufgezeigten Trends anhalten und die Entwicklung der Automobilmärkte positiv im Sinne eines nicht nur quantitativen, sondern auch qualitativen Wachstums beeinflussen werden. Zugute kommt diese Entwicklung nicht nur den Automobilherstellern, sondern auch den Automobilzulieferern, da der Ausstattungsumfang je Fahrzeug deutlich zunehmen wird. So rechnet Roland Berger Strategy Consultants mit einem Wachstum des weltweiten Komponenten- und Teilemarktes von 410 Mrd. Euro im Jahr 2010 auf 684 Mrd. Euro im Jahr 2025, was einer durchschnittlichen jährlichen Wachstumsrate von 3,3 Prozent entspricht (**Abbildung 98**). Besonders hohe Zuwächse werden im Bereich der Antriebstechnik mit einer durchschnittlichen jährlichen Steigerungsrate von 4,8 Prozent erwartet.

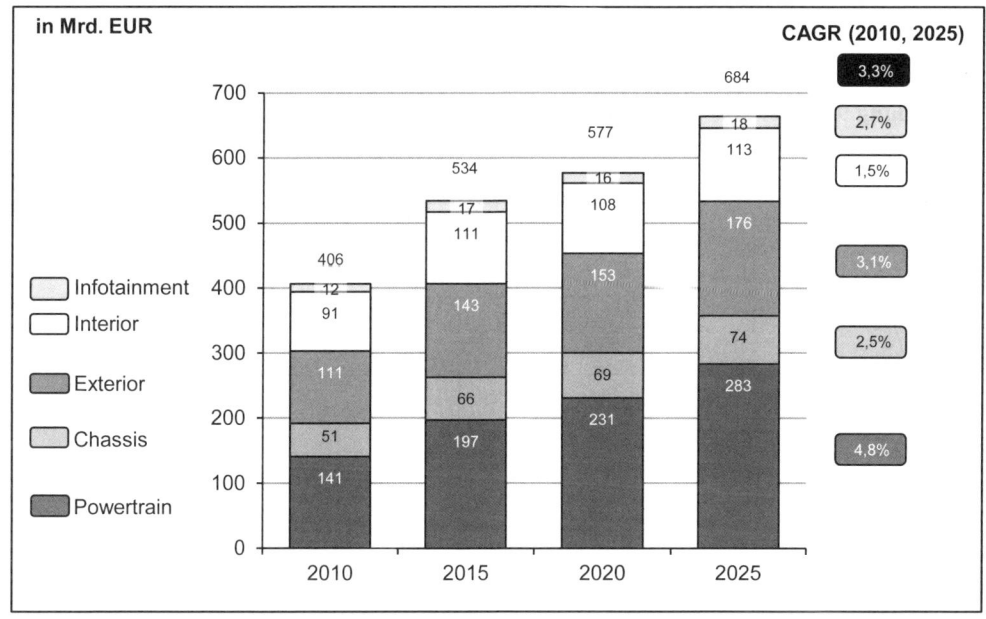

Abbildung 98:   Globale Entwicklung des Marktes für Komponenten und Aggregate
                 (Quelle: Kalmbach et al. 2011, S. 37)

7.4.3   Steigende technische Anforderungen

Überblick man die Automobilentwicklung in einem etwas längerfristigen Zeitraum, so zeigt sich, dass die technischen Anforderungen an das Automobil im Zeitablauf sehr stark angestiegen sind. Dies beinhaltet nicht nur steigende Anforderungen an einzelne technische Komponenten, sondern auch das Hinzukommen ganz neuer Technologiebereiche aufgrund veränderter Kundenwünsche. Diese Entwicklung ist sowohl nachfrage- wie angebotsgetrieben: Auf der einen Seite steigen die Anforderungen der Kunden („demand-pull"), andererseits erweitern sich aber auch die technischen Möglichkeiten durch Fortschritte in der Grundlagenforschung und deren Transfer in die Anwendung („supply-push").

Vor dem Hintergrund der veränderten Rahmenbedingungen einerseits, der Erschließung neuer Technologien andererseits wird sich der technisch Fortschritt in der Automobilindustrie trotz des hohen Reifegrades der Automobile von heute nicht verlangsamen, sondern eher noch beschleunigen. So zeichnet sich eine wachsende Bedeutung von fahrzeugbezogenen Innovationen insbesondere in den folgenden Technologiebereichen ab *(vgl. Wallentowitz et al. 2009, S. 125 ff.)*:

- Elektrifizierung des Antriebsstranges,
- Leichtbau sowie
- Kommunikations- und Fahrerassistenzsysteme.

Alle diese Entwicklungen werden dazu führen, dass sich die traditionellen Branchengrenzen der Automobilindustrie erweitern werden und ganz neue Technologiefelder zu Kernkompetenzen von Automobilherstellern werden. Insbesondere wird sich die Wertschöpfungsstruktur in der Automobilindustrie verschieben. So wird der Anteil der Elektrik und Elektronik durch die Elektrifizierung des Antriebsstranges weiter von heute 40 Prozent auf 75 Prozent ansteigen (**Abbildung 99**).

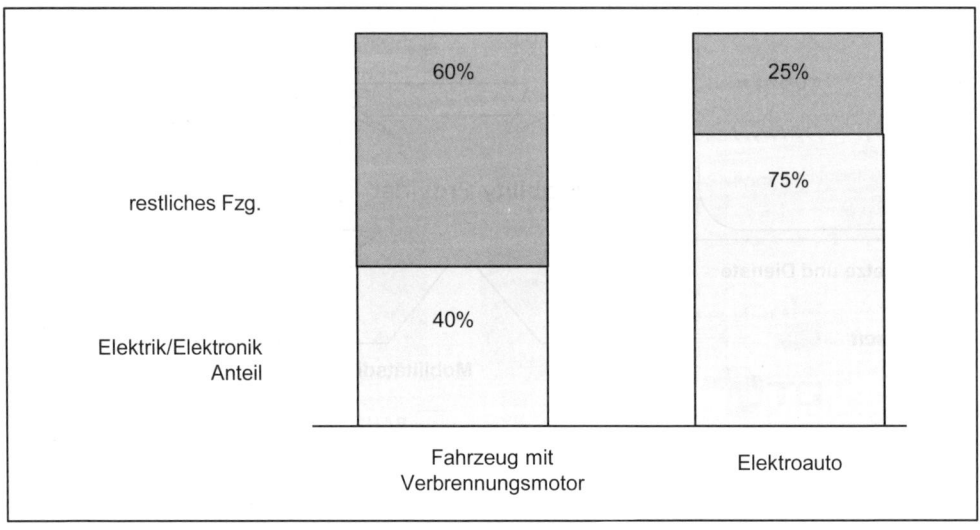

Abbildung 99:   Elektronikanteil bei Elektromobilen im Vergleich zu Fahrzeugen mit Verbrennungsmotor
                 (Quelle: Bohr 2010)

Weiterhin wird sich die Zahl und das Zusammenspiel der Akteure auf dem Automobilmarkt verändern (**Abbildung 100**). Neben den Automobilherstellern und –zulieferern werden bislang branchenfremde Unternehmen eine zunehmende Bedeutung bekommen. Dies gilt vor allem für den Bereich Infrastruktur sowie Netze und Dienste. Die wachsende Zahl branchenübergreifender Kooperationen und Beteiligungen zeigt, dass die Automobilhersteller erkannt haben, dass sie sich neue Kompetenzfelder sichern müssen, um ihre Systemführerschaft zu behaupten.

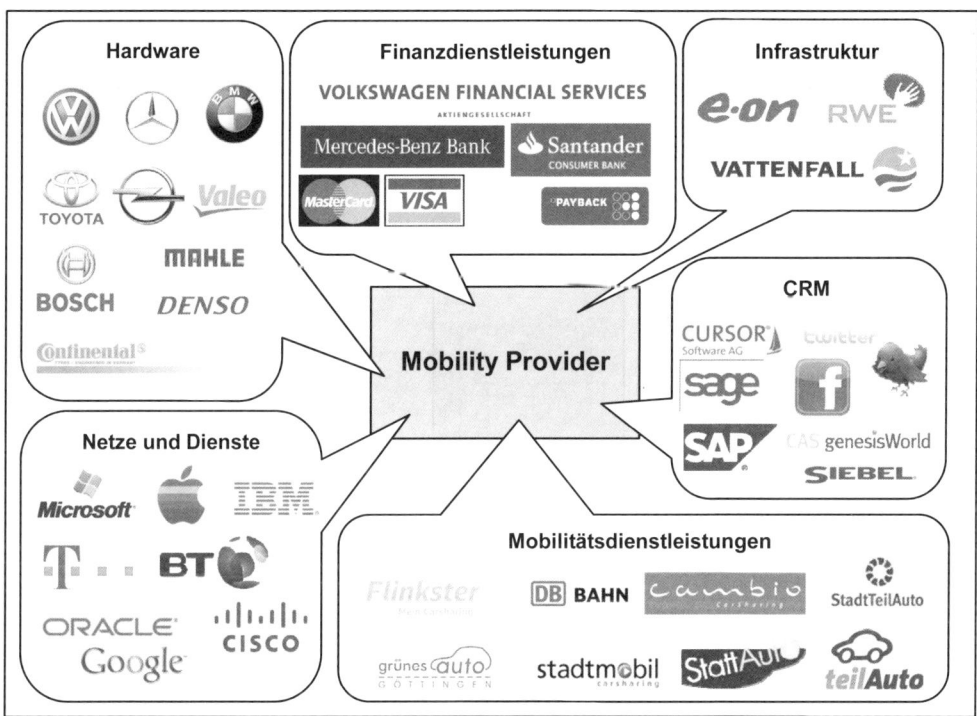

Abbildung 100:   Akteure im Automobilmarkt der Zukunft
                 (Quelle: Eigene Darstellung)

Schließlich wird sich die Wertschöpfung weiter in Richtung Downstream entwickeln, während Antriebsstrang und Fahrwerk tendenziell an Bedeutung verlieren. So wird der Anteil der Downstream-Aktivitäten an der Wertschöpfung bei Elektroautomobilen bei 65 Prozent und damit um 5 Prozentpunkte über dem Anteil bei Fahrzeugen mit Verbrennungsmotor liegen (**Abbildung 101**).

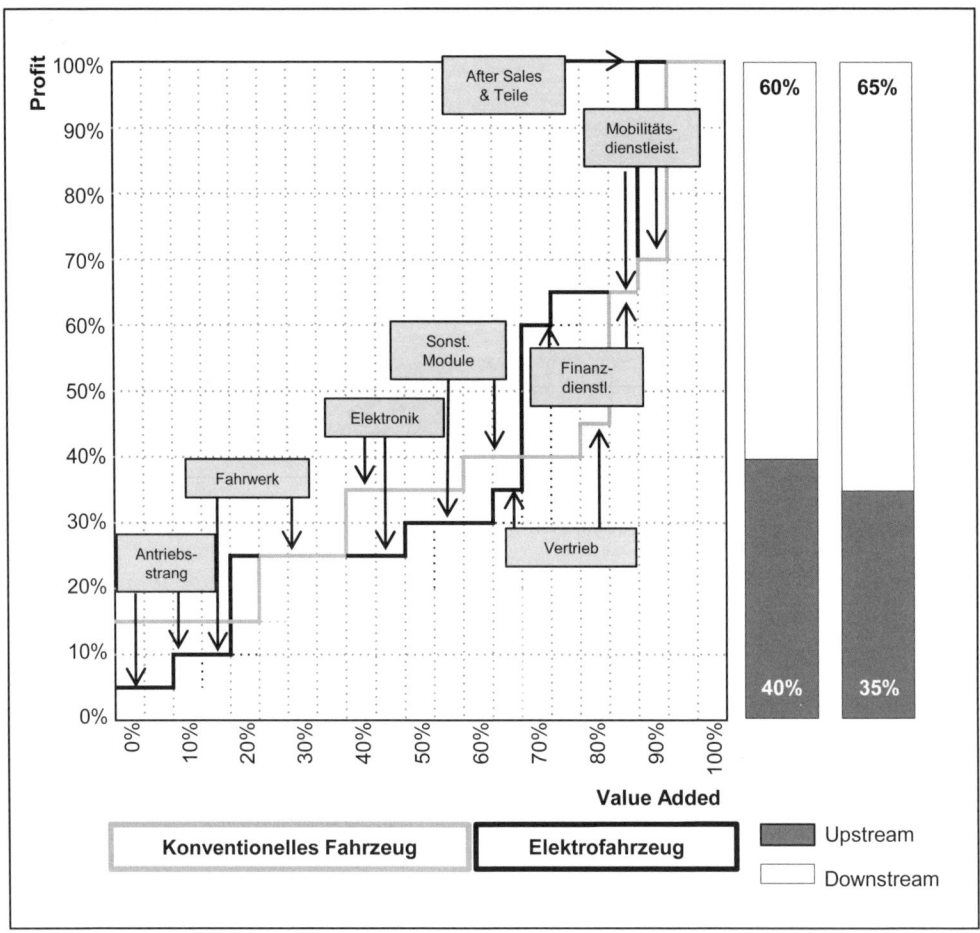

Abbildung 101: Die künftige Value Chain in der Automobilindustrie
                (Quelle: Mercer; eigene Berechnungen)

Vor dem Hintergrund der starken Technologie- und Innovationsorientierung stellen die steigenden technischen Ansprüche an das Automobil für die deutschen Automobilhersteller eine Chance für ein verstärktes „qualitatives Wachstum" dar (**Abbildung 102**). So zeigt sich bereits seit Mitte der 1990er Jahre eine wachsende Scherenbewegung zwischen dem wertmäßigen Umsatz und den produzierten Stückzahlen. Im Klartext bedeutet dies, dass die vertikalkettenübergreifende Wertschöpfung Hersteller-Zulieferer je Fahrzeug deutlich angestiegen ist. Die Entkopplung von Stückzahlen und Wertschöpfung würde sich positiv auf die Beschäftigung auswirken. Vor allem dem Automobilstandort Deutschland würde aufgrund der hier angesiedelten Forschungs- und Entwicklungskompetenzen eine solche Entwicklung zugutekommen.

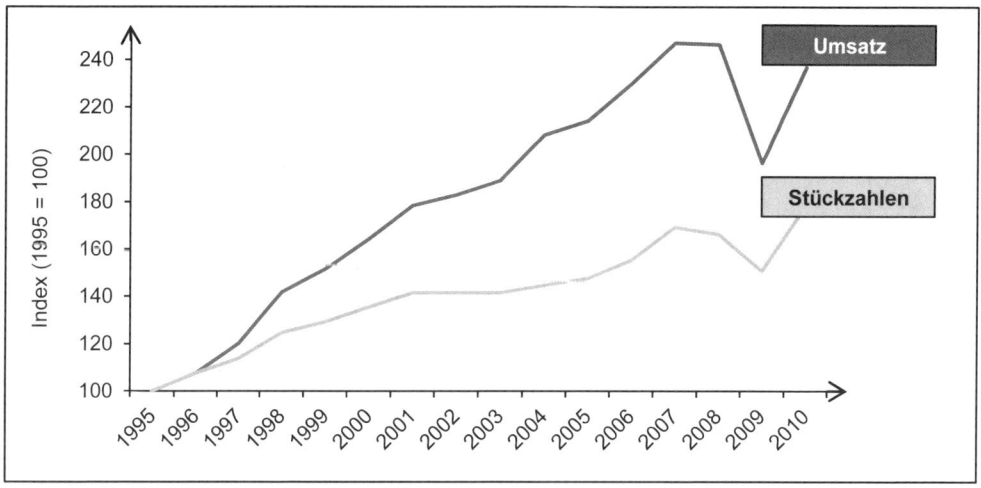

Abbildung 102:   Vom quantitativen zum qualitativen Wachstum: Umsatz und Produktion der deutschen
Automobilindustrie
(Quelle: Verband der Automobilindustrie VDA; eigene Berechnungen)

Besondere Chancen ergeben sich auch für die Zulieferer, die aufgrund einer weiter sinkenden
Fertigungstiefe von der Entwicklung zu technisch noch komplexeren Fahrzeugen profitieren
können. So wird sich der Wertschöpfungsanteil der Automobilzulieferer bei einzelnen verschiedenen Baugruppen im Fahrzeug in Zukunft weiter erhöhen (**Abbildung 103**).

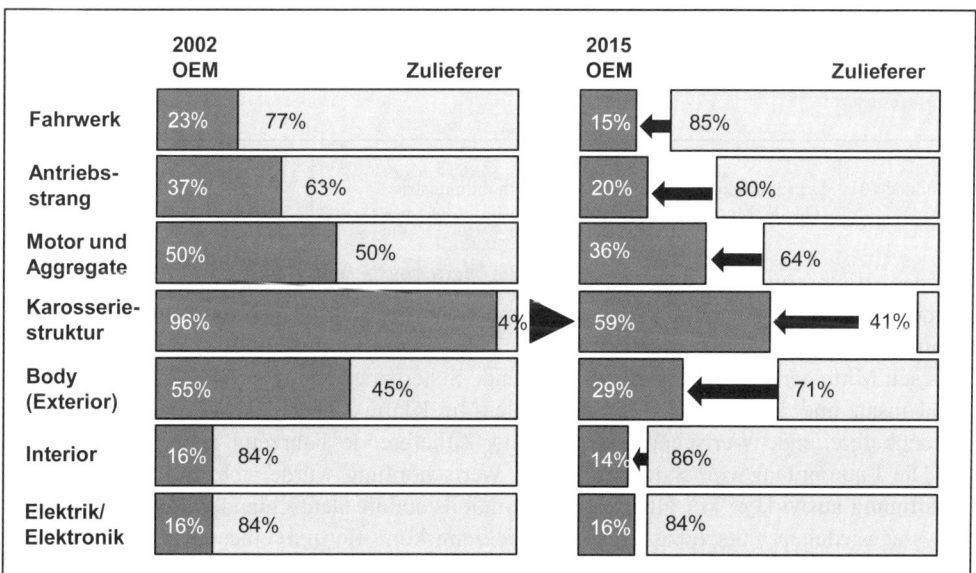

Abbildung 103:   Entwicklung der Wertschöpfungsstruktur nach Hauptmodulen
(Quelle: Oliver Wyman et al. 2003)

7.4.4   Herausbildung globaler Konsummuster

Während die Einstellungen und Verhaltensweisen der Konsumenten in der Vergangenheit weltweit noch eine deutlich national-kulturelle Prägung hatten, zeichnet sich in den letzten Jahren eine gewisse internationale Angleichung im Konsumverhalten ab. Dies kommt vor allem im Bekleidungs- und Accessoirebereich zum Ausdruck, wo mittlerweile weltweit die gleichen Marken und Produkte als begehrte Statussymbole gelten. Gefördert wird diese Entwicklung durch die Herausbildung einer global vernetzten Wirtschafts- und Wissenschaftselite, die sich zunehmend aus ihren jeweiligen herkunftsbedingten kulturellen Bindungen löst. So zeigt die Sozialforschung beispielsweise schon heute die wachsende Bedeutung transnationaler Milieustrukturen (**Abbildung 104**).

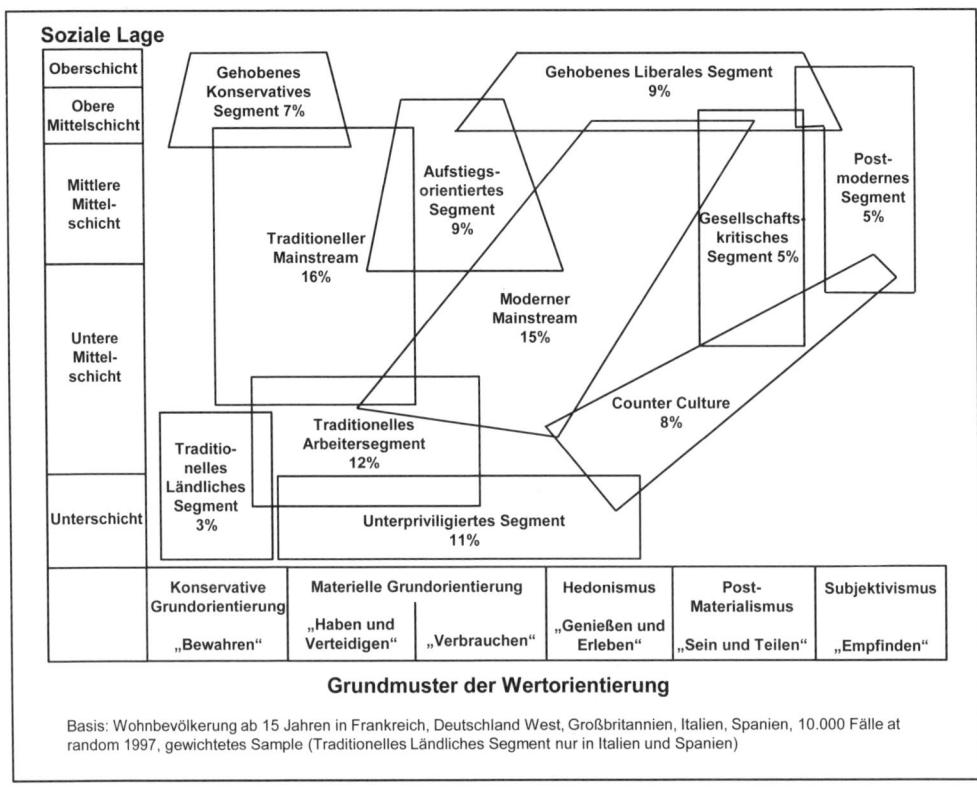

Abbildung 104:   Transnationale europäische Milieusegmente
                 (Quelle: Ascheberg/Ueltzhöffer 1999, S. 634)

Die Herausbildung globaler Life-Styles ist insbesondere für die Hersteller von Premiumautomobilen relevant, die die entsprechenden Kundengruppen mit ihrem Angebot adressieren. Sie stellt eine Chance dar, weil sie eine Vereinheitlichung von Produkt, Marktauftritt und Kommunikation ermöglicht.

7.4.5   Trend zu nutzenorientierten Mobilitätskonzepten

Im Zusammenhang mit den Problemen und Belastungen im Rahmen innerstädtischer Verkehre ist ein Trend zur De-Motorisierung in Großstädten und Ballungszentren feststellbar. Dieser ist insofern von hoher Relevanz, da ein weiter wachsender Teil der Menschen in Zukunft in einem urbanen Umfeld leben wird (siehe Kapitel 7.2.2).

Im Rahmen des individuellen Mobilitätsverhaltens könnte das Automobil in Großstädten zunehmend seine Rolle als zentrales oder gar einziges Transportmittel verlieren. Systeme des öffentlichen Nahverkehrs, aber auch andere motorisierte Formen der individuellen Mobilität wie etwa E-Bikes werden möglicherweise an Bedeutung gewinnen.

Gleichzeitig bleibt das Automobil für viele Einsatzzwecke der kleinräumigen Mobilität unverzichtbar (z. B. beim Einkaufen von sperrigen oder schweren Gütern) und es schafft gleichzeitig die Verbindung der kleinräumigen zur Flächenmobilität etwa in der Freizeit oder im Urlaub. Die Wahl des jeweiligen Verkehrsmittels wird daher in Zukunft einen mehr situativen und flexiblen Charakter bekommen.

Vor diesem Hintergrund zeichnet sich eine wachsende Nachfrage nach nutzen- statt besitzorientierten Mobilitätskonzepten ab. Gemeint sind damit Mobilitätskonzepte, die einen problemlosen zeitweisen Zugriff auf ein Automobil ermöglichen, ohne selbst ein Fahrzeug kaufen zu müssen. Nach einer Befragung aus dem Jahr 2009 könnten sich immerhin 37 Prozent der befragten Autofahrer in Deutschland Car Sharing als eine Alternative zum eigenen Auto vorstellen (**Abbildung 105**). Im europäischen Durchschnitt sind es sogar 48 Prozent. Noch größer ist die Zahl derer, die im Falle des Autoverzichts ein Fahrzeug fallweise mieten würden. Deren Anteil liegt in Deutschland bei 51 Prozent in Europa bei 53 Prozent.

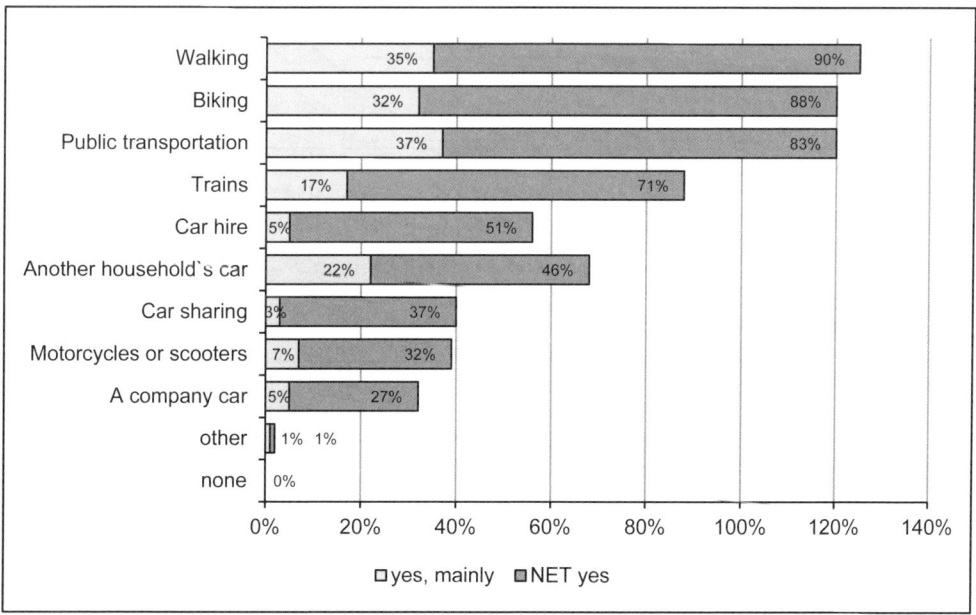

Abbildung 105:   Alternative Mobilitätsformen zum eigenen Auto
                 (Quelle: Ipsos 2009)

Für die deutsche Automobilindustrie stellt diese Entwicklung aufgrund ihrer hohen Kompetenz im Bereich der Finanz- und Mobilitätsdienstleistungen eine Chance dar. Die erfolgreiche internationale Positionierung und Implementierung des nutzenorientierten Mobilitätskonzeptes car2go zeigt dies (**Abbildung 106**).

Zwischenzeitlich haben auch andere Automobilhersteller die Notwendigkeit und das Potenzial von innovativen Mobilitätsdienstleistungen erkannt. Ob solche Konzepte exportierbar sein werden, hängt zweifellos vom Entwicklungsstand der jeweiligen Märkte sowie der dort jeweils herrschenden „Automobilkultur" ab. So dürfte das Potenzial für nutzenorientierte Mobilitätsangebote in den meisten Entwicklungs- und Schwellenländern heute noch niedrig sein, da der Besitz eines eigenen Automobils stark statusbehaftet ist. Demgegenüber ist in den reifen Automobilmärkten Westeuropas und auch Nordamerikas mit einer wachsenden Bedeutung innovativer Mobilitätskonzepte zu rechen.

Vancouver (Can)
Washington D.C. (USA)
San Diego (USA)
Austin (USA)
Lyon (F)
Wien (A)
Amsterdam (NL)
Düsseldorf (D)
Hamburg (D)

Ulm (D)   Ulm (D)

2008   **2011**

Abbildung 106:   car2go als innovatives Mobilitätskonzept
                 (Quelle: Daimler AG)

7.4.6   Zwischenfazit: Chancenpotenziale für die deutsche Automobilindustrie

Der Automobilmarkt bleibt global und langfristig betrachtet ein Wachstumsmarkt. Dies stellt für die gesamte Branche eine große Chance dar, ihre weltweit herausragende Rolle zu behaupten. Wachstumsmärkte sind für Kapitalanleger interessant, was die Finanzierung künftiger Investitionen und anderer Vorleistungen erleichtern sollte.

Die deutsche Automobilindustrie lebt von der Entwicklung, Produktion und Vermarktung technisch fortschrittlicher und qualitativ hochwertiger Produkte. Daher sind Trends, die in Richtung eines Uptradings und steigender technischer Anforderungen an das Automobil gehen, für sie eine besondere Chance. Hier können die deutschen Automobilhersteller ihr

Know-how und ihr Image voll ausspielen. Die globale Angleichung von Konsummustern im Bereich von Premium- und Luxusprodukten bietet überdies die Chance, durch einen hohen Grad der Vereinheitlichung von Produkt und Marktauftritt Scale-Effekte zu realisieren. Nutzenorientierte Mobilitätskonzepte bieten überdies die Chance, die dienstleistungsbasierte neben der industriellen Wertschöpfung zu steigern.

Es liegt auf der Hand, dass die positiven Effekte der aufgezeigten Chancenpotenziale der deutschen Automobilindustrie nicht automatisch zufallen werden, sondern in vielen Bereichen eine strategische Neuausrichtung und Weiterentwicklung der vorhandenen Kompetenzen erfordern. Dies betrifft insbesondere den Trend zur Elektrifizierung des Automobils sowie den Trend zur informationstechnischen Öffnung und Vernetzung des Systems Auto. Ohne Kooperationen mit Unternehmen aus anderen Branchen werden die Automobilhersteller diese Potenziale kaum erschließen können.

Eine zusammenfassende Beurteilung der Chancenpotenziale im Hinblick auf deren Eintrittswahrscheinlich und die Wertschöpfungsspielräume der deutschen Automobilhersteller zeigt **Abbildung 107**.

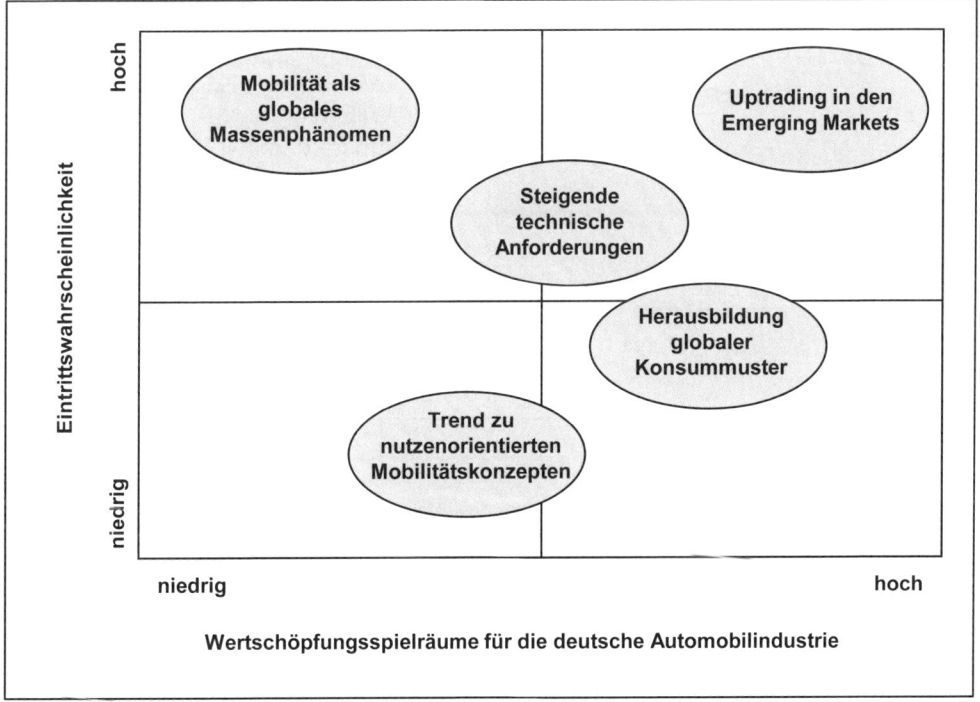

Abbildung 107:   Chancenpotenziale für die deutsche Automobilindustrie
                 (Quelle: Eigene Darstellung)

7.5   Zusammenfassende SWOT-Analyse

Die Ergebnisse der Determinanten- sowie der Chancen- und Risiko-Analyse sollen in der nachfolgenden SWOT-Analyse nochmals verdichtet im Überblick dargestellt werden (**Tabelle 46**). Auf dieser Basis lassen sich – durch Gegenüberstellung von Stärken und Schwächen einerseits, Chancen und Risiken andererseits – die wesentlichen Handlungsfelder für die deutschen Automobilhersteller und die Zulieferindustrie in den nächsten Jahren erkennen.

Stärken	**Schwächen**
• Breite Basisqualifikation der Mitarbeiter • Gut ausgebaute Infrastruktur • Hohe Produktivität • Starke Technologie- und Innovationsorientierung • Leistungsorientierte Zusammenarbeit Hersteller/Zulieferer • Ganzheitliches Produktverständnis und breites qualitativ hochwertiges Modellangebot • Starke Position in den Triade-Märkten, zukunftsorientierte Positionierung in Emerging Markets • Hohe Betreuungs- und Dienstleistungsqualität • Starkes Standort- und Markenimage	• Unterdurchschnittliche Akademikerquote • Hohe Personal- und Energiekosten • Hohe Volatilität des Euro gegenüber Dollar und Yen • Gefahr des Over-Engineerings • Finanzierungsprobleme der Zulieferindustrie • Anspruchsvolle Preispositionierung und Hochpreis-Image • Geringes Angebot an preiswerten Einstiegsmodellen • Geringe Marktpräsenz in Asien (außer China) und schwache Position im nordamerikanischen Volumenmarkt • Schwache Imageausprägung hinsichtlich Umweltverträglichkeit und Preis-Leistungs-Verhältnis
Chancen	**Risiken**
• Mobilität als globales Massenphänomen • Steigende technische Anforderungen an Fahrzeuge • Uptrading in den Emerging Markets • Herausbildung globaler Konsummuster • Trend zu nutzenorientierten Mobilitätskonzepten	• Politische Diskriminierung von Premiumautomobilen • Downgrading – Verschiebung der Marktstruktur • Wachsender globaler Protektionismus • Auftreten neuer Wettbewerber • Staatlich subventionierter Aufstieg der Elektromobilität

Tabelle 46:   SWOT-Analyse für die deutsche Automobilindustrie
                     (Quelle: Eigene Darstellung)

8 Agenda 2020: Handlungsfelder für Industrie und Politik

8.1 Handlungsfelder für die Automobilindustrie

Die langfristige Absicherung der Wettbewerbsfähigkeit erfordert von den deutschen Automobilherstellern und -zulieferern Anstrengungen vor allem auf den folgenden Handlungsfeldern:

Erweiterung des globalen Footprints: Die deutsche Automobilindustrie hat in den letzten Jahren ihre globale Marktpräsenz deutlich ausgebaut. Allerdings zeichnet sich eine weitere und sogar noch beschleunigte Verlagerung der globalen Wachstumsschwerpunkte ab. Dieser Entwicklung müssen die deutschen Hersteller und vor allem die Zulieferer folgen. Das Überleben im Weltmarkt wird sich in den Entwicklungs- und Schwellenländern entscheiden.

Steigerung von Umweltverträglichkeit und Verbrauchseffizienz: Die deutsche Automobilindustrie muss im Bereich elektrifizierter Antriebskonzepte eine Führungsrolle übernehmen. Nur so wird sie in den schnell wachsenden Emerging Markets mit dem Marktwachstum Schritt halten und ihre Marktanteile verteidigen oder ausbauen können.

Ausbau des Modellangebots im Bereich der Klein-und Kompaktfahrzeuge: Wie keine andere Automobilindustrie weltweit ist die deutsche Automobilindustrie von der Entwicklung des Premiumsegments abhängig. Sie ist daher dem Risiko einer politischen Diskriminierung durch verschärfte Grenzwerte, zusätzliche steuerliche Belastungen und Nutzungsbeschränkungen ausgesetzt. Die deutschen Hersteller müssen daher ihr Modellangebot in den unteren Marktsegmenten ausbauen, um den weltweit verschärften Flottenvorschriften gerecht zu werden, und gleichzeitig ihre modellpolitische Risikoposition zu minimieren.

Sicherung und Ausbau der Innovationsführerschaft: Die deutsche Automobilindustrie steht weltweit für qualitativ hochwertige und technisch fortschrittliche Automobile. Sie muss daher ihre starke Position über Innovationen in allen Bereichen der Automobilentwicklung stärken. Dabei geht es nicht nur um die weitere Steigerung der Umweltverträglichkeit, sondern im Sinne eines ganzheitlichen Produktverständnisses auch um die Erhöhung der Fahrzeugsicherheit und des Fahrkomforts. Eine Schlüsselrolle werden dabei Fahrerassistenzsysteme einnehmen.

Weitere Steigerung der Flexibilität und Kosteneffizienz: Mit dem Auftreten neuer Wettbewerber auch im Premiumsegment wird der Preis- und Kostenwettbewerb an Bedeutung gewinnen. Überdies steigt die Preisbereitschaft der Kunden nicht mit ihren Ansprüchen an das Automobil. Daher kommt der weiteren Erhöhung der Kosteneffizienz eine große Bedeutung bei der Erhaltung und Steigerung der Wettbewerbsfähigkeit zu. Dies erfordert bei besonders preissensiblen Fahrzeugen auch die verstärkte Nutzung von Low-Cost-Standorten, sei es bei der Montage der Fahrzeuge oder der Beschaffung von Aggregaten, Komponenten und Fahrzeugteilen. Neben der Produktion spielt hier vor allem die zielkostenorientierte Entwicklung neuer Modelle eine große Rolle. Angesichts der hohen Volatilität der Märkte ist in Zukunft noch mehr Flexibilität gefordert.

Markenmanagement: Mit dem weiter wachsenden Angebot an Marken und Modellen wird die Bedeutung der Marke als Orientierungshilfe und Bedeutungsträger in der Automobilindustrie in Zukunft noch zunehmen. Neben Produkten, die dem Markenanspruch gerecht werden, geht es hier vor allem um einen in sich konsistenten und attraktiven kommunikativen Auftritt der Marke. Die deutschen Automobilhersteller können und müssen dabei auch ihre Tradition und den guten Ruf deutscher Ingenieurleistungen einsetzen.

Stärkung des Dienstleistungsangebotes: Das Automobil und seine Nutzung bietet vielfältige Möglichkeiten, die dienstleistungsbezogene Wertschöpfung zu erhöhen. Neben innovativen Finanzdienstleistungen wird auch die technische Betreuung von Fahrer und Fahrzeug in Zukunft eine weiter wichtige Rolle spielen. Zusätzliche Wertschöpfungspotenziale bieten sich auf der Basis nutzenbasierter Mobilitätskonzepte.

Sicherung des Zugangs zum Kapitalmarkt: Automobilhersteller und Automobilzulieferer werden in den nächsten Jahren hohe Vorleistungen, insbesondere im Bereich innovativer Antriebskonzepte und der dazu notwendigen Aggregate und Komponenten erbringen müssen. Gleichzeitig steigen die Innovations- und Investitionsrisiken. In einer solchen Situation ist die Sicherung des Zugangs zum Kapitalmarkt sowohl im Hinblick auf die Beschaffung von Eigen- wie auch Fremdkapital von unternehmensstrategischer Bedeutung. Das gilt insbesondere für die überwiegend mittelständischen Unternehmen der deutschen Automobilzulieferindustrie.

Zusammenfassend lässt sich feststellen, dass die deutschen Automobilhersteller und die Zulieferer in der Vergangenheit mit ihrer strategischen Ausrichtung auf Technik und Innovationen ihre Position im internationalen Wettbewerb halten und teilweise sogar noch ausbauen konnten. Die zunehmende Globalisierung hat überdies geholfen, am Wachstum des Weltmarktes zu partizipieren. In Zukunft werden an die deutsche Automobilindustrie zusätzliche Anforderungen im Hinblick auf Umweltverträglichkeit, Verbrauchseffizienz und das Angebot kleiner und kompakter Fahrzeuge gestellt. Die Chancen stehen gut, dass die deutsche Automobilindustrie auch diese Herausforderungen erfolgreich bewältigen wird. Allerdings wird der Wettbewerbsdruck in allen Marktsegmenten bei einer gleichzeitig hohen Volatilität der Märkte weiter zunehmen. Eine konsequente Zielorientierung bei einer gleichzeitig hohen Flexibilität ist daher in allen Unternehmensbereichen gefordert.

8.2   Handlungsfelder für die Politik

Wie kaum eine andere Branche ist die Automobilindustrie in ihrer Entwicklung von den jeweiligen politischen Rahmenbedingungen abhängig. Das Automobil ist Gegenstand einer kaum noch überschaubaren Zahl von gesetzlichen Regelungen, die letztlich auch darüber entscheiden, wer sich im Wettbewerb durchsetzen kann. Insofern leiten sich aus der Analyse der Wettbewerbsfähigkeit der deutschen Automobilindustrie auch einige politische Forderungen ab, die direkt oder indirekt Einfluss auf die künftige Bedeutung des Automobilstandorts Deutschland haben werden. Es sind dies:

Innovationskraft stärken: Die deutsche Automobilindustrie im Allgemeinen und der Automobilstandort Deutschland im Besonderen leben von der Innovationskraft der Unternehmen, ihrer Fähigkeit mit technisch fortschrittlichen, kundengerechten Produkten die vorhandenen Kostennachteile im internationalen Wettbewerb zu kompensieren. Die Entwicklung neuer, innovativer Automobile ist die Kernaufgabe der Automobilhersteller und ihrer Zulieferer. Angesichts der bevorstehenden hohen Aufwendungen, kann und wird sie diese Aufgabe aber nur bewältigen können, wenn der Staat im vorwettbewerblichen Bereich die automobilnahe Forschung und den Transfer neuer wissenschaftlicher Erkenntnisse fördert. Gleichzeitig wird der Automobilstandort Deutschland seine weltweit führende Position in vielen Technologiebereichen nur halten können, wenn der wissenschaftliche Nachwuchs und die Qualifizierung von Mitarbeitern politisch unterstützt wird. Schließlich erfordern die marktbedingt steigenden Risiken von Innovationen steuerliche Regelungen, die einen Anreiz geben in hochinnovative Technologiebereiche zu investieren, auch wenn es keine hundertprozentige Erfolgschance gibt.

Märkte öffnen: Deutschland ist im internationalen Vergleich ein wichtiger und technisch besonders anspruchsvoller, gleichwohl aber kleiner Markt, der in Zukunft relativ an Bedeutung verlieren wird. Angesichts des hohen Sättigungsgrades verspricht der deutsche Markt nur bescheidene Zuwachsraten im Hinblick auf den Automobilabsatz. Dementsprechend wird das Auslandsgeschäft für die deutschen Automobilhersteller und Zulieferer in Zukunft noch wichtiger werden. Notwendige Voraussetzung für eine Belieferung der teilweise stark wachsenden ausländischen Märkte vom Automobilstandort Deutschland aus ist, dass sie vom Standort Deutschland aus zugänglich sind. Alle Formen tarifärer oder auch nicht-tarifärer Handelshemmnisse, wozu auch die gezielte Unterbewertung einer Währung gehört, gefährden Arbeitsplätze am Standort Deutschland. Daher gehört es zu den drängendsten politischen Aufgaben, den Abbau von Handelshemmnissen – in welcher Form auch immer – zu beschleunigen. Die erfolgreiche Fortsetzung der Gespräche und Verhandlungen im Rahmen der WTO sind für die Zukunft des Automobilstandorts Deutschland von einer kaum zu überschätzenden Bedeutung.

Faire und langfristig gültige umweltpolitische Rahmenbedingungen: Die Automobilindustrie ist eine typisch lang-zyklische Branche, das heißt sowohl die Entwicklung wie auch die Vermarktung der Produkte erfolgt in langen Zeiträumen. Der Lebenszyklus eines Automobils von der Entwicklung bis zur Mehrfachvermarktung als Gebrauchtwagen umfasst einen Zeitraum von rund 20 Jahren. Damit Automobile marktgerecht und damit erfolgreich entwickelt werden können, bedarf es langfristiger gesetzlicher Vorgaben. Dies betrifft den Bereich der Fahrzeugsicherheit, aber auch den der Umweltverträglichkeit. Dabei geht es nicht allein um staatliche Grenzwerte, sondern auch um Klarheit bei der Besteuerung von Fahrzeugen mit unterschiedlichen Antriebstechnologien. Die deutschen Hersteller mit einem hohen Absatzanteil an großen und leistungsstarken Premiumautomobilen bedürfen dabei keiner Schonung, wohl aber einer fairen Behandlung, die auf die Besonderheiten ihrer absatzpolitischen Ausrichtung Rücksicht nehmen. Von einem hohen Anteil an Premiumautomobilen profitieren nicht nur die entsprechenden Hersteller, sondern auch die Zulieferindustrie.

Insgesamt führt die Analyse der Erfolgsgeschichte der deutschen Automobilindustrie in den letzten Jahrzehnten zu der Erkenntnis, dass ein freier und fairer Wettbewerb mehr zur Erhaltung und Steigerung der Wettbewerbsfähigkeit beiträgt als staatliche Interventionen. Gerade die Erfahrungen in anderen europäischen Nachbarländern zeigen, dass Wettbewerbsfähigkeit nur über aktives unternehmerisches Handeln und nicht über ein verstärktes staatliches Engagement gesichert werden kann. Das schließt punktuelle Unterstützungsmaßnahmen in gesamtwirtschaftlichen Ausnahmesituationen nicht aus, legt aber deren strikte zeitliche Befristung nahe.

Freier Wettbewerb ist aber keine Einbahnstraße, sondern nur dann möglich, wenn alle Beteiligten sich an seine Regeln halten. Es ist der Segen, gleichzeitig aber auch der Fluch der Automobilindustrie, dass sie für Wachstum und Beschäftigung eine so große Bedeutung hat, so dass sie gerne national geschützt wird. Die deutsche Automobilindustrie war und ist auf einen solchen Schutz nicht angewiesen. Sie kann ihre Stärken aber nur dann ausspielen, wenn sie freien Zugang zu den Märkten hat.

9 Fazit und Ausblick: Zeitenwende in der Automobilindustrie

Die deutsche Automobilindustrie steht in den nächsten Jahren vor großen Herausforderungen. Das ist nicht neu. Sowohl der Übergang vom Verkäufer- zum Käufermarkt in den 70er Jahren, die steigenden Anforderungen an die Ressourcenschonung in der Nachfolge der ersten Ölpreiskrise, die sprunghaft gestiegenen ökologischen Anforderungen im Zusammenhang mit dem „Waldsterben" Anfang der 80er Jahre, der Prozess der europäischen Integration und die Öffnung Osteuropas in den 90er Jahren und schließlich die tiefgreifende Globalisierung der Markt- und Produktionsstrukturen seit Beginn des vergangenen Jahrzehnts – all diese Herausforderungen konnte die deutsche Automobilindustrie bewältigen, und zwar besser und erfolgreicher als die Automobilindustrien in den anderen traditionellen Automobilproduktionsländern.

Nicht der Wandel als solcher, sondern seine Beschleunigung in Folge veränderter wirtschaftlicher, ökologischer, gesellschaftlicher und politischer Rahmenbedingungen führt zu der Feststellung, dass die deutsche Automobilindustrie in ihrer Geschichte kaum zuvor vor so großen Herausforderungen gestanden hat wie heute. Das stellt nicht nur höhere Anforderungen an die Kompetenz des Managements, sondern auch an die Qualifikation der Mitarbeiter und – last not least – an den künftigen Kapitalbedarf. Allein die parallele Entwicklung und Weiterentwicklung im Bereich der Antriebstechnologie erfordert hohe finanzielle Vorleistungen. Das gilt nicht für die Automobilhersteller, sondern auch und gerade für die Automobilzulieferer.

Auch wenn historische Vergleiche immer gewagt und manchmal auch etwas schief sind, erinnert die Situation der deutschen 125 Jahre nach ihrem Entstehen an ihre Anfänge zum Ende des 19. Jahrhunderts. Geniale Erfinder und mutige Unternehmer wollten einer Idee zum Durchbruch verhelfen, der Idee selbstbestimmter automobiler Fortbewegung. Viele Trends der damaligen Zeit sprachen für den Erfolg dieser Idee. Andererseits gab es aber nur wenige, die bereit waren, in die Umsetzung dieser Idee zu investieren. Zu groß schienen die Risiken, zu gering die Erfolgsaussichten.

Die Parallele der heutigen Situation zu damals liegt darin, dass sich nicht nur das Automobil, sondern auch die Automobilindustrie insgesamt neu erfinden muss – technologisch, wirtschaftlich, gesellschaftlich und kulturell. Die Automobilindustrie der Zukunft wird noch globaler, ökologischer und vernetzter sein als dies heute der Fall ist. Es gibt viele Trends, die dafür sprechen, dass dieser Transformationsprozess gelingen wird und die deutsche Automobilindustrie ihren Erfolgsweg fortsetzen kann. Notwendig sind dazu hohe Investitionen, die nur über eine ausreichende Profitabilität finanziert werden können. Es ist die gemeinsame Aufgabe von Industrie und Politik, die Voraussetzungen zu schaffen, dass die Finanzierung nicht zum limitierenden Faktor künftigen Wachstums wird.

Literatur

ACEA (2011): European Automobile Manufacturers Association: The Automobile Industry: Pocket Guide, Brüssel 2011.

ADAC (2011): Der ADAC AutoMarxX im Juni 2011, München 2011.

Aiello, G., Donvito, R., Godey, B., Pederzoli, D., Wiedmann, K.-P., Hennigs, N. und Siebels, A (2008): Luxury brand and country of origin effect: results of an international empirical study, Florenz 2008.

Ambastha, A. und Momaya, K. (2004): Competitiveness of Firms: Review of Theory, Frameworks and Models, in: Singapore Management Review, First half, Vol. 26, No. 1, 2004, S. 45-61.

Arnold, B. (2004): Strategische Lieferantenintegration: Ein Modell zur Entscheidungsunterstützung für die Automobilindustrie und den Maschinenbau, Wiesbaden 2004.

Arzt, R. (2007): Wettbewerbsfähigkeit europäischer Messeveranstalter: Entwicklung und empirische Anwendung eines multidimensionalen Bezugsrahmens, Diss., hrsg. v. Delfmann, W., Köln 2007.

Ascheberg, C. und Ueltzhöffer, J. (1999): Transnationales Zielgruppenmarketing: Die Methode der Sozialen Milieus, Mannheim 1999, URL: http://www.sigma-online.com/de/Articles_and_Reports/transnational.pdf (Zugriff: 07.06.2011).

Automotive News (2011): Top 100 global OEM parts suppliers: Ranked on 2010 global OEM automotive parts sales, URL: http://www.autonews.com/assets/PDF/CA74326610.PDF (Zugriff: 01.06.2011).

Baerlocher, E., Gartmann, P., Hess, T., Höhn, T. und Würgler, H. (1982): Internationale Wettbewerbsfähigkeit: Eine Literaturübersicht mit besonderer Berücksichtigung der Schweiz, in: Schelbert-Syfrig, H. und Inderbitzin, W. (Hrsg.): Internationale Wettbewerbsfähigkeit, Zürich 1982, S. 5-123.

Balassa, B. (1965): Trade Liberalization and Revealed Comparative Advantage, in: The Manchester School of Economic and Social Studies, Vol. 33, Issue 2, Manchester 1965, S. 99-123.

Barthel, K., Böhler-Baedeker, S., Bormann, R., Dispan, J., Fink, P., Koska, T., Meißner, H.-R. und Pronold, F. (2010): Zukunft der deutschen Automobilindustrie: Herausforderungen und Perspektiven für den Strukturwandel im Automobilsektor, Bonn 2010.

Becker, J. (2006): Marketing-Konzeption: Grundlagen des zielstrategischen und operativen Marketing-Managements, 8., überarb. Aufl., München 2006.

Benkenstein, M. (1994): Die Gestaltung der Fertigungstiefe als wettbewerbsstrategisches Entscheidungsproblem: Eine Analyse aus transaktionskosten- und produktionskostentheoretischer Sicht, in: Zeitschrift für betriebswirtschaftliche Forschung, 46. Jg., Heft Nr. 4, 1994, S. 483-498.

Berg, N. und Holtbrügge, D. (1997): Wettbewerbsfähigkeit von Nationen: Der „Diamant"- Ansatz von Porter, in: WiSt Heft Nr. 4, 1997, S. 199-201.

Berret, M. (2006): Herausforderung Wertschöpfung: Erfolgreich durch Kooperation, in: Gottschalk, B. und Kalmbach, R. (Hrsg.): Mastering the Automotive Challenges, München 2006, S. 73-104.

BGR (2009): Bundesanstalt für Geowissenschaften und Rohstoffe (Hrsg.): Rohstoffe, o. O. 2009

BMW AG: Geschäftsbericht, München lfd. Jgg.

Bohr, B. (2011): Wie Bosch die automobile Zukunft gestaltet, Vortrag beim VDA-QMC 8. Gipfeltreffen am 21. November 2011, Berlin 2011.

Bohr, B. (2010): Effiziente Vielfalt – Welchen Herausforderungen sich Zulieferer und Hersteller jetzt stellen müssen, Vortragsmanuskript Automobilwoche Konferenz, München 2010.

Borchert, M. (1975): Das Heckscher-Ohlin-Theorem, in: WiSt Heft Nr. 3, 1975, S. 141.

Brockhoff, K. (1987): Wettbewerbsfähigkeit und Innovation, in: Dichtl, E., Gerke, W. und Kieser, A. (Hrsg.): Innovation und Wettbewerbsfähigkeit, Wiesbaden 1987, S. 53-74.

Brückner, C. (2009): Qualitätsmanagement für die Automobilindustrie: Grundlagen, Normen, Methoden, Düsseldorf 2009.

Buckley, P. J., Pass, C. L. und Prescott, K. (1988): Measures of International Competitiveness: A Critical Survey, in: Journal of Marketing Management No. 2, 1988, S. 175-200.

Capgemini und Merrill Lynch (2010): Asia-Pacific Wealth Report 2010, o. O. 2010.

Daimler AG: Geschäftsbericht, Stuttgart lfd. Jgg.

DaimlerChrysler AG: Geschäftsbericht, Stuttgart und Auburn Hills versch. Jgg.

D'Cruz, J. und Rugman, A. (1992): New Concepts for Canadian Competitiveness, Toronto 1992.

Deutsche Automobiltreuhand: DAT-Report, Ostfildern lfd. Jgg.

Diess, H. (2011): Neue Wege im Qualitätsmanagement für die Supply Chain der Zukunft, Vortrag beim VDA-QMC 8. Gipfeltreffen am 21. November 2011, Berlin 2011.

Diez, W. (2010): Otto-, Diesel-, Elektromotor – wer macht das Rennen?: Handlungsfelder zur Sicherung des Automobilstandorts Region Stuttgart, hrsg. v. der IHK Region Stuttgart, Stuttgart 2010.

Diez, W. und KPMG (2010): Unternehmens- und Markenkonzentration in der europäischen Automobilindustrie: Mögliche Szenarien im Jahr 2025, Stuttgart 2010.

Diez, W. (2009): Die Zukunft der Automobil-Premiumhersteller in Zeiten der Finanzkrise, Arbeitspapier Nr. 3/2009 des Instituts für Automobilwirtschaft (IFA), Geislingen/St. 2009.

Diez, W. (2007): Billigautos – Chance für den Automobilstandort Deutschland?, Arbeitspapier Nr. 2/2007 des Instituts für Automobilwirtschaft (IFA), Geislingen/St. 2007.

Diez, W. (2006): Automobil-Marketing: Navigationssystem für neue Absatzstrategien, 5., akt. u. erw. Aufl., Landsberg a. Lech 2006.

Diez, W. und Reindl, S. (2005): Das Management der automobilwirtschaftlichen Wertschöpfungskette, in: Diez, W., Reindl, S. und Brachat, H. (Hrsg.): Grundlagen der Automobilwirtschaft, 4. Aufl., München 2005, S. 71-104.

Diez, W. und Merten Ch. F. (2005): Premiumautomobile und die Zukunft des Automobilstandorts Deutschland, Arbeitspapier Nr. 5/2005 des Instituts für Automobilwirtschaft (IFA), Geislingen/St. 2005.

Diez, W. (2004): Kundenzufriedenheit und Kundenbindung, in: Ebel, B., Hofer, M.-B. und Al-Sibai, J. (Hrsg.): Automotive Management, S. 673-694.

Diez, W. (2002): Markenprofil aus dem Museum, in: Auto-Marketingjournal, Heft 3, 2002, S. 16-21.

Diez , W. (2001): Das Management der automobilwirtschaftlichen Wertschöpfungskette, in: Diez, W. und Brachat, H. (Hrsg.): Grundlagen der Automobilwirtschaft, 3., kompl. akt. Aufl., Ottobrunn b. München 2001, S. 51-96.

Diez, W. (2001a): Die Automobilindustrie im Zeichen der Globalisierung, in: Diez, W. und Brachat, H. (Hrsg.): Grundlagen der Automobilwirtschaft, 3., kompl. akt. Aufl., Ottobrunn b. München 2001, S. 97-118.

Diez, W. (2001b): Herausforderungen und Perspektiven im Premiummarkt für Automobile, Forschungsbericht Nr. 22/2011 des Instituts für Automobilwirtschaft (IFA), Geislingen/St. 2001.

Diez, W. (1988): Markteintritt und Innovationen in der deutschen Automobilindustrie, in: Jahrbücher für Nationalökonomie und Statistik, Band 204, Heft 6, 1988, S. 491-507.

Dixit, A. und Norman, V. (1994): Außenhandelstheorie, 3. Aufl., München und Wien 1994.

Drucker, P. (1969): The Age of Discontinuity: Guidelines to Our Changing Society, New York 1969.

Eckermann, E. (1984): Vom Dampfwagen zum Auto: Motorisierung des Verkehrs, Reinbek b. Hamburg 1984.

Edelmann, H. (1989): Vom Luxusgut zum Gebrauchsgegenstand: Die Geschichte der Verbreitung von Personenkraftwagen in Deutschland, Schriftenreihe des Verbandes der Automobilindustrie (VDA), Frankfurt am Main 1989.

Ethier, W. J. (1994): Moderne Außenwirtschaftstheorie, 3. Aufl., München und Wien 1994.

Feldenkirchen, W. (2003): Vom Guten das Beste: von Daimler und Benz zur DaimlerChrysler AG, Band 1: Die ersten 100 Jahre (1883-1983), München 2003.

Fersen, O. von (Hrsg.) (1986): Ein Jahrhundert Automobiltechnik, Düsseldorf 1986.

Feurer, R. und Chaharbaghi, K. (1994): Defining Competitiveness: A Holistic Approach, in: Management Decision, Vol. 32, No. 2, 1994, S. 49-58.

Flörecke, K.-D. (2011): Deutsche Unternehmen dominieren, in: Automobilwoche, Heft Nr. 12/2011, S. 16.

Fortune (2011): Global 500: Our annual ranking of the world's largest companies, URL: http://money.cnn.com/magazines/fortune/global500/2011/full_list/ (Zugriff: 19.12.2011).

Friedli, J. (2002): Wettbewerbsfähigkeit des schweizerischen Agrarhandels: Untersuchung am Beispiel der Märkte für Mischfutter, Saatgut und Pflanzenschutz unter dem Szenario einer EU-Annäherung der Schweiz, Zürich 2002.

Fuß, P. (2011): Ernst & Young European Automotive Survey 2011, Eschborn 2011.

Garcia Sanz, F. J. (2007): Ganzheitliche Beschaffungsstrategie als Gestaltungsrahmen der globalen Netzwerkintegration in der Automobilindustrie, in: Garcia Sanz, F. J., Semmler, K. und Walther, J. (Hrsg.): Die Automobilindustrie auf dem Weg zur globalen Netzwerkkompetenz: effiziente und flexible Supply Chains erfolgreich gestalten, Berlin u. a. 2007, S. 3-23.

Goldman Sachs (2010): Is this the 'BRICs Decade'?, in: BRICs Monthly, Issue No: 10/03, May 20, 2010.

Gtai (2011): Branchenbarometer Mittel- und Osteuropa – Automobilindustrie, Bonn 2011.

Hansmeyer, K. H. (1972): Lehr- und Methodengeschichte, in: Ehrlicher, W., Esenwein-Rothe, I., Jürgensen, H. und Rose K. (Hrsg.): Kompendium der Volkswirtschaftslehre, 3., neubearb. Aufl., Göttingen 1972, S. 466-503.

Harbour, R. (2009): The Harbour Report, o. O. 2009.

Hediger, F., Fersen, H.-H. von und Sedgwick, M. (1988): Klassische Wagen 1919-1939, Bern und Stuttgart 1988.

Heinen, E. und Dill, P. (1986): Unternehmenskultur: Überlegungen aus betriebswirtschaftlicher Sicht, in: Zeitschrift für Betriebswirtschaft, Heft 3, 1986, S. 202-218.

Hitt, M. A., Ireland, R. D. und Hoskisson R. E. (1999): Strategic Management: Competitiveness and Globalization, 3rd edition, Cincinatti u. a. 1999.

Höft, U. (1992): Lebenszykluskonzepte: Grundlagen für das strategische Marketing- und Technologiemanagement, Berlin 1992.

Hucko, M., Fischer, H., Jäkel, K. und Grotjahn, B. (2011): Beifahrer dringend gesucht, in: Beilage zur Financial Times Deutschland v. 29 März 2011, S. 4.

IEA (2010): World Energy Outlook 2010, Paris 2010.

IMD (2011): International Institute for Management Development: IMD World Competitiveness Yearbook 2011, Lausanne 2011.

Interbrand (2011): Best Global Brands 2010, URL: http://www.interbrand.com/de/best-global-brands/best-global-brands-2008/best-global-brands-2010.aspx (Zugriff: 27.06.2011).

Ipsos (2009): Ipsos and Europcar European Transportation and Mobility Observatory 2010, o. O. 2009.

Kalmbach, R., Bernhart, W., Grosse Kleimann, Ph. und Hoffmann, M. (2011): Automotive landscape 2025: Opportunities and challenges ahead, hrsg. v. Roland Berger Strategy Consultants, München 2011.

Kapferer, J.-N. (2000): Luxusmarken, in: Esch, F.-R. (Hrsg.): Moderne Markenführung, 2. Aufl., Wiesbaden 2000, S. 317-336.

Karmasin, H. (1998): Produkte als Botschaften, 2. Aufl., Wien 1998.

Keese, D., Hauer, A. und Tänzler, J. (2010): Die Verweildauer des Managements von Familienunternehmen und Unternehmen im Streubesitz, hrsg. v. d. Stiftung Familienunternehmen, München 2010.

Krcal, H.-C. (2007): Strategische Implikationen einer geringen Fertigungstiefe für die Automobilindustrie, Discussion Paper Series No. 456 der Universität Heidelberg (Department of Economics), Heidelberg 2007.

Kröger, F. (2004): Wachstumsperspektiven und Merger Endgames, Berlin 2004.

Kruse, P. (2009): Ein Kultobjekt wird abgewrackt, in: GDI Impuls, Nr. 1, 2009, S. 12-19.

Kühn, R. (1993): „Das Made-in-Image" Deutschlands im internationalen Vergleich, in: Marketing Zeitschrift für Forschung und Praxis, Heft 2, 1993, S. 119-126.

Kušić, S. und Grupe, C. (2004): Über die Wettbewerbsfähigkeit: Definitionsversuche und Erklärungsansätze, Ekonomski Pregled, Nr. 55, 2004, S. 804-813.

Küter, J. (2009): Länderrankings zur internationalen Wettbewerbsfähigkeit: Aussagekraft und Vergleichbarkeit der Ergebnisse, in: Wirtschaftsdienst, Vol. 89, Nr. 10, 2009, S. 691-699.

Landau Media AG (2011): Facebook-Ranking: Deutsche Automarken weltweit führend, URL: http://www.landaumedia.de/news/newsdetails/facebook-ranking-deutsche-automarken-weltweit-fuehrend/ (Zugriff: 04.10.2011).

Landmann, R. H., Hasenberg, J.-Ph. und Weber, Ch. (2011): Shift in Young Mobility, in: Automotive Insight No. 1, 2011, hrsg. v. Roland Berger Strategy Consultants, S. 20-25.

Lasslop, I. (2005): Identitätsorientierte Führung von Luxusmarken, in: Meffert, H., Burmann, C. und Koers, M. (Hrsg.): Markenmanagement – Identitätsorientierte Markenführung und praktische Umsetzung, 2. Aufl., Wiesbaden 2005, S. 469-494.

Lehmann, H. (2006): Internationale Rankings der Wettbewerbsfähigkeit von Volkswirtschaften: geringer diagnostischer und prognostischer Aussagegehalt, in: Wirtschaft im Wandel, Nr. 10, 2006, S. 296-302.

Liebe, B. (1982): Voraussetzungen zur Erhaltung der langfristigen Wettbewerbsfähigkeit des deutschen Maschinenbaus, in: ZfB Ergänzungsheft 2/1982: Wettbewerbsfähigkeit von Unternehmen, S. 140-150.

Martin, L., Westgren, R. und van Duren, E. (1991): Agribusiness Competitiveness across National Boundaries, in: American Journal of Agricultural Economies, Vol. 73, No. 5, 1991, S. 1456-1464.

Meck, H. und Heumann, T. (2011): Das ist die Beziehungswelt der Autoindustrie, in: Frankfurter Allgemeine Sonntagszeitung v. 09. Januar 2011, S. 28.

Meffert, H., Burmann, C. und Koers, M. (2005): Stellenwert und Gegenstand des Markenmanagements, in: Meffert, H., Burmann, C. und Koers, M. (Hrsg.): Markenmanagement: Identitätsorientierte Markenführung und praktische Umsetzung, 2. Aufl., Wiesbaden 2005, S. 3-18.

Meffert, H. (1989): Globalisierungsstrategien und ihre Umsetzung im internationalen Wettbewerb, in: Die Betriebswirtschaft, Heft 4, 1989, S. 445-463.

Möser, K. (2002): Die Geschichte des Autos, Frankfurt am Main 2002.

Motor Presse Stuttgart (2011): Autofahren in Deutschland, 13. Ausgabe, Stuttgart 2011.

Müller, S. und Kormeier, M. (2000): Internationale Wettbewerbsfähigkeit: Irrungen und Wirrungen der Standort-Diskussion, München 2000.

Nachum, L. (1999): The Origins of the International Competitiveness of Firms: The Impact of Location and Ownership in Professional Service Industries, Northampton 1999.

Neubauer, H.-O. (1986): Internationale Szene: Deutschland, Österreich, Tschechoslowakei, in: Fersen, O. von (Hrsg.): Ein Jahrhundert Automobiltechnik: Personenwagen, Düsseldorf 1986, S. 76-104.

NIW und ZEW (2009): Niedersächsisches Institut für Wirtschaftsforschung und Zentrum für Europäische Wirtschaftsforschung GmbH: Die Bedeutung der Automobilindustrie für die deutsche Volkswirtschaft im europäischen Kontext: Endbericht an das Bundesministerium für Wirtschaft und Technologie, Hannover und Mannheim 2009.

OECD (2010): Education at a Glance 2010: OECD Indicators, Paris 2010.

OICA (2011a): World Ranking of Manufacturers: Year 2010, URL: http://oica.net/wp-content/uploads/ranking-2010.pdf (Zugriff: 19.12.2011).

Oliver Wyman, Fraunhofer Institut für Produktionstechnik und Automatisierung (IPA) und Fraunhofer Institut für Materialfluss und Logistik (IML) (2003): Future Automotive Industry Structure (FAST) 2015, o. O. 2003.

Porter, M. E. (2008): Wettbewerbsstrategie (Competitive Strategy): Methoden zur Analyse von Branchen und Konkurrenten, 11. Aufl., Frankfurt am Main und New York 2008.

Porter, M. E. (1991): Nationale Wettbewerbsvorteile: Erfolgreich konkurrieren auf den Weltmärkten, München 1991.

Porter, M. E. (1990): The competitive advantage of nations, New York 1990.

PricewaterhouseCoopers und Fraunhofer (2010): Elektromobilität: Herausforderungen für Industrie und öffentliche Hand, Frankfurt am Main 2010.

Puls (2011): puls Marktforschung GmbH: Autokäuferpuls Oktober 2011, Schwaig b. Nürnberg 2011.

PwC (2009): PricewaterhouseCoopers: Zukunft in Bewegung: Die Automobilindustrie im Spanungsfeld zwischen neuen Chancen und alten Strukturen, Hannover und Stuttgart 2009.

Reckenfelderbäumer, M. (2001): Zentrale Dienstleistungsbereiche und Wettbewerbsfähigkeit: Analyse auf der Basis der Lehre von den Unternehmerfunktionen, Wiesbaden 2001.

Reindl, S. (2010): Zukunftsprojekt Zulieferindustrie – Situation der deutschen Zulieferindustrie und Handlungsansätze zur Zukunftssicherung, Arbeitspapier Nr. 7/2010 des Instituts für Automobilwirtschaft (IFA), Geislingen/St. 2010.

Richter, K. und Hartig, P. (2007): Aufbau globaler Netzwerke als Erfolgsfaktor in der Automobilindustrie, in: Garcia Sanz, F. J., Semmler, K. und Walther, J. (Hrsg.): Die Automobilindustrie auf dem Weg zur globalen Netzwerkkompetenz: effiziente und flexible Supply Chains erfolgreich gestalten, Berlin u. a. 2007, S. 251-264.

Rose, K. (1989): Theorie der Außenwirtschaft, 10. Aufl., München 1989.

Schäfer, H. (1994): Strategische Allianzen: Erklärung, Motivation und Erfolgskriterien, in: WISU – Das Wirtschaftsstudium, 23. Jg., Heft 8-9, 1994, S. 687-692.

Schindler, T. und Anderlitschka, M. (2008): Perlenkette in der Produktion, in: Beschaffung aktuell, Ausgabe 7, 2008.

Schröder, C. (2010): Produktivität und Lohnstückkosten der Industrie im internationalen Vergleich, in: IW-Trends, 37. Jg., Heft 4, 2010, S. 1-20.

Scott, B. R. und Lodge, G. C. (1985): U.S. competitiveness in the world economy, Boston 1985.

Semmler, K. und Mahler, D. (2007): Von Beschaffung zum Wertschöpfungsmanagement: Gestaltungsdimensionen im Wandel, in: Garcia Sanz, F. J., Semmler, K. und Walther, J. (Hrsg.): Die Automobilindustrie auf dem Weg zur globalen Netzwerkkompetenz: effiziente und flexible Supply Chains erfolgreich gestalten, Berlin u. a. 2007, S. 25-48.

Simon und Maessen (2003): Der Kult um die Unternehmenskultur, URL: http://www.simon-kucher.de (Zugriff: 16.12.2011).

Statistisches Bundesamt (2008): Klassifikation der Wirtschaftszweige: Mit Erläuterungen, Wiesbaden 2008.

Stenner, F. (2010): Das Geschäft der Autobanken im Überblick, in: Stenner, F. (Hrsg.): Handbuch Automobilbanken, Heidelberg 2010, S. 1-15.

Stiftung Familienunternehmen (Hrsg.) (2011): Die volkswirtschaftliche Bedeutung der Familienunternehmen, München 2011.

Teissier, O. und Meunier, L. (2010): Une evaluation du bonus malus automobile écologique, in: Commissariat général au développement durable (Hrsg.): Le Point sur, n° 53, Mai 2010, S. 1-4.

Tirole, J. (1999): Industrieökonomik, München und Wien 1999.

Ueltzhöffer, J. (1999): Europa auf dem Weg in die Postmoderne: Transnationale Soziale Milieus und gesellschaftliche Spannungslinien in der Europäischen Union, in: Merkel, W. und Busch, A. (Hrsg.): Demokratie in Ost und West: Festschrift für Klaus von Beyme, Frankfurt am Main 1999, S. 624-652.

Uludag, E. (2007): Low cost cars: The early bird catches the worm, in: Automotive Insight, Nr. 1, 2007, S. 5-7.

Verband der Automobilindustrie (2010): Förderung der Elektromobilität international 2006-2020, URL: http://www.vda.de/de/downloads/961/?PHPSESSID=gk8cjepqlfpnkrtsbgpmi94e72 (Zugriff: 21.06.2011).

Verband der Automobilindustrie (VDA): Daten zur Automobilwirtschaft, Berlin und Frankfurt am Main lfd. Jgg.

Verband der Automobilindustrie (VDA): International Auto Statistics, Berlin und Frankfurt am Main lfd. Jgg.

Verband der Automobilindustrie (VDA): Jahresbericht, Berlin und Frankfurt am Main lfd. Jgg.

Verlegh, P. W. J. und Steenkamp, J.-B. E. M. (1999): A review and meta-analysis of country-of-origin research, in: Journal of Economic Psychology, Vol. 20, Issue 5, 1999, S. 521-546.

Volkswagen AG (2011): Experience D[r]iversity. Volkswagen Group: Factbook 2011, Wolfsburg 2011.

Volkswagen AG: Geschäftsbericht, Wolfsburg lfd. Jgg.

Wagner, A. (2010): Auswirkungen der Elektrifizierung des Antriebsstranges auf die deutsche Zuliefer-industrie, Bachelor-Thesis an der Hochschule für Wirtschaft und Umwelt (HfWU) Nürtingen-Geislingen, Geislingen/St. 2010.

Wallentowitz, H., Freialdenhoven, A. und Olschewski, I. (2009): Strategien in der Automobilindustrie: Technologietrends und Marktentwicklungen, Wiesbaden 2009.

WEF (2010): World Economic Forum, The Global Competitiveness Report 2010-2011, o. O. 2010.

Weindlmaier, H. (1999): Die Wettbewerbsfähigkeit der deutschen Ernährungsindustrie: Methodische Ansatzpunkte zur Messung und empirische Ergebnisse, Referat bei der Vierzigsten Jahrestagung der Gesellschaft für Wirtschafts- und Sozialwissenschaften des Landbaues e. V. vom 04. bis 06. Oktober 1999 in Kiel.

Wessner, K. (2011): Einstellungen zum Automobil, in: Autokäuferpuls, Heft 10, 2011, S. 5-9.

Wildemann, H. (2006): Global Sourcing: Erfolg versprechende Strategieableitung, in: Blecker, T. und Gemünden, H. G. (Hrsg.): Wertschöpfungsnetzwerke: Festschrift für Bernd Kaluza, Berlin 2006, S. 253-268.

Wirtschaftsförderung Region Stuttgart (2005): Fahrzeugbau in der Region Stuttgart: Trends und Per-spektiven, Stuttgart 2005.

Womack, J. P., Jones, D. T. und Ross, D. (1991): The machine that changed the world: The story of lean production, Reprint, New York 1991.

Zahra, S. A. (1999): The changing rules of competitiveness in the 21st century, in: Academy of Man-agement Executive, Vol. 13, No. 1, 1999, S. 36-42.

Zentes, J., Swoboda, B. und Morschett, D. (Hrsg.) (2003): Kooperationen, Allianzen und Netzwerke: Grundlagen – Ansätze – Perspektiven, Wiesbaden 2003.